Märchen aus 1001 Nacht

Märchen aus 1001 Nacht

Nach einer Übersetzung
von Gustav Weil

Bearbeitet von
Karl Heinz Berger und Regina Hegner

Mit Illustrationen von
Karl Mühlmeister

Thienemann

Doch der Mann, der den Fisch am Morgen kauft,
Weiß nichts von der Mühe des Fischers.
Er hat die Nacht im warmen Bett verbracht.
So gibt Allah, der Mächtige, dem einen,
Während er dem anderen seinen Anteil vorenthält.
Er hat es so eingerichtet,
Dass der eine den Fisch fängt
Und der andere ihn isst.«

Der Fischer pflückte das Gerippe aus dem Netz, setzte sich auf die Erde und besserte die zerrissenen Maschen aus. Als er damit fertig war, stieg er wieder ins Wasser, warf das Netz abermals aus und wartete, bis es versank. Und wieder spürte er, dass es durch etwas Schweres zurückgehalten wurde, als er es heranziehen wollte. Diesmal glaubte er, es sei ein Fisch, der sich darin verfangen hätte, und er zog die Kleider aus und tauchte. Doch wieder war die Mühe vergebens, denn er fand nur einen Topf voll Sand und Kot im Netz. Das machte ihn noch trauriger und er sagte:

»Hör auf, mich zu quälen, Schicksal!
Womit habe ich verdient,
Dass du mir so zusetzt?
Hab Mitleid mit mir!
Ich bin ausgezogen,
Brot für mich und die Meinen zu verdienen.
Meine Mühe war vergebens.
Ich habe kein Glück
Und meine harte Arbeit wird nicht belohnt.
Die Welt ist ungerecht:
Mancher Dummkopf thront oben bei den Sternen
Und mancher fähige Mann kriecht im Staub.«

Und er warf den Topf weg, stieg ins Wasser und versuchte aufs Neue sein Glück. Doch als er das Netz wieder einholte, war es voller Scherben, Steine, Knochen und anderem Unrat. Da brach der Fischer in Tränen aus und weinte über sein Unglück. Er dachte an Frau und Töchter, die nichts zu essen hatten, schlug sich vor Verzweiflung ins Gesicht und sagte mit lauter Stimme:

»Keiner kann selbst bestimmen,
Ob er arm oder reich ist,
Ob er genug zu essen hat oder nicht.
Wissen und Können sind zu nichts nütze.
Alles hängt vom Schicksal ab.
Das eine Land lebt im Überfluss, das andere hungert.
Die Guten werden erniedrigt
Und die Taugenichtse werden erhöht.
Los, komm, Tod, und hol mich.
Ich mag nicht mehr zusehen,
Wie die Tugend in Lumpen geht und das Laster blüht.
Alles ist vorausbestimmt im Buch des Schicksals
Und manch ein Vogel
Umkreist die Erde von West nach Ost
Und er findet kein Körnchen,
Während ein anderer im Überfluss lebt
Und nicht einmal die Flügel bewegt.«

Der Fischer hob die Augen zum Himmel und sah, wie die Morgenröte den neuen Tag ankündigte. Da sagte er: »Allah, du weißt, dass ich schon dreimal mein Netz ausgeworfen und nichts gefangen habe. Lass ein Wunder an mir geschehen.« Und er stieg wieder ins Wasser, wartete, bis das Netz gesunken war, und versuchte nach einer Weile, es heranzuziehen. Doch sosehr er sich auch anstrengte, er brachte es nicht von der Stelle; denn es war völlig zerrissen und am Grund festgehakt. Er zog die Kleider aus, tauchte hinab, machte das Netz los und holte es an Land. Dort entwirrte er es mit großer Mühe und stieß dabei auf eine Flasche aus Messing. Sie war schwer und mit einer Bleikapsel verschlossen, auf der sich Salomos Siegel befand.

Der Fischer freute sich. Die Flasche werde ich dem Kupferschmied verkaufen, dachte er, sie ist gewiss zwei Malter Weizen wert. Als er sie schüttelte, hatte er den Eindruck, es sei etwas darin, und er entfernte die Bleikapsel mit seinem Messer. Dann setzte er die Flasche an den Mund, doch zu seinem Erstaunen kam kein Tropfen heraus. Nach einer kleinen Weile aber quoll aus der Flasche Rauch, der sich über die Erde und das Wasser ausbreitete und bis zu den Wolken stieg. Dann sah der erstaunte Fischer, wie sich der Rauch zusammenzog, verdichtete und zu einem Dämon wurde, dessen Füße auf der Erde standen, während sein Kopf an die Wolken stieß. Der Kopf war groß wie ein Brunnenloch, die Vorderzähne glichen Pflugscharen, der Mund dem Eingang zu einer Höhle, die Nasenlöcher zwei Trompeten, die Ohren sahen aus wie Schüsseln aus Messing und die Augen glühten wie Laternen. Es war ein grässlicher Anblick, der sich dem armen Fischer bot. Er erschrak so sehr, dass er überall zitterte, mit den Zähnen klapperte und sein Mund staubtrocken wurde.

Da rief der Dämon: »Verzeih, Salomo, du Prophet Allahs! Nie mehr will ich ungehorsam sein, nie mehr deine Befehle missachten!«

»Du redest mit unserem Herrn Salomo, dem Propheten?«, fragte der Fischer verwundert. »Der ist doch schon vor achtzehnhundert Jahren gestorben. Was ist passiert? Wie bist du in die Flasche hineingeraten?«

»Pass auf, ich habe eine gute Nachricht für dich«, sagte der Dämon und der Fischer freute sich schon über sein Glück. Doch der Dämon fuhr fort: »Ich werde dich auf der Stelle töten.«

»Für diese Nachricht sollst du auf ewig verdammt sein!«, rief der Fischer. »Ich habe dich aus der Tiefe des Meeres heraufgezogen, habe dich aus der Flasche gelassen und nun willst du mich umbringen.«

»Wünsche dir etwas von mir«, sagte der Dämon und der Fischer glaubte wieder an sein Glück. »Wünsche dir, auf welche Art du sterben willst«, fuhr der Dämon fort, »damit ich dich so umbringe, wie du es am liebsten hast.«

»Ist das der Lohn dafür, dass ich dich befreit habe?«, fragte der Fischer bitter.

»Dann will ich dir eben meine Geschichte erzählen«, sagte der Dämon. »Als ich Salomo den Gehorsam verweigerte, ließ er mich in diese Flasche aus Messing sperren und verschloss sie durch ein Siegel mit Zauberkraft. Dann befahl er, mich in die Mitte des Meeres zu bringen und dort zu versenken. Zweihundert Jahre lag ich auf dem Meeresgrund und da schwor ich, denjenigen reich zu machen, der mich in den nächsten zweihundert Jahren befreite. Die zweihundert Jahre vergingen und niemand zog mich heraus. Es verstrichen abermals zweihundert Jahre und ich schwor, demjenigen alle Schätze der Erde zu geben, der mich herausholte. Als noch einmal zweihundert Jahre vorüber waren, schwor ich, meinen Befreier zum Sultan zu machen und mich selbst zu seinem Sklaven. Täglich wollte ich ihm drei Wünsche erfüllen, aber niemand kam, mich zu erlösen. Da wurde ich zornig und ich schwor, denjenigen umzubringen, der mich befreit, und ihn sich seine Todesart aussuchen zu lassen. Du hast es getan, such dir also aus, wie du sterben willst!«

Da schluchzte der Fischer und sagte: »Ich bin vom Schicksal verflucht! Sei gut zu mir, damit man auch gut zu dir ist!«

»Dein Jammern hilft dir nichts«, entgegnete der Dämon. »Sag mir, welche Todesart du dir aussuchst.«

Da der Fischer nun erkannte, dass er keine Anteilnahme von dem Dämon zu erwarten hatte, wurde er todtraurig und sagte: »Ach, meine armen Kinder!« Und zu dem Geist gewandt fügte er hinzu: »Hab Mitleid mit mir, weil ich dich aus der Flasche befreit habe.«

»Gerade deswegen muss ich dich umbringen«, erwiderte der Dämon. »Ich hab's geschworen.«

»So willst du Gutes mit Bösem vergelten!«, sagte der Fischer. »Die Gelehrten haben wirklich recht, wenn sie sagen: ›Die Schlechten vergelten Gutes mit Bösem. Wer Bösen Gutes tut, dem wird es ergehen wie dem, der eine Hyäne in seinem Haus aufnimmt.‹«

»Beeil dich«, versetzte der Dämon. »Sag mir, wie ich dich umbringen soll.«

Da dachte der Fischer bei sich: Ich bin ein Mensch und der da ist nur ein Dämon. Mir hat Allah Verstand gegeben und mich dadurch über ihn gestellt. Also werde ich meinen Verstand gebrauchen, um den Dämon zu überlisten. Und er überlegte eine Weile und sagte dann: »Da du mich unbedingt töten willst, tu mir vorher noch einen Gefallen: Beantworte mir eine Frage wahrheitsgemäß.«

»Frage nur«, antwortete der Dämon. »Doch mach es kurz.«

»Warst du in dieser Flasche eingesperrt?«

»Bei Allah, ich war darin eingesperrt«, entgegnete der Dämon.

»Du lügst«, sagte der Fischer. »Denn in dieser Flasche hätte nicht einmal eine Hand von dir Platz und deine Füße würden sie zerplatzen lassen. Wie also willst du ganz in der Flasche gewesen sein?«

»Aber ich war darin«, rief der Dämon. »Glaubst du mir etwa nicht?«

»Nein«, antwortete der Fischer.

Da löste sich der Dämon wieder in Rauch auf, der zu den Wolken hochstieg und sich über Land und Wasser ausbreitete. Dann zog sich der Dämon zusammen und verschwand nach und nach in der Flasche.

»Glaubst du mir jetzt, Fischer?«, schrie er von innen.

Doch der Fischer antwortete nicht. Er nahm sogleich das Blei, mit dem die Flasche versiegelt gewesen war, und drückte es auf die Öffnung.

»Jetzt, Dämon, suche du dir aus, wie du sterben willst«, rief er, »und wie ich dich wieder ins Wasser werfen soll. Eine Hütte werde ich am Strand bauen und jeden warnen, der an dieser Stelle fischen will. ›Hier liegt ein Geist‹, werde ich allen sagen, ›der denjenigen tötet, der ihn vom Meeresgrund heraufzieht.‹«

Als der Dämon merkte, dass der Fischer ihn überlistet hatte, verlegte er sich aufs Bitten und sagte: »Guter Fischer, ich wollte dich nicht umbringen. Ich habe nur Spaß gemacht.«

»Du lügst«, sagte der Fischer, »du gemeinster aller Dämonen.«

Und er rollte die Flasche auf das Meer zu, während der Geist schrie: »Tu's nicht! Tu's nicht!«

»Ich tu es doch!«, entgegnete der Fischer.

Da wurde der Dämon unterwürfig und fragte in flehendem Ton: »Willst du mich wirklich wieder ins Wasser werfen?«

»Ja, das will ich«, antwortete der Fischer. »Und diesmal sollst du nicht nur tausend Jahre gefangen sein. Bis ans Ende der Welt sollst du im Meer liegen. Habe ich dich nicht angefleht, mich um Allahs willen am Leben zu lassen? Und wolltest du mich nicht trotzdem umbringen? Jetzt werde ich dich so behandeln, wie du mich behandeln wolltest.«

»Lass mich heraus, Fischer«, bat der Dämon. »Ich will dich reich machen und dir viel Gutes tun.«

»Du lügst!«, sagte der Fischer. »Du willst dich mir gegenüber so verhalten, wie der Griechenkönig sich seinem Arzt Duban gegenüber verhalten hat.«

»Und wie hat er sich ihm gegenüber verhalten?«, fragte der Dämon.

»Treulos«, antwortete der Fischer und er erzählte die Geschichte vom König der Griechen, der seinem Arzt und Retter den Kopf abschlagen ließ, weil ein neidischer Wesir ihn misstrauisch gemacht hatte. Dabei vergaß er nicht zu erwähnen, wie Allah den König selbst mit dem Tod bestrafte, weil er den Arzt hatte umbringen lassen. »Genauso wird es dir ergehen, Dämon. Da du mich töten wolltest, werde ich dich wieder ins Meer werfen.«

Da schrie der Dämon: »Tu es nicht, Fischer. Lass mich heraus und bestrafe mich nicht. Der Mensch muss edel sein, edler als ein Dämon. Wenn ich auch zu dir gemein war, zahle es mir nicht zurück. Sei gut zu mir.«

Aber der Fischer antwortete: »Ich lasse dich nicht heraus. Du vergiltst Gutes mit Bösem, verächtlichster aller Geister.«

»Ich will dich belohnen«, versprach der Dämon, »ich will dich reich machen.« Und er leistete einen Eid auf sein Versprechen.

Da öffnete der Fischer die Flasche und wieder stieg Rauch aus ihr hoch, aus dem sich die Gestalt des Dämons bildete. Der Geist zertrat die Flasche und flog aufs Wasser hinaus. Der Fischer bekam Angst, zitterte und sah den Tod vor Augen. Dann aber fasste er Mut und sagte: »O Dämon, brich nicht dein Wort. Du hast geschworen.«

Der Dämon aber lachte nur und befahl: »Geh mit mir, Fischer!«

Der arme Mann folgte ihm ängstlich, denn er glaubte nicht daran, mit dem Leben davonzukommen. Lange zogen sie durch die Wüste, bis sie vier Hügel erreichten, zwischen denen ein See lag. Hier hielt der Dämon an und befahl dem Fischer, das Netz auszuwerfen. Als der Mann es an Land zog, zappelten darin vier Fische: ein roter, ein weißer, ein blauer und ein gelber. Da freute sich der Fischer sehr. Der Dämon aber sagte: »Bring diese Fische deinem Sultan und er wird dich reich belohnen. Fische aber nie mehr als

Der Fischer und der Dämon, zu Seite 12

einmal am Tag in diesem See. Ich verlasse dich jetzt. Die vielen Jahre auf dem Meeresgrund haben mich ganz durcheinandergebracht, sodass ich mich auf der Welt nicht mehr auskenne. Allah steh dir bei!«

Er stampfte mit den Füßen auf die Erde, die sich öffnete und den Dämon verschlang.

Der Fischer kehrte in die Stadt zurück, wobei er das, was ihm passiert war, kaum fassen konnte, und gleichzeitig freute er sich über seinen Fang. Er ging sogleich zum Palast des Sultans und bot dort die Fische an. Dem Sultan gefielen ihre bunten Farben und er befahl seinem Wesir, sie von der Köchin braten zu lassen. Dem Fischer aber schenkte er vierhundert Dinare und dieser lief, so schnell ihn seine Beine trugen, nach Hause. Er fiel hin, stand auf, stolperte wieder und glaubte, alles sei nur ein Traum. Nun konnte er für seine Familie kaufen, was sie benötigte.

Derweil nahm die Köchin die Fische, schlitzte sie auf, säuberte und salzte sie und setzte sie in einer Pfanne mit heißem Öl aufs Feuer. Als die eine Seite braun war, wendete sie die Fische. Da öffnete sich plötzlich die Wand und ein schönes Mädchen trat hervor. Es hatte eine bezaubernde Figur und eine samtene Haut. Über der Kleidung trug sie Blumenkränze; Ohren und Arme waren mit kostbaren Ringen geschmückt. In der Hand hielt das Mädchen ein Rohr. Das steckte sie in die Pfanne und sagte mit freundlicher Stimme: »Hältst du dein Versprechen, o Fisch?«

Als die Köchin das hörte, fiel sie in Ohnmacht. Das Mädchen aber wiederholte seine Frage und die Fische hoben die Köpfe und antworteten: »Wenn du wiederkehrst, kehren auch wir wieder, bleibst du treu, so sind auch wir treu, läufst du uns weg, so haben wir doch alles getan, was wir können.« Dann kippte das Mädchen die Pfanne um und verschwand, wie es gekommen war. Die Köchin aber fand die Fische ganz und gar verkohlt vor, als sie aus ihrer Ohnmacht erwachte, und sie fürchtete sehr, der Sultan könnte sie schimpfen.

Der Wesir kam und verlangte die Fische. Da weinte die Köchin und erzählte, was vorgefallen war. Der Wesir konnte die Geschichte kaum glauben und ließ den Fischer holen. Er sagte zu ihm: »Wirf dein Netz aus und fange uns noch mehr von diesen Fischen, denn wir mögen sie sehr.«

Und der Fischer ging zu dem See, fing vier Fische, die den ersten ähnelten, und brachte sie dem Wesir, der ihm vierhundert Dinare auszahlte. Dann übergab der Wesir die Fische der Köchin mit den Worten: »Brate sie in meiner Gegenwart, sodass ich alles mit ansehen kann.«

Die Köchin schlitzte die Fische auf, reinigte und salzte sie und legte sie in die Pfanne. Als sie gebraten waren, öffnete sich wieder die Wand und das Mädchen trat heraus, steckte das Rohr, das sie in der Hand trug, in die Pfanne und fragte noch einmal: »Hältst du dein Versprechen, o Fisch?« Und die Fische hoben die Köpfe und antworteten: »Wenn du wiederkehrst, kehren auch wir wieder, bleibst du treu, sind auch wir treu, läufst du uns weg, so haben wir doch alles getan, was wir können.« Das Mädchen aber warf die Pfanne um und verschwand in der Wand.

»Das dürfen wir dem Sultan nicht verheimlichen«, sagte der Wesir und er ging, um seinem Herrn zu erzählen, was mit den Fischen geschehen war.

»Ich muss es mit eigenen Augen sehen«, sagte der Sultan.

Er ließ sofort den Fischer holen und befahl ihm, abermals vier Fische aus dem See zu fangen. Als der Fischer wieder mit vier verschiedenfarbigen Fischen zurückkam, ließ er ihm noch einmal vierhundert Dinare geben und befahl, ihn streng zu bewachen. Zu dem Wesir aber sagte er: »Geh und brate die Fische selbst. Ich will dabei sein.«

Der Wesir machte sich ans Werk, und sobald die Fische gebraten waren, öffnete sich die Wand und ein schwarzer Sklave kam heraus. Der war groß wie ein Berg und der Sultan und sein Wesir fürchteten um ihr Leben. Der Sklave trug einen Ast in der Hand, der gerade austrieb, und auch er stellte die Frage: »Hältst du dein Versprechen, o Fisch?«, und wieder antworteten die Fische auf dieselbe Weise. Da warf der Sklave die Fische ins Feuer, sodass sie verbrannten, und verschwand wieder in der Wand.

»Ich muss dieser Sache auf den Grund gehen«, sagte der Sultan, »oder ich finde keine Ruhe mehr.«

Er ließ den Fischer holen und fragte ihn: »Woher hast du diese Fische?«

»Aus einem See, der zwischen vier Bergen liegt«, antwortete er.

»Kennst du einen solchen See?«, fragte der Sultan den Wesir.

»Herr«, antwortete der Wesir, »seit dreißig Jahren schon gehe ich auf die Jagd und durchstreife das ganze Land. Aber diesen See habe ich nie gefunden.«

»Wie weit ist es bis zu dem See?«, fragte der Sultan den Fischer.

»Zwei Stunden«, lautete die Antwort.

Da sammelte der Sultan einige seiner Soldaten um sich, die mit ihm reiten sollten. Auch den Wesir nahm er mit und der Fischer musste sie führen. Der verwünschte den Dämon, der ihn in eine solche Lage gebracht hatte. Nach zwei Stunden erreichten sie den See und sahen die bunten Fische darin.

»Wie ist es möglich, dass noch niemand von uns an diesen See gekommen ist, obwohl er doch so nahe bei unserer Stadt liegt?«, fragte der Sultan erstaunt. Und er fragte jeden seiner Leute, aber niemand hatte den See zuvor gesehen. Da schwor der Sultan: »Bei Allah, ich kehre nicht in die Stadt zurück, bis ich nicht weiß, was es mit dem See und den bunten Fischen auf sich hat.«

Er befahl allen abzusitzen und die Zelte aufzuschlagen. Sie blieben bis zum Abend, dann ließ der Sultan seinen Wesir rufen und erklärte ihm: »Ich werde aufbrechen, um das Geheimnis des Sees zu ergründen, aber keiner darf es wissen. Morgen sagst du den Soldaten und meinem Gefolge, ich sei krank und es könne niemand vorgelassen werden. Drei Tage werde ich fortbleiben und du wirst solange in meinem Zelt wohnen.«

»Es soll alles so sein, wie du befiehlst«, sagte der Wesir.

Daraufhin band der Sultan sich seinen Schwertgurt um und schlug den Weg auf der anderen Seite der Hügel ein. Er wanderte, bis der Morgen den Himmel rot färbte. Als die Sonne stieg, erblickte er etwas Schwarzes. Er hielt darauf zu, weil er hoffte, jemanden zu treffen, der ihm Auskunft geben könnte. Als er näher kam, erkannte er, dass es ein Schloss aus schwarzen Steinen war, das mit Eisenplatten bewehrt war. Voller Freude klopfte er an das große Tor und klopfte stärker, als er keine Antwort erhielt. Aber auch diesmal blieb alles still und der Sultan konnte niemanden erblicken.

»Öffnet einem fremden hungrigen Reisenden! Ich will euch königlich belohnen«, rief er. Doch er bekam keine Antwort. Da fasste er sich ein Herz, drückte einfach die Klinke herunter und trat durch einen langen Gang ins Innere. Auch hier sah er keinen Menschen. Totenstille herrschte in dem Schloss, das mit seidenen Tapeten und kostbaren Teppichen und Vorhängen ausgestattet war. Er gelangte in einen Saal, in dessen Mitte sich

ein Springbrunnen befand. Vier goldene Löwen spuckten aus ihren Rachen Wasser, das wie Perlen und Edelsteine glitzerte, und unter einem goldenen Netz schwirrten viele bunte Vögel. Als der Sultan sich auf einem Polster niedergelassen hatte, hörte er eine traurige, klagende Stimme:

»O Schicksal,
Warum hast du kein Mitleid mit mir?
Ich erleide Qualen.
Verflucht sei meine untreue Frau,
Die mich erniedrigt hat,
Verflucht sei sie,
Die mich zum Ärmsten der Armen gemacht hat.
Was nützt dem Schützen seine Geschicklichkeit,
Wenn die Sehne reißt,
Ehe der Pfeil von ihr schnellt?
Wie soll sich der Tapferste wehren,
Wenn er von Feinden umstellt ist?«

Der Sultan ging der Stimme nach und stieß auf einen Vorhang, der ein Zimmer von dem Saal abtrennte.

Als er den Vorhang zurückzog, sah er einen schönen jungen Mann auf einem niedrigen Thron sitzen. Er hatte Locken und rote Wangen. Um seine Schultern hing ein seidener Mantel mit goldenen Stickereien, auf dem Kopf trug er eine ägyptische Krone. Er wirkte traurig und schien sogar geweint zu haben. Der Sultan grüßte den jungen Mann, der den Gruß freundlich erwiderte.

»Ich kann nicht aufstehen, wenn es sich auch gehörte«, sagte der junge Mann. »Verzeih mir.«

»Ich verzeihe dir«, sagte der Sultan. »Ich komme in einer wichtigen Angelegenheit. Weißt du, was es mit dem See und den bunten Fischen auf sich hat und mit diesem Schloss? Und kannst du mir dann auch verraten, warum du so traurig bist?«

Da flossen dem jungen Mann die Tränen über die Wangen und auf die Brust. Er rief: »Ach, ich bin vom Schicksal schwer geschlagen!«

Der Sultan fragte verwundert: »Warum weinst du?«

»Wie sollte ich nicht weinen!«, entgegnete der junge Mann. Er hob den

21

Saum des Mantels und der Sultan konnte erkennen, dass seine untere Hälfte ein schwarzer Stein war.

Dieser Anblick erschütterte den Sultan und er sagte: »Ich bin hierhergekommen, um Auskunft über die bunten Fische zu erhalten. Jetzt muss ich auch noch deine Geschichte hören. Erzähle mir alles.«

Der junge Mann berichtete, dass er einst ein mächtiger Herrscher über eine blühende Stadt gewesen war. Doch seine Gemahlin war ihm untreu. Als er ihr eines Abends nachging, entdeckte er sie bei ihrem Geliebten und verwundete diesen so schwer, dass er seitdem gelähmt und stumm war. Da rächte sich die treulose Frau und verwandelte ihren Mann in ein Wesen, das halb Stein war und halb Mensch, und löschte die Stadt mit ihren Märkten, Gassen und Gärten und all ihren Menschen aus.

Die Moslems, die darin wohnten, wurden zu weißen Fischen, die Feueranbeter zu roten, die Christen zu blauen und die Juden zu gelben. An der Stelle, wo die Stadt gestanden hatte, erhoben sich nun vier Berge um einen See, in dem die Fische sich tummelten.

»Aber das genügt ihr noch nicht«, schloss der junge Mann. »Jeden Tag kommt sie, entblößt meinen Rücken und gibt mir hundert Rutenschläge, bis die Haut aufplatzt. Dann breitet sie ein kratzendes härenes Tuch über meine Wunden, ehe sie den seidenen Mantel wieder um mich legt.«

»O Freund«, sagte der Sultan, »du hast meine Neugier gestillt, doch nun bin ich noch mehr erschüttert. Wo ist sie jetzt, deine untreue Frau, und wo ist ihr Geliebter?«

»Er liegt in der Kammer mit der Kuppel, die sich hinter dieser Tür befindet«, antwortete der junge Mann. »Täglich bei Sonnenaufgang schlägt sie mich und ich kann mich nicht wehren, weil die Hälfte meines Körpers aus Stein ist. Dann begibt sie sich zu ihrem Geliebten und stärkt ihn mit Wein und Essen. Am nächsten Morgen kommt sie zu mir zurück, um mich zu quälen.«

Da sagte der Sultan: »Ich will dir auf eine Weise helfen, von der man sich noch lange erzählen wird!«

Daraufhin setzte er sich zu Füßen des jungen Mannes, unterhielt sich mit ihm, und als die Nacht hereinbrach, legte er sich zum Schlafen hin. Bei Morgengrauen stand der Sultan auf, streifte einen Teil seiner Kleider ab, zog sein Schwert aus der Scheide und begab sich in die Kammer, wo der Geliebte der Frau lag. Er trat auf ihn zu, tötete ihn, entkleidete ihn und warf den Leichnam in einen tiefen Brunnen im Schlosshof. Dann zog er dessen Kleidung an und legte sich in eine dunkle Ecke der Kammer. Sein Schwert verbarg er unter den Kleidern.

Als nun der Tag angebrochen war, kam die niederträchtige Frau und schlug ihren Mann, wie sehr er auch jammerte und sie bat aufzuhören. Dann ging sie mit Wein und Speisen in die Kammer, in der sie ihren Geliebten vermutete. »Seit Jahren kannst du nicht mehr sprechen!«, klagte sie. »Sag doch nur ein einziges Wort zu mir.«

Da sagte der Sultan mit verstellter Stimme: »Nur bei Allah dem Mächtigen findet man Schutz!«

Als sie den Geliebten reden hörte, fiel sie vor Freude in Ohnmacht.

Als sie wieder zu sich kam, rief sie: »Allah sei Dank, dass du wieder sprechen kannst!«

Doch der Sultan tat, als sei er wütend, und sagte: »Du Verfluchte verdienst nicht, dass man mit dir redet.«

»Aber warum denn?«, fragte die Frau.

»Jeden Tag schlägst du deinen Gemahl und er schreit und jammert, sodass ich nicht schlafen kann. Er weint und klagt von morgens bis abends und flucht über dich und mich. Das ist der Grund, warum ich nicht gesund werden kann, und darum habe ich die ganze Zeit nicht mit dir gesprochen.«

»Wenn das so ist, erlöse ich ihn von dem Zauber«, sagte die Frau.

Der Sultan fügte hinzu: »Erlöse ihn, auf dass wir Ruhe vor ihm haben.«

Sie ging hinaus, füllte eine Schüssel mit Wasser und murmelte Zaubersprüche, bis das Wasser zu sprudeln anfing, als stünde die Schüssel auf dem Feuer. Daraufhin spritzte sie siedendes Wasser auf ihren Gemahl und sagte: »So wahr ich hier stehe, hat Allah dich so geschaffen oder dir aus Zorn diese Gestalt gegeben, so bleibe, wie du bist. Wenn du aber durch Zauber so geworden bist, dann nimm wieder dein früheres Aussehen an!«

Sogleich stand der junge Mann auf, freute sich über seine Befreiung und rief: »Allah sei gelobt!«

Die Frau aber sagte zu ihm: »Geh weg und komm nie wieder! Wenn ich dich noch einmal sehe, töte ich dich.«

Daraufhin ging sie wieder in die Kammer und sagte: »Ich habe getan, was du befohlen hast.«

Doch der Sultan tat wiederum, als sei er wütend, und sagte: »Nicht nur dein Gemahl stiehlt mir Schlaf und Gesundheit. Du hast die Bewohner der Stadt in Fische verwandelt. Immer um Mitternacht stecken sie die Köpfe aus dem Wasser und schreien um Hilfe und fluchen über mich. Darum kann ich nicht gesund werden. Spreche sie von dem Zauber los. Dann komm her und hilf mir aufzustehen. Denn ich bin schon fast gesund.«

»Ich beeile mich!«, rief die Frau und sie lief zum See hinunter, schöpfte Wasser und murmelte Zaubersprüche. Da begannen die Fische zu tanzen, der Zauber löste sich und die Bewohner der Stadt hatten wieder ihre früheres Aussehen und fingen an, Handel und Wandel zu treiben, zu nehmen und zu geben.

Die Frau kehrte in die Kammer zurück und sagte: »Reich mir die Hand, Geliebter, und steh auf!«

»Komm her zu mir!«, sagte der Sultan mit verstellter Stimme. Sie folgte seinem Wunsch. »Noch näher!«, forderte er sie auf und sie trat so dicht an ihn heran, dass sie ihn berührte. Da sprang der Sultan auf, zückte sein Schwert und zerschlug sie in zwei Teile. Er ging aus der Kammer und der junge Mann warf sich dankbar vor ihm auf die Knie und küsste ihm die Hand.

»Willst du in dieser Stadt bleiben«, fragte der Sultan, »oder willst du mit mir in meine Stadt ziehen?«

»O Größter deines Jahrhunderts«, entgegnete der junge Mann, »weißt du, wie weit die beiden Städte voneinander entfernt liegen?«

»Höchstens eine halbe Tagesreise«, sagte der Sultan.

Aber der junge Mann erwiderte: »Man braucht ein volles Jahr, um von deiner Stadt in meine zu gelangen. Nur weil diese Stadt verzaubert war, als du hierherkamst, war der Weg zu ihr so kurz. Aber dennoch will ich mit dir, meinem Retter, gehen.«

»Gelobt sei Allah, dass ich dir begegnet bin!«, rief da der Sultan. »Du sollst mein Sohn sein, da ich noch mit keinem Sohn beschenkt worden bin.« Und sie umarmten und küssten sich, dankten einander und waren sehr glücklich.

Der Gerettete erklärte den Großen seines Reiches, dass er verreisen wolle. Die Fürsten und die Kaufleute der Stadt schafften alles herbei, was die Reisegesellschaft brauchte. Zehn Tage dauerten die Vorbereitungen, dann reisten der junge Mann und der Sultan, der sich nach seiner Stadt sehnte, ab. Sie nahmen fünfzig Sklaven mit, die sie bedienen sollten, und hundert Lasttiere, die mit Geschenken und Vorräten bepackt waren. Ein ganzes Jahr lang reisten sie, Tag und Nacht, und Allah war ihnen gnädig, sodass sie ans Ziel gelangten.

Sobald sie vor der Stadt eingetroffen waren, ließ der Sultan seinem Wesir melden, dass sie glücklich angekommen waren. Der Wesir, alle Truppen und viele Einwohner zogen dem Sultan voll Freude entgegen. Man hatte schon nicht mehr an seine Rückkehr geglaubt. Die Häuser waren geschmückt und auf den Straßen lagen seidene Teppiche.

Als der Sultan wieder auf seinem Thron saß, erzählte er dem Wesir alles, was sich zugetragen hatte, berichtete auch, was dem jungen Mann von seiner treulosen Gattin angetan und wie die Untat gerächt worden war. Dann bestätigte der Sultan die Verwalter und Adjutanten in ihren Ämtern und verteilte Ehrenkleider und viele Geschenke. Er ließ auch den Fischer rufen, ohne den die Stadt nicht vom Zauber hätte befreit werden können. Er beschenkte ihn, als er zu ihm kam, und fragte ihn, ob er Kinder habe. Als der Fischer dies bejahte und sagte, er habe zwei Töchter, musste er sie sogleich holen. Der Herrscher heiratete die eine Tochter, die andere nahm der junge Mann zur Frau. Den Fischer aber ernannte der Sultan zu seinem Schatzmeister.

Ali Baba und die vierzig Räuber

n einer persischen Stadt nahe der Grenze lebten zwei Brüder, Casim und Ali Baba. Ihr Vater hatte ihnen nur ein kleines Vermögen hinterlassen, das sie gerecht unter sich aufteilten. Man sollte also annehmen, dass beide gleichgestellt waren. Doch es kam anders.

Casim heiratete eine Frau, die bald nach der Hochzeit einen gut gehenden Laden erbte, dazu ein reich gefülltes Warenlager und viele Ländereien, sodass er mit einem Schlag einer der wohlhabendsten Männer der Stadt wurde. Ali Baba aber heiratete eine Frau, die ebenso arm wie er selbst war, und er führte ein karges Leben. Er hatte keine andere Möglichkeit, Geld zu verdienen, als im nahen Wald Holz zu fällen, das er mit seinen drei Eseln – seinem einzigen Besitz – in die Stadt brachte, wo er es verkaufte.

Eines Tages hatte er wieder Holz geschlagen und es den Eseln aufgeladen. Da sah er im Osten eine große Staubwolke, die schnell näher kam. Bald erkannte er, dass es eine Schar Reiter war, die den Staub verursachte. Wenn es auch in dieser Gegend keine Räuber gab, so fürchtete Ali Baba doch, es könnten welche sein. Er beschloss, sein Leben zu retten, und sei es um den Preis der Esel.

Er stieg auf einen Baum mit tief herabhängenden Zweigen, von dem aus er alles, was unten vor sich ging, ungesehen beobachten konnte. Der Baum wuchs neben einem hohen frei stehenden Felsen, der so steil war, dass man nicht hochklettern konnte.

Als die Reiter, die alle große schwer bewaffnete Männer waren, den Felsen erreicht hatten, saßen sie ab. Ali Baba zählte sie von seinem Versteck aus. Es waren vierzig und ihr Aussehen ließ keinen Zweifel an ihrem Beruf: Die Männer waren wirklich Räuber. Doch trieben sie ihr Unwesen nicht in dieser Gegend des Landes, sondern weit entfernt. Hier hatten sie nur ihren Sammelplatz.

Die Reiter zäumten unterdessen ihre Pferde ab, gaben ihnen Gerste, die sie in Säcken dabeihatten, und banden dann die Satteltaschen ab. Sie schleppten so schwer an den Taschen, dass Ali Baba vermutete, sie könnten voller Gold und Silber sein.

Der beeindruckendste Räuber, den Ali Baba für den Anführer hielt, näherte sich mit der Tasche auf den Schultern dem Felsen. Er bahnte sich einen Weg durchs Gebüsch und sagte: »Sesam, öffne dich!« Dabei sprach er so laut, dass Ali Baba jedes Wort verstand. Kaum hatte er den Satz beendet, da öffnete sich eine Tür im Felsen, durch die alle Männer gingen. Als Letzter verschwand der Anführer und die Tür schloss sich hinter ihm.

Lange blieben die Räuber in der Höhle, während Ali Baba auf dem Baum hockte, weil er sich nicht hinabzuklettern getraute. Vielleicht, so dachte er, kommen sie gerade dann wieder heraus, wenn ich vom Baum steige. Einen Augenblick lang spielte er mit dem Gedanken, eins der Pferde zu stehlen und in die Stadt zu reiten. Allerdings schien ihm das dann doch zu gefährlich und er beschloss, auf dem Baum zu bleiben.

Endlich öffnete sich die Tür im Felsen abermals und die vierzig Räuber traten nacheinander ins Freie, der Anführer als Erster. Er stellte sich neben die Tür und ließ alle an sich vorüberziehen. Nun hörte Ali Baba, wie er sagte: »Sesam, schließe dich!« Und der Felsen schloss sich wieder. Die Männer gingen zu ihren Pferden, banden die Satteltaschen fest und saßen auf. Dann gab der Anführer das Zeichen zum Aufbruch, setzte sich an die Spitze und die Bande schlug denselben Weg ein, auf dem sie gekommen war.

Ali Baba aber blieb noch eine Weile in seinem Versteck. Vielleicht, dachte er, haben sie etwas vergessen, kommen noch einmal zurück und ertappen mich. Er verfolgte sie mit Blicken, bis sie nicht mehr zu sehen waren, erst dann stieg er vom Baum herunter. Und da er sich die Worte, mit denen der Anführer der Räuber den Berg geöffnet und wieder geschlossen hatte, gemerkt hatte, wollte er ausprobieren, ob sie bei ihm dieselbe Wirkung haben. Also schlug er sich durchs Gebüsch, stellte sich vor den Felsen und sagte: »Sesam, öffne dich!« Augenblicklich sprang die Tür auf.

Ali Baba hatte erwartet, eine finstere Höhle vorzufinden. Umso mehr staunte er, als er ein hohes von Menschenhand geschaffenes Gewölbe vor sich sah, in das durch eine Öffnung in der Kuppel Licht fiel. Hier lagerten

Lebensmittel, Handelswaren, kostbare Stoffe, Brokat und Teppiche – alles in rauen Mengen. Am stärksten aber wurde sein Blick von den Gold- und Silbermünzen angezogen, die teils zu Haufen aufgeschüttet dalagen, teils in lederne Säcke und Beutel gefüllt waren. Als er all die Schätze erblickte, sagte er sich, dass diese Höhle schon seit Jahrhunderten Räubern als Zuflucht und als Lager für ihre Beute gedient haben musste.

Ohne lange zu überlegen, ging er in die Höhle hinein, und kaum war er drinnen, da schloss sich die Tür von selbst. Doch das beunruhigte ihn nicht im Mindesten, denn er kannte ja das Geheimnis, wie er sie wieder öffnen konnte. Mit dem Silbergeld gab er sich gar nicht erst ab, sondern hielt sich an die Goldmünzen, die in lederne Säcke verpackt waren. Mehrere Male nahm er so viel Gold, wie er tragen konnte, ging ins Freie und lud es seinen Eseln auf, die er vor dem Felsen zusammengetrieben hatte. Auf die Säcke mit dem Gold legte er Holz, sodass niemand die wertvolle Last erkennen konnte. Als er mit allem fertig war, stellte er sich vor die Tür, sagte die Worte: »Sesam, schließe dich!«, und die Tür schloss sich sofort. Eines war ihm besonders aufgefallen: Jedes Mal wenn er die Höhle betreten hatte, war die Tür von selbst zugegangen, stand er aber draußen, so blieb sie offen und er musste die Formel laut sagen, um sie zu schließen.

Ali Baba machte sich auf den Weg in die Stadt. Zu Hause trieb er die Esel in den kleinen Hof, den er sorgfältig hinter sich versperrte, lud das Holz ab, schleppte die Säcke ins Haus und legte sie vor seiner Frau auf den Tisch.

Die glaubte, er habe das Gold gestohlen. »Bist du denn von allen guten Geistern verlassen!«, rief sie.

»Beruhige dich, liebe Frau«, antwortete Ali Baba. »Ich bin kein Dieb. Das Gold habe ich Dieben weggenommen.«

Er schüttete die Münzen auf einen großen Haufen, sodass die Frau von all dem Glanz geblendet wurde. Daraufhin erzählte er ihr, was geschehen war, und schärfte ihr ein, gegenüber niemandem über das, was er erlebt hatte, ein Wort zu verlieren.

Die Frau erholte sich rasch von ihrem Schreck und ihrem Staunen. Sie freute sich über ihr Glück und wollte sich daranmachen, Münze für Münze zu zählen.

»Lass das«, sagte Ali Baba zu ihr. »Du würdest mit dem Zählen nie fertig werden. Ich will eine Grube ausheben und das Gold darin verstecken. Wir haben keine Zeit zu verlieren.«

»Aber wir müssen doch ungefähr wissen, wie viel Gold wir besitzen«, entgegnete die Frau. »Während du gräbst, werde ich mir in der Nachbarschaft ein Maß ausleihen, um unseren Reichtum damit zu messen.«

»Tu, was du willst«, sagte Ali Baba. »Aber denk daran, niemandem etwas von der Sache zu erzählen.«

Die Frau eilte zu ihrem Schwager Casim, und da der nicht zu Hause war, wandte sie sich mit der Bitte um ein Maß an die Schwägerin.

»Recht gern«, antwortete diese, »warte nur ein Weilchen. Ich bin gleich zurück.«

Die Schwägerin wusste, wie arm Ali Baba war, und war neugierig, was seine Frau wohl mit dem Maß messen wolle. Deshalb klebte sie ein Stück Teig unter den Boden des Messgefäßes. Dann ging sie zu Ali Babas Frau zurück, gab ihr das Maß und entschuldigte sich für ihr langes Wegbleiben damit, dass sie eine Zeit lang habe suchen müssen.

Zu Hause stellte Ali Babas Frau das Maß auf den Berg Münzen und begann zu messen. Viele Male füllte sie das Gefäß, bevor der Haufen abgetragen war.

Danach lief sie, um der Schwägerin das Maß schnell zurückzubringen, denn sie wollte in deren Augen als pünktlich und ordentlich gelten. In ihrem Eifer aber bemerkte sie nicht, dass ein Goldstück an der Unterseite des Gefäßes kleben geblieben war.

»Liebe Schwägerin«, sagte sie, »du siehst, ich habe das Maß nicht zu lange behalten. Hier hast du es zurück. Vielen Dank.«

Kaum hatte Ali Babas Frau sich umgewandt, da drehte ihre Schwägerin auch schon das Maß um. Wie staunte sie, als sie ein Goldstück an dem Teig kleben sah! Der Neid vergiftete ihr Herz und sie sagte zu sich: Wie kommt der Habenichts zu so viel Gold, dass er es messen muss? Ungeduldig wartete sie auf Casim, der den Tag über im Laden arbeitete. Die Zeit bis zum Abend kam ihr wie eine Ewigkeit vor, so brannte sie darauf, ihrem Mann die ungeheuerliche Neuigkeit mitzuteilen. Als er schließlich nach Hause kam, stürzte sie gleich auf ihn zu.

»Du glaubst reich zu sein«, sagte sie. »Doch du täuschst dich. Dein Bruder Ali Baba ist tausendmal reicher als du. Er hat so viele Goldstücke, dass er sie nicht mehr zählen kann, sondern messen muss.«

Und sie zeigte ihm das Goldstück, das am Boden des Maßes kleben geblieben war. Die Münze war so alt, dass der Name des Fürsten, der sie hatte prägen lassen, den beiden völlig unbekannt war. Casim nun freute sich überhaupt nicht über das Glück des Bruders. Neid flammte in ihm auf und raubte ihm die Ruhe. Die ganze Nacht fand er keinen Schlaf und noch vor Sonnenaufgang begab er sich zu Ali Baba. Seit er reich geworden war, hatte er ihn nicht mehr als seinen Bruder betrachtet und ihn auch nie mehr Bruder genannt. Auch jetzt redete er ihn nicht so an, sondern sagte: »Ali Baba, du bist ein Heimlichtuer. Du spielst den Notleidenden, den Bettler, und doch misst du dein Gold mit dem Maß.«

»Ich weiß nicht, wovon du sprichst, lieber Bruder«, antwortete Ali Baba. »Drück dich deutlicher aus.«

»Mach mir nichts vor!«, rief Casim und er zeigte ihm das Goldstück, das seine Frau ihm gegeben hatte. »Wie viel hast du davon? Dieses hier klebte unter dem Maß, das sich deine Frau gestern von meiner ausgeliehen hat.«

Da musste Ali Baba einsehen, dass sein Geheimnis kein Geheimnis mehr war. Der Eigensinn seiner Frau hatte es gelüftet. Weil sich nun nichts mehr rückgängig machen ließ, erzählte er seinem Bruder, wie er zu dem Reichtum gekommen war. Zugleich bot er an, den Schatz mit Casim zu teilen, wenn dieser ihm versprechen wolle, die Geschichte für sich zu behalten.

Hochmütig antwortete Casim: »Dass wir teilen, ist selbstverständlich. Außerdem will ich wissen, wo sich der Schatz befindet und wie ich in den Felsen hineingelange. Wenn du mir das nicht sagst, zeige ich dich beim Gericht an.«

Ali Baba war ein gutmütiger Mann und mehr aus Gutmütigkeit als aus Angst vor der Drohung gab er dem Bruder Auskunft über alles. Er nannte ihm auch die Worte, die er sprechen musste, um in den Berg hinein- und wieder herauszukommen.

Nun war Casim zufrieden und er verließ Ali Baba mit dem festen Vorsatz, diesem zuvorzukommen und sich allein den Schatz zu holen.

Am nächsten Morgen brach er mit zehn Maultieren auf, die große Kisten trugen. Da sollte das Gold hineingepackt werden. Außerdem nahm Casim sich vor, mit noch mehr Maultieren und noch mehr Kisten zu der Höhle zurückzukehren, wenn er nicht alles auf einmal fortschaffen könnte.

Er schlug den Weg ein, den Ali Baba ihm beschrieben hatte, erkannte den Felsen, sagte: »Sesam, öffne dich!«, und gelangte in die Höhle, deren Tür sich sofort hinter ihm schloss. Als er sich in dem Gewölbe umschaute, machte ihn die riesige Menge an Kostbarkeiten, die hier aufgehäuft lagen, ganz wirr. So groß hatte er sich nach der Erzählung des Bruders den Schatz nun doch nicht vorgestellt. Er konnte sich an dem Gold nicht sattsehen und geizig und geldgierig, wie er war, wäre er am liebsten den ganzen Tag über in der Höhle geblieben, um sich an dem Glanz zu berauschen. Doch dann dachte er an seinen Vorsatz, der ihn hergeführt hatte, belud sich mit so vielen Säcken, wie er tragen konnte, und wollte die Höhle wieder verlassen. Aber da sein ganzes Denken so stark davon beherrscht war, dass er jetzt der reichste Mann weit und breit sei, erinnerte er sich nicht mehr genau an die Formel, mit der man die Tür öffnen konnte. Statt »Sesam, öffne dich!« sagte er: »Gerste, öffne dich!«, und war bestürzt, als sich die Tür nicht bewegte. Er nannte alle Getreidearten, nur nicht Sesam. Die Tür blieb verschlossen. Damit hatte er nicht gerechnet. Zitternd vor Angst bemühte er sich, das richtige Wort zu finden, doch je angestrengter er nachdachte, desto verwirrter wurde er und nach einer Weile war das Wort »Sesam« für ihn so unerreichbar geworden, als hätte er es nie gekannt.

Verzweifelt ließ er die Säcke fallen und ging grübelnd in der Höhle auf und ab, deren Reichtümer jetzt allen Reiz für ihn verloren hatten.

Gegen Mittag kehrten die Räuber zu dem Felsen zurück und waren aufs Höchste beunruhigt, zehn Maultiere davor zu finden. Sie trieben die Tiere auseinander, sodass sie bald in alle Himmelsrichtungen verschwunden waren, und machten sich auf die Suche nach dem Besitzer. Während die Räuber rings um den Felsen nach ihm fahndeten, trat ihr Anführer mit gezogenem Säbel vor die Tür, sagte die Formel und die Pforte öffnete sich.

Casim hatte das Stampfen der Pferdehufe gehört und ihm wurde bewusst, dass die Räuber zurückgekehrt waren und dass sein Leben in Gefahr war. Er presste sich dicht neben dem Eingang an die Höhlenwand, um ins Freie stürzen zu können, sobald sich die Tür geöffnet hatte. Kaum hörte er das Wort »Sesam«, das ihm entfallen war, und die Tür aufgehen, stürmte er hinaus und warf den Anführer zu Boden. Aber den übrigen Räubern entkam er nicht. Auch sie hatten ihre Säbel gezogen und töteten ihn auf der Stelle. Dann gingen sie in die Höhle, um nachzusehen, welchen Schaden ihnen der Mann zugefügt hatte. Sie fanden die Säcke, die Casim seinen Maultieren hatte aufladen wollen, und legten sie wieder da hin, wo sie hingehörten. Das Fehlen der Säcke, die Ali Baba am Tag zuvor hinausgeschafft hatte, bemerkten sie nicht.

Sie setzten sich nieder, um den Vorfall zu besprechen, und es schien ihnen ganz natürlich, dass Casim nicht aus der Höhle herausgekommen war. Nur wie er hineingelangt war, blieb ihnen unerklärlich. Einige meinten, er könnte durch die Lichtöffnung ins Gewölbe geklettert sein. Doch die Öffnung war zu hoch und der Felsen war unbesteigbar und so ließen sie diese Vermutung wieder fallen. Dass jemand das Geheimnis, wie die Tür zu öffnen war, kennen sollte, kam ihnen nicht in den Sinn. Nach längerer Beratung kamen sie darin überein, den Leichnam Casims zu vierteilen und die Teile rechts und links von der Tür aufzuhängen, um jeden weiteren Eindringling abzuschrecken. Nachdem sie alles wie beschlossen ausgeführt hatten, schwangen sie sich wieder auf die Pferde und durchstreiften das Land, um Karawanen aufzustöbern und auszuplündern.

Als die Nacht hereinbrach und Casim noch immer nicht zurückgekehrt war, machte sich seine Frau große Sorgen. Verzweifelt ging sie zu Ali Baba und sagte zu ihm: »Du weißt doch sicher, lieber Schwager, dass dein Bruder in den Wald gegangen ist und was er dort wollte. Er ist noch nicht zurückgekommen und ich fürchte, ihm könnte etwas zugestoßen sein.«

Ali Baba hatte nach dem Gespräch mit seinem Bruder vermutet, dass sich dieser schnurstracks zur Höhle begeben würde, deshalb war er selbst zu Hause geblieben, damit Casim nicht misstrauisch wurde. Jetzt tröstete er die Frau, ohne ihr einen Vorwurf zu machen, und sagte, Casim habe es wahrscheinlich vorgezogen, erst spätabends in die Stadt zurückzukommen. Die Frau glaubte seinen Worten, vor allem weil sie wusste, wie viel ihrem Mann daran liegen musste, das Unternehmen geheim zu halten. So kehrte sie nach Hause zurück und wartete bis Mitternacht. Als Casim aber nach Mitternacht immer noch nicht da war, verdoppelte sich ihr Kummer. Es belastete sie sehr, dass sie sich nicht durch lautes Weinen und Schreien Luft

Der Fischer und der Dämon, zu Seite 22

machen konnte, denn die Nachbarschaft durfte von nichts erfahren. Jetzt bereute sie ihre Neugierde, die sie dazu getrieben hatte, sich in die Angelegenheiten ihres Schwagers einzumischen. Leise weinte sie die ganze Nacht lang vor sich hin und eilte bei Tagesanbruch wieder zu Ali Baba, um ihm ihr Leid zu klagen.

Der wartete gar nicht erst darauf, bis die Schwägerin ihn bat, nach Casim zu suchen, sondern machte sich mit seinen drei Eseln sofort auf den Weg in den Wald. Dass er auf dem ganzen Weg nicht die geringste Spur von seinem Bruder und dessen Maultieren fand, beunruhigte ihn. Als er vor dem Eingang der Höhle eine Blutlache entdeckte, ahnte er bereits Böses. Er trat vor die Tür, sprach die Formel und die Tür öffnete sich. Das Erste, was ihm ins Auge fiel, war der gevierteilte Leichnam seines Bruders.

Ohne lang nachzudenken, beschloss er, Casim den letzten Dienst zu erweisen, wenn der auch zu Lebzeiten wenig brüderliche Liebe für ihn gezeigt hatte. Er wickelte die Leichenteile in Tücher, die in der Höhle umherlagen, packte sie auf einen Esel und bedeckte sie mit Holz, damit niemand merkte, was er da in die Stadt brachte. Die beiden anderen Esel belud er wieder mit Goldsäcken, und nachdem er auch darüber Holz geschichtet und die Tür zur Höhle mit dem Zauberspruch geschlossen hatte, machte er sich auf den Rückweg. Am Rande des Waldes wartete er, bis es dunkel war. Dann führte er die beiden Esel mit dem Gold nach Hause. Dort überließ er es seiner Frau, die Säcke abzuladen. In wenigen Worten erzählte er ihr vom Schicksal Casims. Den dritten Esel führte er dann vor das Haus seiner Schwägerin.

Auf sein Klopfen öffnete ihm Morgiane, eine kluge, geschickte und erfinderische Sklavin. Ali Baba führte den Esel in den Hof, nahm ihm das Holz und die Packen mit den Leichenteilen vom Rücken und sagte zu der Sklavin: »Ich verlange bedingungslose Verschwiegenheit von dir, Morgiane. Du wirst bald einsehen, wie wichtig das für deine Herrin und mich ist. Diese Packen enthalten die Leiche deines Herrn. Wir müssen uns überlegen, wie wir sie beerdigen können, so als sei er eines natürlichen Todes gestorben. Führe mich jetzt zu deiner Herrin und höre gut zu bei dem, was ich mit ihr besprechen werde.«

Casims Frau kam Ali Baba ungeduldig entgegen und fragte: »Was für

Nachricht bringst du mir von meinem Mann? Dein Gesichtsausdruck verheißt nichts Gutes.«

»Schwägerin«, antwortete Ali Baba, »ehe du mir nicht zugesagt hast, mich bis zu Ende anzuhören, ohne mich zu unterbrechen, werde ich nichts sagen. Außerdem musst du versprechen, dass alles, was ich dir erzähle, unser Geheimnis bleibt. Das ist für deine Sicherheit sehr wichtig.«

»Ach!«, rief die Schwägerin. »Aus deinen Worten schließe ich, dass mein Mann nicht mehr lebt. Aber ich sehe ein, dass ich stark sein muss.«

Nun erzählte Ali Baba, was er im Wald gesehen und wie er den Leichnam des Bruders in die Stadt gebracht hatte. Und er fügte hinzu: »Du hast allen Grund, traurig zu sein, liebe Schwägerin. Doch das Unglück, das so unerwartet über dich hereingebrochen ist, kann nicht mehr rückgängig gemacht werden. Wenn es dich tröstet, so biete ich dir an, mein Vermögen mit dem deinen zu vereinen und dich zu meiner zweiten Frau zu nehmen. Zugleich versichere ich dir, dass meine Frau nichts dagegen haben wird. Ich glaube, ihr werdet euch gut vertragen. Wenn du mit meinem Vorschlag einverstanden bist, müssen wir zuerst überlegen, wie wir meinen Bruder so begraben, dass es aussieht, als sei er zu Hause gestorben. Dabei können wir uns, glaube ich, ganz auf Morgiane verlassen.«

Was hätte Casims Witwe Besseres tun können, als das Angebot Ali Babas anzunehmen? Sie trocknete also ihre Tränen, die bei der Erzählung Ali Babas reichlich geflossen waren, unterließ auch das Klagegeschrei, in das Frauen beim Tod ihrer Männer ausbrachen, und Ali Baba erkannte, dass sein Vorschlag sie bereits getröstet hatte. Er kehrte nach Hause zurück, nachdem er Morgiane geraten hatte, ihre Rolle gut zu spielen.

Und Morgiane enttäuschte die in sie gesetzten Erwartungen nicht. Gemeinsam mit Ali Baba verließ sie das Haus ihrer Herrin und eilte zum Apotheker. Dort erstand sie Amulette, die bei bestimmten Krankheiten eine heilende Wirkung haben sollten. Der Apotheker fragte, wer denn erkrankt sei, und sie rief: »Ach, Casim, mein guter Herr! Keiner weiß, was ihm fehlt. Er isst nichts und will auch nicht sprechen.« Mit diesen Worten nahm sie die Amulette an sich.

Am nächsten Morgen ging Morgiane wieder zu dem Apotheker und verlangte weinend einen Saft, den man Kranken nur gab, wenn sie in Todesgefahr schwebten. Machte dieser Saft sie nicht gesund, dann gab es keine Hoffnung mehr. »Ach!«, schluchzte sie, als der Apotheker ihr die Medizin überreichte. »Ich fürchte, dieser Saft wird genauso wenig helfen wie gestern die Amulette. Er ist ein so guter Herr und nun soll ich ihn verlieren!«

Da die Leute auch Casims Frau den ganzen Tag über mit Trauermiene umhergehen sahen, war niemand verwundert, als sie am Abend mit Klagegeschrei den Tod ihres Gemahls verkündete.

Am Morgen darauf suchte Morgiane Baba Mustafa auf, einen alten Schuster, der als ein einfallsreicher Mann bekannt war. Ihm drückte sie ein Goldstück in die Hand und sagte: »Nimm dein Handwerkszeug und folge mir. Du musst dir aber die Augen verbinden lassen.«

Der Schuster betrachtete die Münze eingehend; denn es war noch nicht ganz Tag und er konnte auf den ersten Blick nicht erkennen, ob sie auch wirklich aus Gold war. Dann schüttelte er den Kopf und antwortete: »Nein, du verlangst sicherlich etwas von mir, das gegen meine Ehre oder gegen mein Gewissen geht.«

»Das verhindere Allah!«, rief Morgiane und drückte Baba Mustafa ein zweites Goldstück in die Hand. »Ich verlange nichts von dir, was du nicht mit gutem Gewissen tun könntest. Hab also keine Angst und folge mir.«

Und Baba Mustafa ging mit ihr. Auf halbem Weg ließ er sich die Augen verbinden und in das Haus des toten Casim führen. In dem Zimmer, wo der gevierteilte Leichnam lag, nahm Morgiane ihm die Binde von den Augen und sagte: »Ich habe dich hierhergebracht, damit du die vier Teile dieser Leiche zusammennähst. Verlier keine Zeit. Wenn du fertig bist, bekommst du noch ein drittes Goldstück.«

Baba Mustafa machte sich an die Arbeit, und als er fertig war, drückte Morgiane ihm das versprochene dritte Goldstück in die Hand, verband ihm wieder die Augen und führte ihn zu der Stelle zurück, an der sie ihm auf dem Hinweg die Augenbinde angelegt hatte. Der Schuster ging in Richtung seiner Werkstatt davon. Die vorsichtige Morgiane wartete eine Weile und sah ihm nach, dass er nicht umkehrte und ihr folgte.

Im Haus ihrer Herrin bereitete Morgiane heißes Wasser und Ali Baba wusch den Leichnam seines Bruders und hüllte ihn unter Beachtung der vorgeschriebenen Gebräuche in ein Leichentuch.

Bald darauf wurde der Sarg gebracht und Morgiane fertigte den Schreiner an der Tür ab, damit er nicht etwa Wind von der Sache bekäme. Sobald der Deckel festgenagelt war, ging Morgiane zur Moschee, um dort bekannt zu geben, dass alles zur Beerdigung bereit sei. Kaum war sie wieder zu Hause, als auch schon der Imam, der von den Dienern der Moschee begleitet wurde, eintraf. Vier Nachbarn hoben den Sarg auf die Schultern und trugen ihn hinter dem Imam her, der auf dem Weg zum Friedhof Gebete murmelte. Hinter dem Sarg ging Morgiane, die Sklavin des Verstorbenen, und klagte laut, wie es sich für eine Sklavin gehörte, die ihren Herrn verloren hat. Ihr folgte Ali Baba mit einigen weiteren Männern aus der Nachbarschaft, die sich beim Tragen des Sarges ablösten. So erreichte der kleine Zug den Friedhof.

Casims Frau blieb währenddessen zu Hause und jammerte und weinte, wie es die Sitte vorschrieb, zusammen mit den Nachbarinnen so laut, dass es im ganzen Stadtviertel widerhallte. So blieb die Art, wie Casim wirklich zu Tode gekommen war, ein Geheimnis, das nur Ali Baba, seine Frau, seine Schwägerin und die Sklavin Morgiane kannten. Diese vier Personen aber bewahrten es und niemand in der Stadt schöpfte auch nur den leisesten Verdacht. Drei oder vier Tage nach der Beerdigung brachte Ali Baba seine wenige Habe in das Haus seiner Schwägerin. Dadurch zeigte er offen, dass er sich mit der Frau seines verstorbenen Bruders verheiratet habe, und da so etwas in Persien nicht ungewöhnlich war, wunderte sich niemand. Das Gold aus der Räuberhöhle schaffte er nachts hinüber. Casims Laden wurde Ali Babas Sohn übergeben, der seit einigen Jahren bei einem angesehenen Kaufmann in die Lehre ging.

Als die vierzig Räuber nach einiger Zeit in ihre Höhle zurückkehrten, erschraken sie sehr, den Leichnam nicht mehr vorzufinden. Jetzt entdeckten sie auch, dass ihre Goldvorräte empfindlich geplündert worden waren.

»Wir sind verraten und verloren«, sagte da ihr Anführer, »wenn wir nicht äußerste Vorsicht walten lassen und die notwendigen Maßnahmen ergreifen. Unternehmen wir nichts, dann verlieren wir alles, was wir und unsere Vorfahren seit Langem angehäuft haben. Wie es scheint, kannte der Dieb, den wir bei unseren Schätzen ertappt haben, die Formel, mit der man den Berg öffnet. Doch noch ein anderer muss die Zauberworte kennen, denn die Leiche ist verschwunden und unsere Goldvorräte haben seit unserem letzten Besuch abgenommen. Wir haben keine andere Wahl, als diesen Zweiten genauso wie den Ersten aus dem Weg zu räumen. Oder ist jemand unter euch anderer Meinung?«

Niemand widersprach, denn der ganzen Bande leuchtete ein, dass etwas unternommen werden musste.

Die Räuber beschlossen, nicht eher zu ruhen, bis die Gefahr abgewendet war.

»Ich habe nichts anderes von euch erwartet«, fuhr der Anführer fort, »und schlage vor, dass einer von uns verkleidet in die Stadt geht, um sich umzuhören, ob man von dem spektakulären Tod des Mannes spricht, den wir, wie er es verdiente, getötet haben. Er soll herausfinden, wer der Tote war und wo er gewohnt hat. Damit wir sichergehen, dass er keine falschen Berichte liefert und uns dadurch in Lebensgefahr bringt, schlage ich vor, ihn mit dem Tod zu bestrafen, wenn er seinen Auftrag nicht erfüllt.«

Ohne die Meinung der anderen abzuwarten, meldete sich ein Räuber und sagte: »Ich lasse mich auf die Bedingung ein. Es soll mir eine Ehre sein, mit meinem Leben für diese Aufgabe einzustehen. So werdet ihr, wenn ich erfolglos gewesen bin, euch wenigstens an mich als einen Mann erinnern, dem es weder an gutem Willen noch an Mut gefehlt hat.«

Der mutige Räuber wurde von dem Anführer und von seinen Kameraden sehr gelobt. Er verkleidete sich so geschickt, dass niemand ihn hätte erkennen können. In der Nacht verließ er die anderen und erreichte bei Morgengrauen den Marktplatz der Stadt. Nur ein Laden war schon geöffnet: der des Baba Mustafa.

Der Schuster hatte sich vor die Tür gesetzt, den Pfriem in der Hand, und wollte gerade zu arbeiten anfangen. Da trat der Räuber auf ihn zu, wünschte ihm einen guten Morgen und sagte, weil er sah, wie alt der Schuster war: »Du fängst früh an zu arbeiten, guter Mann. In deinem Alter kannst du doch unmöglich genug sehen, wenn es noch nicht ganz hell ist. Und selbst dann kannst du bei deinen schwachen Augen bestimmt keine Schuhe mehr flicken.«

»Du scheinst mich nicht zu kennen«, entgegnete Baba Mustafa, »ich bin zwar alt, doch habe ich noch gute Augen. Erst neulich habe ich einen

Leichnam zusammengeflickt, und das in einem Zimmer, in dem es nicht viel heller war als hier.«

Der Räuber war hocherfreut, gleich an den richtigen Mann geraten zu sein.

»Einen Leichnam!«, rief er mit gespieltem Erstaunen und fügte, um den Schuster zum Sprechen zu bringen, hinzu: »Warum muss denn ein Leichnam zusammengeflickt werden? Sicherlich meinst du das Tuch, in das er gehüllt war?«

»Nein, nein«, antwortete Baba Mustafa, »ich meine schon, was ich gesagt habe. Wie ich merke, willst du mich nur aushorchen. Aber ich werde dir nichts weiter erzählen.«

Der Räuber zog ein Goldstück aus der Tasche, drückte es Baba Mustafa in die Hand und sagte zu ihm: »Es ist nicht meine Absicht, dir ein Geheimnis zu entlocken, wenn ich dir auch versichern kann, dass es bei mir gut aufgehoben wäre. Ich bitte dich nur um eins: Zeige mir das Haus, wo du den Leichnam zusammengenäht hast.«

»Selbst wenn ich das tun wollte«, antwortete Baba Mustafa, »so könnte ich es nicht. Glaub mir das. Man hat mir nämlich so lange die Augen verbunden, bis ich in dem Haus war. Und auf dem Rückweg hat man mir ebenfalls die Augen verbunden. Du siehst, dass ich dir deine Bitte unmöglich erfüllen kann.«

»Erinnerst du dich denn nicht wenigstens einigermaßen an den Weg, den du entlanggeführt worden bist?«, fragte der Räuber weiter. »Bring mich an die Stelle, wo man dir die Augen verbunden hat. Da will ich dir auch eine Binde anlegen und wir gehen gemeinsam kreuz und quer durch die Gassen. Dabei wirst du dich vielleicht an den Weg erinnern. Du tust das nicht umsonst; jede Arbeit muss anständig entlohnt werden. Hier, nimm dieses zweite Goldstück.«

Die beiden Goldstücke reizten Baba Mustafa zu sehr. Lange betrachtete er sie, wie sie so auf seiner flachen Hand lagen, und lange ging er mit sich zurate, was er tun sollte. Endlich zog er seinen Lederbeutel aus der Tasche, ließ die Münzen hineinfallen und sagte: »Ich kann zwar nicht dafür garantieren, dass ich den Weg wiederfinde. Doch da du darauf bestehst, will ich es versuchen. Komm also.«

Und zur großen Freude des Räubers machte sich Baba Mustafa auf, ohne seinen Laden zu verschließen – denn es hätte sich gar nicht gelohnt, daraus etwas zu stehlen –, und ging mit ihm zu der Stelle, wo Morgiane ihm seinerzeit die Augen verbunden hatte. Dort sagte Baba Mustafa: »Hier ist es, wo man mir die Binde um die Augen gelegt hat. Und wie jetzt blickte ich in diese Richtung.«

Der Räuber hielt schon ein Taschentuch bereit und verband dem Schuster die Augen. Dann ging er neben ihm her und ließ sich mehr führen, als dass er den anderen führte. Endlich blieb Baba Mustafa stehen.

»Soweit ich mich erinnern kann«, sagte er, »bin ich damals bis hierher gegangen.«

Sie befanden sich wirklich vor Casims Haus, in dem jetzt Ali Baba wohnte. Schnell machte der Räuber ein Kreidezeichen an die Tür, ehe er Baba Mustafa die Binde abnahm. Dann wollte er wissen, wem das Haus gehöre. Der Schuster aber antwortete, er wohne nicht in diesem Viertel und kenne hier niemanden.

Da bedankte sich der Räuber bei Baba Mustafa und ließ ihn wieder in seinen Laden gehen. Er selbst aber machte sich auf den Weg in den Wald zu seinen Kameraden und rechnete damit, dass alle über seine Neuigkeiten begeistert sein würden.

Kurz nachdem der Räuber und Baba Mustafa sich getrennt hatten, ging Morgiane einkaufen und entdeckte das Kreidezeichen an der Tür. Sie betrachtete es eine Weile. Was mag das wohl zu bedeuten haben?, fragte sie sich. Ist es nur zum Scherz gemacht worden oder führt jemand etwas Böses im Schilde? Wie dem auch sei: Vorsicht kann nie schaden. Und sie nahm ein Stück Kreide und machte dasselbe Zeichen an vier oder fünf Türen in der Nachbarschaft. Doch sagte sie niemandem etwas davon.

Der Räuber setzte währenddessen seinen Weg fort und hatte gegen Mittag die Bande erreicht. Voll Stolz berichtete er von seinem Erfolg und dem Glück, das ihn gleich zu dem richtigen Mann geführt hatte. Alle Kameraden freuten sich und der Anführer lobte ihn. Danach sagte er: »Wir haben keine Zeit zu verlieren. Wir gehen einzeln in die Stadt, und zwar bewaffnet. Damit wir nicht auffallen, müssen wir aus verschiedenen Richtungen kommen. Auf dem Marktplatz treffen wir uns. Ich werde gemeinsam mit unserem mutigen Kameraden hier das Haus auskundschaften und dann die notwendigen Befehle erteilen.«

Die Räuber waren bald reisefertig. Ohne aufzufallen, gelangten sie auf den Marktplatz. Der Anführer und der Räuber, der ihn begleiten sollte, brachen als Letzte auf. In der Stadt begaben sie sich sofort in die Straße, wo Ali Babas Haus stand. Bald erreichten sie die erste Tür, die Morgiane mit einem Kreidezeichen versehen hatte. Der Räuber machte seinen Anführer darauf aufmerksam und sagte, dies sei das Haus. Doch als sie weitergingen, bemerkte der Anführer beim nächsten Haus dasselbe Zeichen. Der Räuber war so verwirrt, dass er nichts dazu sagen konnte, und wurde völlig verunsichert, als er das Zeichen auch auf einigen weiteren Türen entdeckte. Er schwor, er habe nur eine einzige Tür markiert, und sagte: »Es ist mir unbegreiflich, wer all die Türen mit dem Kreidezeichen versehen hat. Ich muss gestehen, dass ich mein eigenes Zeichen nicht wiedererkenne.«

Als nun der Anführer sah, dass sein Plan gescheitert war, ließ er seinen Leuten auf dem Marktplatz ausrichten, dass ihre Mühe für dieses Mal vergebens gewesen sei und nichts anderes übrig bleibe, als den Rückweg anzutreten. So versammelte man sich wieder im Wald, wo gegen den Räuber, der schuld am Misserfolg war, die Todesstrafe verhängt wurde. Er sah selbst ein, dass er versagt hatte, und zitterte nicht einmal, als das Urteil vollstreckt wurde.

Da es aber für die Bande wichtig war herauszufinden, wer die geheime Zauberformel kannte, meldete sich sogleich ein anderer Räuber und versprach, seine Sache besser zu machen als sein Vorgänger. Er verkleidete sich, ging auf den Marktplatz zu Baba Mustafa und ließ sich auch vor Ali Babas Haus führen. An einer weniger auffälligen Stelle machte er ein Zeichen und glaubte, man würde es nicht bemerken. Aber auch dieses Zeichen entging den scharfen Augen Morgianes nicht, als sie wie am Tag zuvor vom Einkaufen zurückkam. Sofort versah sie die Nachbarhäuser mit dem gleichen Zeichen.

Nachdem der Räuber in den Wald zurückgekehrt war und versichert hatte, diesmal werde man das Haus zweifellos finden, begaben sich alle erneut in die Stadt. Doch wieder war es dem Anführer und dem Räuber, der das Haus Ali Babas ausgekundschaftet hatte, unmöglich, dieses einwandfrei zu erkennen. Zornig befahl der Anführer abermals den Rückzug seiner Leute und im Wald wurde der Schuldige enthauptet.

Da nun der Anführer der Bande sah, dass er zwei seiner besten Leute verloren hatte, und da er befürchtete, noch mehr von den zwar mutigen, doch im Pläneschmieden unerfahrenen Männern könnten auf diese Weise den Tod finden, beschloss er, die Sache selbst in die Hand zu nehmen. Er ging in die Stadt, wo ihm Baba Mustafa denselben Dienst leistete wie den beiden anderen Räubern. Doch er brachte kein Zeichen an Ali Babas Haus an, sondern ging mehrere Male daran vorüber und prägte sich alles genau ein.

Zurück im Wald hielt er folgende Rede: »Kameraden, nun kann uns nichts mehr daran hindern, uns zu rächen. Ich kenne das Haus des Schurken ganz genau und ich habe mir unterwegs auch schon überlegt, wie wir unerkannt vorgehen können.«

Er erklärte ihnen, was er vorhatte, und die Männer stimmten zu. Daraufhin befahl er ihnen, neunzehn Maultiere und achtunddreißig lederne Ölschläuche zu kaufen, aber nur einen davon mit Öl zu füllen. In drei Tagen hatten sie alles beisammen. Die Öffnungen der Ölschläuche wurden erweitert und in jeden leeren Schlauch kroch ein Mann zusammen mit seinen Waffen. Nachdem Ritze ins Leder geschnitten worden waren, durch die man atmen konnte, verschloss der Anführer die Schläuche, sodass es aussah, als sei Öl darin. Um die Täuschung vollkommen zu machen, beschmierte er das Leder mit Öl. Dann band er die siebenunddreißig Schläuche, in denen sich die Räuber befanden, und den Schlauch mit dem Öl auf die Maultiere und trieb sie in die Stadt. Er erreichte sein Ziel eine Stunde vor Sonnenuntergang.

Ali Baba saß vor der Tür seines Hauses, um nach dem Abendessen Luft zu schnappen. Der Anführer der Räuber ließ die Maultiere halten und wandte sich an ihn.

»Herr«, sagte er, »ich bringe das Öl in diesen Schläuchen von weit her, um es morgen auf dem Markt zu verkaufen. Doch es ist schon spät und ich habe keine Unterkunft. Könntest du mich vielleicht, wenn es dir nicht allzu viele Umstände macht, die Nacht über in deinem Haus aufnehmen? Ich würde dir tausendmal für diese Gefälligkeit danken.«

Obwohl Ali Baba den Mann damals im Wald bereits gesehen und auch seine Stimme gehört hatte, erkannte er ihn in der Verkleidung als Ölhändler nicht. Also sagte er: »Tritt ein und sei mir willkommen.«

Er machte Platz, damit die Tiere auf den Hof geführt werden konnten, und befahl seinem Sklaven, sie in den Stall zu bringen und sie zu füttern. Danach begab er sich in die Küche und bat Morgiane, dem Gast ein gutes Essen zu bereiten und ein Zimmer für ihn herzurichten. Den Fremden, der im Hof unter freiem Himmel übernachten wollte, führte er in den Raum, in dem er immer seine Besucher unterbrachte. Er wollte nicht zulassen, dass sein Gast die Nacht im Freien verbringt. Der Anführer der Räuber sträubte sich, dieses Angebot anzunehmen, angeblich weil er Ali Baba nicht im Wege sein wollte, in Wirklichkeit aber, um seinen Männern nahe zu sein. Schließlich konnte er nicht anders, als dem Drängen des Hausherrn nachzugeben. Ali Baba leistete ihm Gesellschaft und unterhielt ihn mit allerlei amüsanten Geschichten. Nach einer Weile sagte er: »Ich gehe jetzt. Wenn du etwas brauchst, melde dich nur. Fühle dich hier wie zu Hause.«

Der Anführer der Räuber begleitete Ali Baba bis an die Tür und ging dann in den Hof, unter dem Vorwand, nachzusehen, ob die Maultiere gut versorgt wären.

Ali Baba aber legte Morgiane nochmals ans Herz, sich um den Fremden zu kümmern, und fügte hinzu: »Morgen gehe ich ins Bad. Gib die Badetücher Abdallah« – so hieß der Sklave – »und sieh zu, dass ich eine kräftige Fleischbrühe vorfinde, wenn ich zurückkomme.«

Damit ging er zu Bett.

Der Anführer der Räuber schaute sich unterdessen nur kurz im Stall um. Dann ging er wieder in den Hof, wo die Schläuche in einer Reihe lagen. Er schlich von Schlauch zu Schlauch und flüsterte den Männern darin zu: »Wenn ich von meinem Zimmer kleine Steine herunterwerfe, schneidet mit dem Messer das Leder auf und kriecht heraus. Ich werde dann bald bei euch sein.«

Morgiane machte sich daran, die Befehle ihres Herrn auszuführen. Sie legte die Badetücher zurecht und übergab sie Abdallah. Dann stellte sie den Topf mit der Fleischbrühe aufs Feuer. Als sie nun den Sud abschöpfte, ging plötzlich das Licht aus und der Zufall wollte es, dass im ganzen Haus kein Öl und keine Kerzen aufzutreiben waren. Morgiane brauchte aber Licht für ihre Arbeit.

»Nimm etwas Öl aus einem der Schläuche unten im Hof«, empfahl ihr Abdallah. Das Mädchen dankte dem Sklaven für den Rat, nahm den Ölkrug und ging in den Hof, während Abdallah sich schlafen legte, um frisch zu sein, wenn er seinen Herrn am nächsten Morgen ins Bad begleitete.

Aus dem ersten Schlauch, dem Morgiane sich näherte, fragte eine Stimme: »Ist es schon so weit?«

Überrascht hielt die Sklavin inne. Jede andere Frau hätte in dieser Situation wahrscheinlich Lärm geschlagen und dadurch ein großes Unglück heraufbeschworen. Nicht so Morgiane. Sie begriff sofort, in welcher Gefahr ihr Herr und seine Familie schwebten und dass es darauf ankam, ohne irgendein Aufsehen Gegenmaßnahmen zu ergreifen. Also überwand sie ihren Schrecken, sammelte sich und antwortete mit verstellter Stimme: »Noch nicht, aber bald.« Dann trat sie auf den nächsten Schlauch zu, aus dem sie dieselbe Frage hörte. Sie gab dieselbe Antwort und fuhr fort, bis sie zu dem letzten Schlauch kam, der voll Öl war. Nun wusste sie, dass Ali Baba nicht einen Ölhändler unter seinem Dach beherbergte, sondern einen Bandenführer, der siebenunddreißig Männer ins Haus geschmuggelt hatte. Schnell füllte sie den Krug mit Öl, versorgte die Lampe, und als das Licht wieder brannte, nahm sie einen großen Kessel und füllte auch ihn mit Öl aus dem Schlauch. Sie setzte den Kessel auf den Herd und zündete ein großes Feuer an. Je eher das Öl kochte, desto schneller konnte sie den Plan ausführen, den sie sich ausgedacht hatte, um Ali Baba und seine Familie zu retten.

Als das Öl siedete, nahm sie den Kessel vom Feuer, schleppte ihn in den Hof und goss in jeden Lederschlauch Öl, um den Mann darin zu ersticken. Daraufhin kehrte sie in die Küche zurück, verschloss die Tür und kochte Ali Babas Fleischbrühe fertig. Zuletzt löschte sie das Feuer, blies die Lampe aus und stellte sich ans Fenster. Sie wollte beobachten, was im Hof passierte.

Noch war keine Viertelstunde vergangen, da erwachte der Anführer der Räuber. Er trat an das Fenster seines Zimmers, und als er sah, dass nirgendwo im Haus mehr Licht brannte, gab er das verabredete Signal. Er hörte, wie mehrere der kleinen Steine, die er hinuntergeworfen hatte, auf die ledernen Schläuche fielen, doch wartete er vergebens auf ein Geräusch im Hof. Beunruhigt warf er zum zweiten und zum dritten Mal Steinchen hinunter. Aber keiner seiner Männer gab ein Lebenszeichen. Aufgeregt stieg er leise in den Hof hinab. Als er sich über den ersten Schlauch beugte, stieg ihm der Geruch von heißem Öl und von etwas Verbranntem in die Nase. Da erkannte er, dass sein Plan, Ali Baba und die Seinen zu töten und das Gold wieder an sich zu bringen, fehlgeschlagen war. Er ging von Schlauch zu Schlauch und fand alle seine Männer tot vor. Voller Verzweiflung rannte er durch das hintere Tor und floh durch die Gärten der Nachbarn.

Morgiane blieb noch eine Weile auf ihrem Beobachtungsposten. Als sie kein Geräusch mehr hörte, war sie fest davon überzeugt, dass der Anführer der Bande das Weite gesucht hatte. Zufrieden, dass sie die Bewohner des Hauses vor dem Tod gerettet hatte, legte sie sich ins Bett und schlief bald ein.

Ali Baba stand vor Tagesanbruch auf und ging mit Abdallah ins Bad. Er wusste nichts von den grässlichen Geschehnissen in der Nacht. Umso mehr wunderte er sich, dass die Schläuche noch immer im Hof lagen, als er nach Hause zurückkam. Er konnte sich nicht erklären, wieso der Händler nicht in aller Frühe auf den Markt gegangen war. Daher fragte er Morgiane, die ihm die Tür öffnete, und sie antwortete: »Mein guter Herr, möge Allah dich und dein Haus lange beschützen. Wenn du in den Schläuchen nachschaust, wirst du eine Erklärung für alles finden.«

Ali Baba blickte in den ersten Schlauch hinein und fuhr, als er den Mann darin sah, wie von einer Viper gestochen zurück.

»Hab keine Angst«, sagte Morgiane, »der Schurke tut niemandem mehr etwas. Er ist tot.«

»Bei Allah, Morgiane«, rief Ali Baba, »erkläre mir, was das bedeuten soll.«

»Ich werde dir alles berichten«, entgegnete Morgiane. »Doch halte dich zurück und schrei nicht vor Verwunderung laut auf, damit die Nachbarn nicht erfahren, was passiert ist. Und sieh zuvor in die anderen Schläuche.«

Ali Baba blickte der Reihe nach in alle Schläuche, auch in den letzten, aus dem das Öl bis auf einen kleinen Rest verbraucht war. Lange brachte er kein Wort über die Lippen. Immer wieder schaute er auf die Schläuche und dann zu Morgiane. Endlich erholte er sich von seinem Staunen und fragte: »Und was ist aus dem Händler geworden?«

»Der Mann war so wenig ein Händler«, antwortete Morgiane, »wie ich eine Händlerin bin. Komm in dein Zimmer. Dort will ich dir alles in Ruhe erzählen. Und du trinkst dabei deine Fleischbrühe. Das brauchst du als Stärkung nach dem Bad.«

Während Ali Baba die Brühe schlürfte, berichtete Morgiane, was in der Nacht vorgefallen war, aber auch, wie sie an den Tagen zuvor die Zeichen an der Tür entdeckt und was sie dagegen unternommen hatte. Als sie mit ihrem Bericht zu Ende gekommen war, erkannte Ali Baba, was sie für ihn und seine Familie getan hatte. Voller Dankbarkeit sagte er: »Ich will nicht sterben, ehe ich dich nicht belohnt habe, wie du es verdienst. Fürs Erste schenke ich dir auf der Stelle die Freiheit. Möge Allah uns auch weiterhin vor allem Übel beschützen und möge er das Land von dem Otterngezücht der Räuber befreien. Doch jetzt wollen wir erst die Schurken in aller Heimlichkeit begraben. Ich erledige das gemeinsam mit Abdallah.«

Im hinteren Teil des Gartens, unter hohen Bäumen, hoben Ali Baba und der Sklave eine große Grube aus. Sie legten die toten Räuber, die sie aus den Schläuchen geholt und denen sie die Waffen abgenommen hatten, Seite an Seite hinein. Dann schütteten sie die Grube mit Erde zu und glätteten die Oberfläche. Die Schläuche und die Waffen versteckten sie. Die Maultiere, für die Ali Baba keine Verwendung hatte, trieb Abdallah in den nächsten Tagen auf den Markt, wo er sie verkaufte.

Der Anführer der Räuber war unterdessen völlig außer sich in den Wald

zurückgekehrt. Unfähig, einen neuen Plan zu fassen, wie er Ali Baba töten könnte, saß er in der Höhle und jammerte: »Ach, wo seid ihr, die ihr mir immer bei Nachtwachen und auf den Raubzügen geholfen habt? Wärt ihr wie Männer mit dem Säbel in der Hand gestorben, würde es mir weniger ausmachen. Wie soll ich je wieder eine Bande mit so mutigen Räubern zusammenbringen? Und selbst wenn ich sie zusammenbrächte, würde es mir nichts nützen, solange Ali Baba noch lebt und die Geheimformel kennt. Zuerst muss ich ihn töten! Was mir mit eurer Hilfe nicht gelungen ist, muss ich nun allein schaffen.«

Nachdem er so zu einem Entschluss gekommen war, wurde er ruhiger und schlief ein. Am nächsten Morgen zog er prächtige Kleider an, machte sich auf den Weg in die Stadt und mietete in einem Wirtshaus ein Zimmer. Da er glaubte, die Vorgänge bei Ali Baba müssten die Stadt in Aufregung versetzt haben, fragte er den Wirt, was es Neues gebe. Doch der erzählte ihm alles Mögliche, nur nicht das, was er hören wollte. Daraus schloss der Anführer, dass Ali Baba nichts über die Schätze, die er sich mithilfe der Zauberformel beschaffen konnte, bekannt werden lassen wollte. Außerdem wusste Ali Baba offensichtlich, dass man ihn umbringen wollte. Das spornte den Räuber noch mehr an, seinen Feind aus dem Weg zu schaffen. Er kaufte sich ein Pferd, ritt mehrere Male zu der Höhle und kehrte mit Ballen schwerer Seidenstoffe und hauchzarten Tüchern zurück. Als er genügend Waren beisammen hatte, mietete er einen Laden, nannte sich von da an Chogia Hussein und besuchte unter diesem Namen die Händler in der Nachbarschaft, wie es die Sitte vorschrieb.

In derselben Straße befand sich auch der Laden, in dem Ali Babas Sohn, ein gebildeter und vernünftiger junger Mann, sein Geschäft betrieb. Eines Tages sah Chogia Hussein Ali Baba, der seinem Sohn einen Besuch abstattete. Daraufhin suchte der Räuber dessen Gesellschaft, machte ihm Geschenke und lud ihn öfter zum Essen ein.

Ali Babas Sohn wollte die Freundlichkeiten Chogia Husseins erwidern und fragte seinen Vater, ob er den Händler in sein Haus einladen könne, denn er selbst wohnte zu beengt, um Gäste zu empfangen. Ali Baba gewährte ihm gern diesen Wunsch.

»Morgen ist Freitag«, sagte er, »der Tag, an dem angesehene Händler ihre Läden geschlossen haben. Richte es so ein, dass du beim Spazierengehen mit Chogia Hussein an meinem Haus vorüberkommst. Dann dränge ihn einzutreten. Ich halte das für besser als eine förmliche Einladung. Morgiane wird ein Abendessen zubereiten.«

Wie besprochen, führte Ali Babas Sohn Chogia Hussein vor Ali Babas Haus.

»Hier wohnt mein Vater«, sagte er. »Ich habe ihm schon so viel von dir und der herzlichen Art, mit der du mir begegnest, erzählt, dass er gern deine Bekanntschaft machen würde.« Obwohl Chogia Hussein innerlich frohlockte, so schnell Zutritt zu Ali Babas Haus erhalten zu haben, tat er doch, als wolle er die Einladung ausschlagen. Aber in diesem Augenblick öffnete Abdallah die Tür und der junge Mann zog seinen Gast mit ins Haus.

Ali Baba empfing den Fremden freundlich und dankte ihm, dass er sich seines Sohnes angenommen hatte.

»Er ist noch jung und unerfahren«, sagte er, »und deshalb freut es mich umso mehr, dass du an seiner Erziehung mitwirkst.«

Chogia Hussein gab zurück, dass Ali Babas Sohn einen gesunden Menschenverstand besitze und der wiege manche Erfahrung auf.

So plauderten sie eine Weile über dieses und jenes. Als Chogia Hussein schließlich aufstand und sich verabschieden wollte, hielt Ali Baba ihn zurück.

»Ich bitte dich«, sagte er, »erweise mir die Ehre, bei mir zu Abend zu essen. Das Mahl wird zwar bei Weitem nicht so gut sein, wie du es verdient hättest, doch hoffe ich, du wirst es mit Freude einnehmen, so wie ich dich mit Freude einlade.«

»Herr«, antwortete Chogia Hussein, »sei mir nicht böse, wenn ich deine Einladung nicht annehme. Wenn du wüsstest, warum, würdest du mich zweifellos verstehen.«

»Und warum kannst du die Einladung nicht annehmen?«, fragte Ali Baba.

»Da du fragst«, entgegnete Hussein, »so sollst du auch eine Antwort bekommen. Ich esse nämlich nichts mit Salz.«

Dies sagte aber der verkleidete Räuber nur, weil es nach der Sitte des Landes unmöglich war, demjenigen Böses anzutun, mit dem man gemeinsam

Ali Baba und die vierzig Räuber, zu Seite 32

Salz gegessen hatte. Ali Baba jedoch hegte keinen Argwohn und erkannte die List seines Gastes nicht.

»Wenn dich weiter nichts davon abhält, mit mir zu speisen«, rief er, »dann ist leicht Abhilfe zu schaffen. In meinem Haus wird ohnehin nur ungesalzenes Brot gegessen. Was das Fleisch und die Soßen betrifft, so sorge ich schon dafür, dass in dem, was dir vorgesetzt wird, kein Körnchen Salz enthalten ist. Bleib also und iss mit uns. Ich gehe gleich in die Küche, um die nötigen Anweisungen zu geben.«

Und er bat Morgiane, das Fleisch, das sie heute servierte, nicht zu salzen und schnell noch einige Gerichte ohne Salz zuzubereiten. Das Mädchen hatte das Abendessen schon gekocht. Es fragte deshalb mürrisch, wer denn der seltsame Mensch sei, der kein Salz zu sich nehmen wolle.

»Er ist ein ehrenhafter Mann«, entgegnete Ali Baba. »Tu also, was ich dir gesagt habe.«

Morgiane folgte nur widerwillig und sie war sehr neugierig auf den Gast, der kein Salz essen wollte. Als nun die neuen Gerichte fertig waren und Abdallah den Tisch gedeckt hatte, half sie ihm, die Speisen zu servieren. Sie erkannte in dem Fremden sofort den falschen Ölhändler wieder und bei genauerem Hinsehen bemerkte sie auch den Dolch, den er unter dem Gewand trug. Jetzt ist mir klar, sagte sie zu sich selbst, warum dieser Schurke mit meinem Herrn kein Salz essen will. Er will Ali Baba ermorden. Aber das werde ich verhindern. Und sie dachte sich einen Plan aus, der von ihrer Schlauheit und ihrem Mut zeugte. Dann verließ sie mit Abdallah das Zimmer, als wolle auch sie nun zu Abend essen und ihren Herrn und seinen Gast nicht weiter stören. Der Räuberhauptmann fand, dass jetzt der richtige Augenblick gekommen sei, seinem Feind das Leben zu nehmen. Ich will Vater und Sohn betrunken machen, überlegte er, und dem Vater den Dolch ins Herz stoßen, während die Köchin und der Sklave in der Küche bei Tisch sitzen oder gar schon eingeschlafen sind. Den Fluchtweg durch die Gärten kenne ich ja.

Morgiane aber ließ dem falschen Chogia Hussein keine Zeit, seine finstere Absicht in die Tat umzusetzen. Statt das Abendbrot einzunehmen, zog sie ein glänzendes Tanzkleid an, wählte einen dazu passenden Kopfschmuck und legte einen Gürtel aus vergoldetem Silber um, an dem sie einen Dolch befestigte. Ihr Gesicht versteckte sie hinter einer Maske. Nachdem sie sich so verkleidet hatte, sagte sie zu Abdallah: »Nimm das Tamburin und lass uns vor dem Gast des Hauses einen Tanz aufführen, so wie wir uns manchmal abends vergnügen.«

Abdallah griff nach dem mit Schellen besetzten Tamburin und ging trommelnd vor ihr her in den Saal. Morgiane trat hinter ihm ein und verbeugte sich anmutig und tief, als bäte sie um Erlaubnis, ihre Kunst zeigen zu dürfen.

»Tritt nur näher«, sagte Ali Baba. »Mag Chogia Hussein beurteilen, ob du deine Sache verstehst.«

Der aber war nicht darauf gefasst, dass dem Mahl eine Tanzvorstellung folgen würde, und begann zu fürchten, die Gunst der Stunde könnte vorübergehen. Doch tröstete er sich schnell mit dem Gedanken, dass sich bald eine neue Gelegenheit bieten werde, wenn er nur weiterhin freundschaftlichen Kontakt mit Ali Baba und dessen Sohn pflege.

Also tat er, als würde er sich freuen. Abdallah schlug wieder das Tamburin und sang ein Lied dazu. Morgiane tanzte so graziös wie eine richtige Tänzerin und jeder andere hätte sie aufs Höchste bewundert. Doch Chogia Hussein schenkte ihr kaum Beachtung.

Nach mehreren Tänzen zückte sie plötzlich ihren Dolch, schwang ihn über dem Kopf und begann einen neuen Tanz, der alle anderen an Schönheit übertraf. Es war ein Vergnügen, ihre Leichtfüßigkeit, ihre kühnen Sprünge, die überraschenden Wendungen, mit denen sie den Dolch wie zum Angriff vorstieß und dann wieder gegen die eigene Brust richtete, anzuschauen. Schließlich schien sie außer Atem geraten zu sein. Sie entriss Abdallah das Tamburin und trat vor Ali Baba hin wie eine Tänzerin, die um Geld bittet. Dabei hielt sie den Dolch in der rechten und das Tamburin mit der hohlen Seite nach oben in der linken Hand. Ali Baba warf ein Goldstück in die Trommel und sein Sohn ebenso. Auch Chogia Hussein hatte seinen Geldbeutel gezückt, als er sie auf sich zukommen sah, und wollte ihr gleichfalls etwas geben. Da warf sich Morgiane mutig auf ihn und stieß ihm den Dolch mitten ins Herz. Ali Baba und sein Sohn schrien vor Entsetzen auf.

»Du Barbarin«, rief Ali Baba, »was hast du getan! Willst du mich und meine Familie ins Verderben stürzen?«

»Im Gegenteil«, antwortete Morgiane, »was ich getan habe, hat dich gerettet.« Sie öffnete das Gewand des toten Chogia Hussein, zeigte Ali Baba den Dolch, der im Gürtel steckte, und fuhr fort: »Daran siehst du, dass er Böses im Schilde führte. Schau ihm nur richtig ins Gesicht und du wirst den falschen Ölhändler und den Anführer der Räuber wiedererkennen. Hat es dich nicht stutzig gemacht, dass er kein Salz mit dir essen wollte? Noch bevor ich ihn gesehen hatte, war er mir deswegen verdächtig. Der Dolch ist der Beweis dafür, dass mein Misstrauen begründet war.«

Voll Dankbarkeit, dass Morgiane ihm zum zweiten Mal das Leben gerettet hatte, sagte Ali Baba: »Ich habe dir die Freiheit geschenkt, Morgiane, und dir versprochen, dass dies noch nicht alles sein sollte. Jetzt ist die Zeit gekommen, mein Versprechen wahr zu machen. Werde meine Schwiegertochter!«

Und an seinen Sohn gewandt sagte er: »Du bist ein guter Sohn und du wirst, glaube ich, nichts dagegen haben, wenn ich bestimme, dass Morgiane deine Frau werden soll, ohne dich zuvor gefragt zu haben. Du schuldest ihr ebenso viel Dank wie ich. Denn jetzt ist klar, dass Chogia Hussein deine Freundschaft nur gesucht hat, um mich leichter ermorden zu können, und er hätte auch dich nicht ungeschoren davonkommen lassen.«

Der Sohn hatte nicht das Mindeste gegen die Heirat, im Gegenteil, er mochte Morgiane ohnehin sehr.

Dann machten sie sich daran, den Anführer der Räuber neben seinen toten Kumpanen zu bestatten. Sie hielten alles geheim, sodass die Geschehnisse erst Jahre später bekannt wurden, als niemand mehr lebte, der daran beteiligt gewesen war.

Wenige Tage nach dem Tode des Räuberhauptmanns ließ Ali Baba ein Hochzeitsfest ausrichten, das mit Tanz- und Schauspieleinlagen sowie allerlei Darbietungen gewürzt war. Dabei freute er sich, dass die eingeladenen Nachbarn die Schönheit und die guten Eigenschaften Morgianes lobten und ihn selbst wegen seiner Herzensgüte.

Aus Furcht vor den Räubern war Ali Baba nicht mehr in die Höhle zurückgekehrt, seit er dort seinen toten Bruder Casim entdeckt hatte. Auch jetzt, nach dem Tod der achtunddreißig Räuber, den Anführer eingerechnet, wagte er es noch nicht, die Höhle aufzusuchen. Er glaubte, die beiden

Räuber, von deren Schicksal er nichts wusste, könnten ihm auflauern. Als aber ein Jahr lang kein Mordversuch auf ihn mehr unternommen worden war, siegte die Neugierde über die Vorsicht und er ritt in den Wald. Erleichtert stellte er fest, dass vor der Grotte keine Spuren von Menschen zu sehen waren. Er stieg ab, band sein Pferd fest, trat vor die Tür und sagte: »Sesam, öffne dich!«

Die Pforte öffnete sich und er ging in die Höhle. Aus dem Zustand, in dem sie sich befand, schloss er, dass sie seit einem Jahr von niemandem mehr betreten worden war. Die ganze Bande musste ausgerottet sein und er, Ali Baba, war der Einzige, der wusste, wie die Türen zu öffnen waren. Er füllte einen Quersack mit so viel Gold, wie er seinem Pferd zumuten konnte. Dann kehrte er in die Stadt zurück.

Seit dieser Zeit lebten Ali Baba, sein Sohn und seine Nachkommen als angesehene Bürger in der Stadt und bekleideten die höchsten Ehrenämter. Sie genossen ihr Glück und gingen maßvoll mit ihrem Reichtum um. Das Wissen um das Geheimnis der Höhle vererbte sich von Generation zu Generation.

Aladin und die Wunderlampe

a lebte in einer reichen und prächtigen Stadt in China einst ein Schneider, der Mustafa hieß. Er war sehr arm und verdiente mit seiner Arbeit nicht genug, um seine Frau und seinen Sohn zu ernähren. Der Sohn hieß Aladin und war zu einem Taugenichts geworden, weil sich niemand um ihn gekümmert hatte. Er war stur und boshaft und hörte weder auf seinen Vater noch auf seine Mutter. Kaum dass er kein Kind mehr war, lungerte er vom frühen Morgen an auf der Straße herum und schlug die Zeit mit anderen Herumtreibern tot.

Als er alt genug war, eine Lehre zu machen, nahm ihn der Vater zu sich in die Werkstatt, um ihn im Schneiderhandwerk zu unterrichten. Doch weder Schimpfen noch gutes Zureden brachten ihn dazu, sich auf die Arbeit zu konzentrieren. Kaum kehrte der Vater ihm den Rücken zu, machte sich Aladin auf und davon und ließ sich den ganzen Tag nicht wieder blicken.

Der Vater schlug ihn zwar manchmal, aber das half auch nichts. Schließlich resignierte Mustafa und sah tatenlos zu, wie sich Aladin ganz seinem Lotterleben hingab. Doch das machte ihn so traurig, dass er krank wurde und nach einigen Monaten starb.

Als die Mutter sah, dass ihr Sohn keine Anstalten machte, das Geschäft seines Vaters zu übernehmen, schloss sie die Werkstatt und verkaufte alle Gerätschaften. Mit dem Erlös wollte sie ihren Lebensunterhalt ein wenig aufbessern, den sie durch das Spinnen von Garn bestritt. Aladin aber blieb faul und frech. Er bedrohte die Mutter sogar, wenn sie ihm auch nur den geringsten Vorwurf wegen seiner Faulheit machte.

Er trieb sich jetzt noch häufiger als früher auf der Straße herum und vergeudete die Zeit mit Spielen. So ging das, bis er fünfzehn Jahre alt wurde. Nicht eine Sekunde lang hatte er darüber nachgedacht, was einmal aus ihm werden sollte.

Da tauchte eines Tages, als er wieder mit seinen Freunden herumlungerte, ein Fremder auf. Er war ein berühmter Zauberer aus Afrika und hielt sich erst seit zwei Tagen in der Stadt auf. Aladin fiel ihm auf und er konnte einen solchen Burschen für das, was er im Schilde führte, brauchen. Also erkundigte er sich unauffällig bei den Nachbarn, fragte nach Aladins Familie, nach seinem Leben, seinen Eigenheiten, und als er genug wusste, ging er auf ihn zu, nahm ihn beiseite und fragte: »Bist du nicht der Sohn des Schneiders Mustafa?«

»Ja, Herr«, antwortete Aladin. »Aber mein Vater ist schon lange tot.«

Da umarmte ihn der afrikanische Zauberer, küsste ihn, weinte und seufzte.

»Ach!«, rief er. »Dein Vater war mein lieber Bruder, den ich besuchen wollte. Die Reise dauerte mehrere Jahre und nun, da ich endlich angekommen bin, sagst du mir, er sei gestorben. Es ist zum Verzweifeln! Doch ich habe mich nicht getäuscht: Als ich dich das erste Mal sah, entdeckte ich in deinem Gesicht sofort die Ähnlichkeit mit deinem Vater.«

Dann fragte er Aladin, wo seine Mutter wohne, und gab ihm eine Handvoll kleiner Münzen.

»Geh nach Hause, mein Sohn«, sagte er, »und richte deiner lieben Mutter aus, dass ich sie morgen besuchen werde. Ich will mir den Ort ansehen, an dem mein Bruder, an dem ich sehr hing, so lange gelebt hat.«

Aladin freute sich und lief mit dem Geld zu seiner Mutter. »Habe ich einen Onkel?«, fragte er sogleich, als er die Tür öffnete. »Bitte, sag es mir.«

»Du hast keinen Onkel«, antwortete die Mutter, »weder von meiner Seite noch von der deines verstorbenen Vaters.«

»Und doch bin ich soeben einem Mann begegnet«, fuhr Aladin fort, »der behauptet, er sei der leibliche Bruder meines Vaters. Als ich ihm sagte, dass Vater gestorben ist, hat er geweint und mich umarmt. Und sieh nur: Dieses Geld hat er mir geschenkt. Außerdem hat er mir aufgetragen, dich zu grüßen. Morgen will er herkommen und sich das Haus ansehen, in dem Vater gelebt hat.«

»Dein Vater«, antwortete die Mutter, »hatte wohl einen Bruder, aber der ist seit Langem tot und ich habe ihn nie von einem anderen Bruder reden hören.«

Am folgenden Tag ging der Zauberer wieder auf Aladin zu, umarmte ihn wie am Tag zuvor und drückte ihm zwei Goldstücke in die Hand.

»Gib das deiner Mutter«, sagte er, »und richte ihr aus, ich käme am Abend und sie solle für das Geld ein Abendessen bereiten. Und nun erkläre mir, wie ich euer Haus finde.«

Aladin zeigte ihm den Weg.

Nachdem Aladin seiner Mutter die beiden Goldstücke gegeben und ihr gesagt hatte, was der Zauberer ihm aufgetragen hatte, kaufte sie, was sie für das Abendessen brauchte. Dann lieh sie sich Geschirr bei einer Nachbarin, weil sie selbst nicht genügend besaß, und verbrachte den Rest des Tages damit, die Speisen zuzubereiten. Als alles fertig war, sagte sie zu ihrem Sohn: »Vielleicht findet dein Onkel nicht zu uns. Geh ihm entgegen.«

Doch als Aladin das Haus verlassen wollte, klopfte jemand an die Tür, und herein trat der Zauberer. Er hatte Weinflaschen und die verschiedensten Früchte dabei, die er dem Jungen übergab. Daraufhin begrüßte er die Mutter und bat sie, ihm die Stelle zu zeigen, wo sein Bruder immer gesessen hatte. Die Frau deutete auf das Polster und der Zauberer warf sich davor hin, küsste es und rief mit Tränen in den Augen: »Ach, wie traurig bin ich, dass ich dich, meinen armen Bruder, nicht mehr sehen kann!« Dann stand er wieder auf, und wie sehr Aladins Mutter ihn auch bat, sich auf das Polster zu setzen, er lehnte es eisern ab.

»Aber lass mich gegenüber Platz nehmen«, sagte er, »damit ich mir wenigstens vorstellen kann, er säße noch dort im Kreise seiner Familie.«

Als sie sich zum Essen niedergelassen hatten, wandte sich der Zauberer an Aladins Mutter.

»Wundre dich nicht, meine liebe Schwägerin«, sagte er, »dass du mich nie gesehen hast in all den Jahren, die du mit meinem Bruder verheiratet warst. Vor vierzig Jahren habe ich dieses Land, meine und meines Bruders Heimat, verlassen. Meine Reisen führten mich nach Indien, Persien, Arabien, Syrien und nach Ägypten. Die schönsten Städte dieser Länder habe ich gesehen, bevor ich mich für lange Zeit in Afrika niederließ. Doch es liegt dem Menschen im Blut, dass er Sehnsucht bekommt nach dem Land seiner Geburt, und auch mir ging es nicht anders. Ich wollte mein Vaterland und meinen geliebten Bruder unbedingt wiedersehen, und da ich noch Kraft für die anstrengende Reise hatte, machte ich mich auf den Weg. Ich will kein Wort verlieren über die Tage und Wochen, die ich unterwegs war, über die

Hindernisse und Anstrengungen, die ich überwinden musste, bevor ich hier ankam. Nur eins will ich dir versichern: Nichts hat mich so tief geschmerzt wie die Nachricht vom Tode meines Bruders, nachdem ich endlich mein Ziel erreicht hatte. Dein Sohn ist ihm so ähnlich, dass ich den Jungen aus einer Schar gleichaltriger Jungen herausfand. Er hat dir wohl erzählt, wie sehr es mich erschütterte, dass mein Bruder nicht mehr am Leben ist. Doch was Allah tut, ist gut, und ich darf mich damit trösten, dass mein Bruder einen Sohn hat, der ihm so ähnlich sieht.«

Da der Zauberer bemerkte, dass er bei der Frau Erinnerungen an ihren Mann wachrief und sie in tiefe Traurigkeit versank, schwieg er eine Weile und wandte sich dann an den Jungen.

»Nun, mein Sohn, wie heißt du?«, fragte er.

»Ich heiße Aladin«, antwortete dieser.

»Gut, Aladin«, fuhr der Zauberer fort. »Hast du auch ein Handwerk gelernt?«

Aladin schlug verlegen die Augen nieder und seine Mutter antwortete an seiner Stelle: »Aladin ist ein Taugenichts. Vergeblich hat sich sein Vater bemüht, ihn zu ehrlicher Arbeit anzuhalten. Seit er tot ist, streicht der Junge nur noch durch die Straßen und spielt mit den Kindern, obwohl er kein Kind mehr ist. Wenn du, lieber Schwager, ihn nicht auf den rechten Weg bringen kannst, gebe ich alle Hoffnung auf. Dabei weiß er, dass sein Vater kein Vermögen hinterlassen hat und ich mich den ganzen Tag abrackern muss. Eines Tages werde ich ihm die Tür vor der Nase zuschlagen. Dann soll er sehen, wo er schlafen kann und Essen bekommt.«

Nach diesem Bericht, den die Mutter unter Tränen vortrug, sagte der Zauberer zu Aladin: »Was ich da höre, gefällt mir nicht, mein Neffe. Du musst dir Gedanken darüber machen, wie du deinen Lebensunterhalt selbst verdienen kannst. Gibt es denn keinen Beruf auf der ganzen Welt, zu dem du dich hingezogen fühlst? Vielleicht gefällt dir nur das Handwerk deines Vaters nicht und du hast Lust auf etwas anderes? Sag mir, was du denkst. Ich will nur dein Bestes.«

Als Aladin nicht antwortete, fuhr er fort: »Wenn du aber kein Handwerker werden willst, eröffne ich für dich einen Laden, wo du mit kostbaren Stoffen und feinem Leinen handeln kannst. Was meinst du dazu?«

Dieses Angebot gefiel Aladin überaus gut, weil er wusste, dass solche Läden immer gut besucht und die Händler nicht nur gut gekleidet, sondern auch geachtete Männer waren. Daher erklärte er dem Zauberer, er sei in der Tat mehr dem Handel als dem Handwerk zugeneigt und er wolle ihm für die Unterstützung immer dankbar sein.

»Wenn dem so ist«, sagte der Zauberer, »dann gehen wir morgen in die Stadt und lassen dich elegant einkleiden, wie es sich für einen Kaufmann gehört. Und übermorgen richten wir dir einen Laden ein.«

Nach diesen großartigen Versprechungen zweifelte Aladins Mutter nicht mehr daran, dass der Zauberer der Bruder ihres verstorbenen Mannes war. Sie dankte ihm, und nachdem sie ihren Sohn noch einmal ermahnt hatte, seinen großherzigen Onkel nicht zu enttäuschen, trug sie das Essen auf. Noch lange sprachen sie vom toten Schneider Mustafa und von Aladins Aussichten, bis die Nacht schon weit fortgeschritten war und der Zauberer sich verabschiedete.

Am nächsten Morgen kam er wieder in das Haus der Witwe, wie er versprochen hatte. Er ging mit Aladin zu einem Kaufmann, der Kleider für Leute jeden Alters und Standes verkaufte. Als Aladin von Kopf bis Fuß neu und ganz nach seinem Geschmack eingekleidet war, dankte er dem vermeintlichen Onkel und der versprach, ihn auch künftig nicht im Stich zu lassen.

Er führte ihn in die besten Viertel der Stadt, wo die Läden der reichen Kaufleute waren, und er sagte zu ihm: »Da du bald selbst ein solcher Kaufmann sein wirst, ist es gut, wenn du dich ein wenig unter sie mischst.« Auch zeigte er ihm die prächtigsten und größten Moscheen, die Häuser der Reichen und all die Räume im Palast des Sultans, zu denen jedermann Zutritt hatte. Endlich, nachdem sie die schönsten Gegenden der Stadt durchstreift hatten, gelangten sie in das Viertel, in dem der Zauberer wohnte. Hier trafen sie sich mit einigen Kaufleuten, die sie im Laufe des Tages kennengelernt hatten.

Erst spät am Abend endete ihr gemeinsames Mahl und der Zauberer ließ es sich nicht nehmen, Aladin persönlich zu seiner Mutter zurückzubringen. Als diese ihren Sohn in den schönen Kleidern erblickte, konnte sie sich vor Entzücken kaum halten und überhäufte den Zauberer mit Segenswünschen.

»Großmütiger Schwager«, sagte sie, »ich weiß nicht, wie ich dir für deine guten Taten danken soll. Eines aber weiß ich: Dieser Nichtsnutz von einem Sohn wäre das undankbarste Geschöpf auf der Welt, wenn er dich enttäuschte. Ich wünsche dir ein langes Leben, damit du noch erleben kannst, wie er alles, was du für ihn getan hast, bei dir wieder wettmacht.«

»Ich bin sicher«, erwiderte der Zauberer, »Aladin ist ein guter Junge, aus dem sich etwas machen lässt. Leider sind am morgigen Freitag die Läden geschlossen, sodass wir die Einrichtung für den Laden noch nicht kaufen können. Wir müssen das auf übermorgen verschieben. Dafür werde ich deinen Sohn morgen in die Gärten vor den Toren der Stadt führen, wo sich die Vornehmen treffen. Es wird Zeit, dass er in der Welt der Erwachsenen verkehrt, weil er doch bisher nur mit Kindern zusammen gewesen ist.«

Der Zauberer verabschiedete sich. Aladin fühlte sich wohl in seinen neuen Kleidern und freute sich schon auf den nächsten Tag, denn er hatte die Stadt noch nie verlassen.

Am Morgen stand er in aller Frühe auf, zog sich an und wartete voller Ungeduld auf den Zauberer. Da dieser sich etwas verspätete, sagte Aladin seiner Mutter Auf Wiedersehen und lief ihm entgegen. Freundlich begrüßte ihn der Zauberer und versprach: »Heute werde ich dir etwas Schönes zeigen, mein Junge.«

Er führte ihn zum Tor hinaus und vorbei an prächtigen Palästen, die inmitten blühender Gärten standen, die jeder betreten durfte. Immer wenn sie einen neuen Palast sahen, fragte der Zauberer den Jungen, ob er ihm gefiele. Aladin war so begeistert, dass er der Frage meist zuvorkam und rief: »Sieh nur! Dieser Palast dort ist noch schöner als die anderen!«

So merkte der Junge nicht, dass sie sich immer weiter von der Stadt entfernten, was dem Zauberer, der einen bestimmten Plan verfolgte, nur recht war. Nach einer Weile gingen sie in einen großen Garten und der Zauberer gab vor, müde zu sein. Er setzte sich an den Rand eines Brunnens, in den sich aus dem Rachen eines bronzenen Löwen kristallklares Wasser ergoss.

»Lieber Neffe«, sagte er, »du musst doch genauso erschöpft sein wie ich. Lass uns hier ein wenig ausruhen, damit wir dann unseren Spaziergang mit neuen Kräften fortsetzen können.«

Er holte aus einem Beutel, den er am Gürtel trug, Kuchen und Früchte hervor, breitete alles auf dem Brunnenrand aus, teilte den Kuchen mit Aladin und forderte ihn auf, so viel von den Früchten zu nehmen, wie er wolle. Während sie aßen, ermahnte er ihn, sich klugen und verständigen Männern anzuschließen und sich viel mit ihnen zu unterhalten. »Denn du wirst bald ein Mann sein wie sie«, sagte er.

Danach gingen sie weiter durch die Gärten, die nur durch schmale Gräben voneinander getrennt waren, und erreichten bald eine Ebene, die allmählich in die Berge hinüberführte. Noch nie im Leben war Aladin so weit gewandert. Er war erschöpft und fragte: »Wohin gehen wir denn, lieber Onkel? Die Gärten liegen hinter uns und ich sehe nichts als Berge. Ich weiß nicht, ob ich es in die Stadt zurückschaffe, wenn wir noch lange weiterwandern.«

»Verlier nicht den Mut«, entgegnete der Zauberer. »Ich will dir nur noch einen Park zeigen, der alle, die du heute gesehen hast, bei Weitem übertrifft. Es sind nur ein paar Schritte bis dahin, und wenn du ihn siehst, wirst du mir zustimmen, dass es schade gewesen wäre, ihn nicht zu besuchen.«

Aladin ließ sich überreden und ging weiter. Der Zauberer unterhielt ihn mit vielen Geschichten, um ihm den Weg zu verkürzen und ihn abzulenken. Endlich gelangten sie an zwei völlig gleich aussehende Berge, zwischen denen ein schmales Tal lag.

Hierher hatte der Zauberer den Jungen bringen wollen, um mit seiner Hilfe den Plan auszuführen, für den er die weite Reise von Afrika nach China gemacht hatte.

»Wir sind da«, sagte er zu Aladin. »Ich werde dir Dinge zeigen, die vor dir noch niemand gesehen hat, und du wirst mir dankbar dafür sein. Trag so viel trockenes Reisig zusammen, wie du finden kannst. Ich will ein Feuer anzünden.«

Bald hatte Aladin einen beträchtlichen Reisighaufen aufgeschichtet. Der Zauberer hatte währenddessen Feuer geschlagen und setzte das dürre Holz in Brand. Als das Reisig aufloderte, warf er Räucherwerk, das er mitgebracht hatte, in die Flammen. Dann murmelte er allerlei Zaubersprüche in den aufsteigenden Rauch, die Aladin nicht genau verstehen konnte.

Plötzlich bebte die Erde ein wenig, öffnete sich einen Spaltbreit und gab die Sicht auf einen Stein frei, der etwa anderthalb Fuß im Quadrat maß und einen Fuß dick war. In seiner Mitte befand sich ein bronzener Ring, an dem man ihn hochheben konnte. Aladin erschrak und wollte die Flucht ergreifen. Aber der Zauberer hielt ihn zurück, schimpfte ihn und gab ihm eine so heftige Ohrfeige, dass seine Vorderzähne wackelten und er zu Boden fiel.

»Was habe ich denn getan, Onkel«, sagte Aladin mit Tränen in den Augen, »dass du mich schlägst?«

»Ich habe meinen Grund«, entgegnete der Zauberer. »Schließlich bin ich dein Onkel und ich vertrete die Vaterstelle an dir.« Ein wenig milder fuhr er fort: »Doch hab keine Angst. Alles, was ich von dir verlange, ist, dass du mir gehorchst. Anders kannst du all die großartigen Dinge, die ich für dich vorgesehen habe, nicht erreichen.« Und als er bemerkte, dass sich Aladins Angst durch die schönen Worte zu legen begann, fügte er noch hinzu: »Du hast gesehen, was ich alles mithilfe der Zauberei bewirken kann. Hör jetzt einmal gut zu: Unter diesem Stein liegt ein Schatz. Der ist für dich bestimmt und soll dich reicher machen als die mächtigsten Könige. Niemandem außer dir ist es erlaubt, den Stein anzurühren, geschweige denn ihn fortzubewegen, um in die Höhle zu gelangen, die er verschließt. Nicht einmal ich selbst darf den Stein anfassen oder einen Fuß in die Höhle setzen, wenn sie geöffnet ist. Deshalb musst du alles genau so machen, wie ich es dir sage.«

Als Aladin von dem Schatz hörte, der ihn reich und glücklich machen sollte, vergaß er, was vorgefallen war. Er stand auf und sagte: »Ich will dir gehorchen, lieber Onkel.«

»Das freut mich sehr«, sagte der Zauberer und umarmte ihn. »Komm, fass diesen Ring an und hebe den Stein hoch.«

»Aber ich bin doch zu schwach«, sagte Aladin. »Du musst mir dabei helfen.«

»Wenn ich mit anpacke, geht gar nichts«, antwortete der Zauberer. »Du musst es allein schaffen. Ruf den Namen deines Vaters und deines Großvaters an, wenn du den Ring anfasst. Du wirst sehen, dass der Stein sich dann leicht heben lässt.« Aladin tat, was der Zauberer ihm befohlen hatte, hob den Stein mit Leichtigkeit hoch und legte ihn beiseite. Da konnte er in eine Höhle schauen und sah Stufen, die hinabführten.

»Hör zu, mein Sohn«, sagte der
Zauberer, »und beachte, was ich dir
sage. Über diese Treppe wirst du an
eine offene Tür gelangen. Sie führt in
ein großes Gewölbe, das in drei Säle
unterteilt ist. In jedem dieser Säle stehen rechts und links vier große bron-
zene Vasen, die mit Gold und Silber
gefüllt sind. Aber hüte dich, sie anzurühren. Pass auf, dass deine Kleidung
möglichst eng sitzt, bevor du das Gewölbe betrittst, damit du nicht ver-
sehentlich damit an die Wände
kommst. Das darf auf keinen Fall passieren, denn dann würdest du auf der
Stelle tot umfallen. Geh, ohne stehen
zu bleiben, durch den ersten Saal in
den zweiten und von dort in den dritten. Am Ende des dritten Saals befindet sich eine Tür, die in einen schönen, mit Obstbäumen bestandenen
Garten führt. Durchquere den Garten, bis du auf eine Treppe stößt, über
die steigst du zu einer Terrasse hinauf.
Oben findest du eine Nische, in der
eine brennende Lampe steht. Nimm
sie, lösch sie aus, reiß den Docht heraus und gieße die Flüssigkeit fort.
Dann steck die Lampe ein und bringe
sie mir. Wenn du Appetit auf die
Früchte des Gartens hast, nimm davon, so viel du willst. Das ist nicht ver-
boten.«

Während er das sagte, streifte der

Zauberer einen Ring vom Finger und steckte ihn an Aladins Rechte. Dieser Ring, so erklärte er, könne alles Unglück von ihm abwenden, wenn er sich genau an die Vorschriften halte.

»Geh nur einfach ohne Angst drauflos«, schloss der Zauberer seine Anweisung, »und wenn du alles tust, was ich dir gesagt habe, werden wir bald die reichsten Männer der Welt sein.«

Aladin stieg hinab und gelangte in die drei Säle, die der Zauberer ihm beschrieben hatte. Vorsichtig durchquerte er sie, denn er hatte Angst, zu sterben, wenn er nicht alles so machte, wie der Zauberer gesagt hatte. Er ging durch den Garten, stieg die Treppe zur Terrasse hinauf, fand die Lampe in der Nische, entfernte den Docht, goss die Flüssigkeit auf den Boden und steckte die Lampe ein. In dem Garten blieb er dann ein wenig, denn er hatte zuvor kaum gewagt, einen Blick daraufzuwerfen. Die Bäume trugen seltsame Früchte mit verschiedenen Farben. Es gab weiße und welche, die durchsichtig wie Kristall waren, welche, die in hellem oder dunklem Rot glänzten, dann grüne, blaue, violette und gelbliche. Die weißen waren Perlen, die kristallklaren waren Diamanten, die hell- und dunkelroten Rubine, die grünen Smaragde, die blauen Türkise, die violetten Amethyste und die gelblichen Saphire. Und alle waren so groß und so vollkommen, wie man sie nirgendwo auf der Welt fand.

Aladin, der den Wert dieser »Früchte« nicht kannte, war enttäuscht. Feigen, Trauben oder anderes Obst wären ihm lieber gewesen. Er kannte sich nicht mit Edelsteinen aus und so dachte er, es handle sich nur um gefärbtes Glas ohne großen Wert. Dennoch beeindruckten ihn die Farben und der reine Glanz. Er pflückte einige von jeder Sorte und füllte damit seine Taschen und zwei Beutel, die der Zauberer ihm zusammen mit den Kleidern geschenkt hatte.

Schwer beladen trat er den Rückweg an. Die drei Säle durchquerte er mit derselben Vorsicht wie auf dem Hinweg und er stieg dort wieder hinauf, wo er heruntergekommen war.

Oben erwartete ihn der Zauberer voller Ungeduld. Sobald Aladin ihn sah, rief er ihm zu: »Onkel, reich mir bitte die Hand und hilf mir heraus.«

»Gib mir die Lampe«, antwortete der Zauberer, »damit sie dir nicht im Weg ist.«

»Die Lampe hindert mich nicht«, sagte Aladin. »Du bekommst sie, wenn ich draußen bin.«

Aber der Zauberer bestand darauf, dass Aladin ihm erst die Lampe hinaufreichen sollte. Doch da Aladin mit den seltsamen Früchten beladen war und die Lampe nicht hervorholen konnte, versprach er, sie ihm zu geben, sobald er die Höhle verlassen hätte. Nun wurde der Zauberer wütend auf den Jungen. Schnell warf er eine Handvoll Räucherwerk in das Reisigfeuer, das er die ganze Zeit sorgfältig unterhalten hatte, murmelte zwei Zaubersprüche und der Stein, der die Höhle verdeckt hatte, bewegte sich wieder an die ursprüngliche Stelle, sodass Aladin eingesperrt war.

Der Zauberer war in Wirklichkeit nicht der Bruder des Schneiders Mustafa, also auch nicht Aladins Onkel. Er stammte aus Afrika, wo man sich besser als überall sonst auf der Welt aufs Zaubern verstand. Er hatte sich von Jugend auf mit Magie befasst und viele Zauberbücher gelesen, bis er schließlich erfuhr, dass es irgendwo eine Lampe geben soll, die ihren Besitzer mächtiger mache als alle Könige. Als er herausbekommen hatte, dass sich die Lampe in China befand, hatte er sich auf den langen, anstrengenden Weg gemacht. Den Schatz aber konnte er selbst nicht heben, weil es ihm nicht erlaubt war, das unterirdische Gewölbe zu betreten. Ein anderer musste hinabsteigen und die Lampe für ihn holen. Und so hatte er sich an Aladin gewandt, der für ihn nur ein dummer Junge war, den er leicht für seine Zwecke ausnützen könnte.

Jedenfalls hatte er von Anfang an die feste Absicht gehabt, den Jungen für immer unter dem Stein einzuschließen, sobald er die Lampe in Händen hielt. Auf diese Weise gedachte er sich von dem lästigen Mitwisser zu befreien. Mit der Ohrfeige, die er Aladin gegeben hatte, wollte er erreichen, dass der Junge in Zukunft aus Angst vor Strafe gehorchte, damit er ihm die Lampe gäbe, sobald er sie von ihm forderte. Als es jedoch anders gekommen war, hatte der Zauberer befürchtet, ein Fremder könnte hören, wie er sich mit Aladin herumzankte, sodass sein Geheimnis bekannt würde. Deshalb hatte er es so eilig gehabt, sich den Jungen für immer vom Halse zu schaffen. Der Plan des Zauberers war also gescheitert und ihm blieb nichts anderes übrig, als so schnell wie möglich nach Afrika zurückzukehren, was er noch am selben Tag tat. Doch machte er einen Umweg, um die Stadt nicht mehr betreten zu müssen, denn er befürchtete, einige Leute, die ihn mit dem Jungen gesehen hatten, würden sich wundern, warum er nun allein war.

Aladin glaubte verloren zu sein und war völlig außer sich. Nie wäre ihm in den Sinn gekommen, dass sein angeblicher Onkel ihm Böses antun würde, nachdem er doch so freundlich gewesen war und ihm so viele Geschenke gemacht hatte. Tausendmal rief er nach ihm und versprach schluchzend, er wolle ihm die Lampe sofort geben. Doch alles Rufen war umsonst.

Als er sich etwas beruhigt hatte, stieg er die Treppe hinab, um vielleicht vom Garten aus ins Freie zu gelangen. Aber die Mauer des Gewölbes, die sich durch Zauberkraft geöffnet hatte, war wieder geschlossen. Vergebens tastete er nach einer Tür und ebenso vergebens begann er aufs Neue zu rufen und zu weinen.

Schließlich setzte er sich auf die Stufen. Er hatte alle Hoffnung aufgegeben, jemals wieder hinauszugelangen. Zwei Tage verbrachte er so. Am dritten Tag, als er glaubte, bald zu sterben, faltete er die Hände, hob sie in die Luft und rief: »O Allah, du Allmächtiger!«

Dabei hatte er ganz unabsichtlich am Ring gerieben, den ihm der Zauberer an den Finger gesteckt hatte. Er wusste nichts von der Zauberkraft des Ringes und war zu Tode erschrocken, als ein riesiger Dämon, der zum Fürchten aussah, vor ihm erschien.

»Was willst du?«, fragte der Dämon mit Donnerstimme. »Ich warte auf deinen Befehl, denn ich diene demjenigen als Sklave, der diesen Ring besitzt. Ich und die anderen Dämonen warten auf deine Befehle.«

Als Aladin das hörte, antwortete er ohne Stocken: »Wer du auch bist, hilf mir aus dieser Höhle, wenn du kannst.«

Kaum hatte er ausgesprochen, da befand er sich auch schon im Freien, genau dort, wo er vor drei Tagen die Höhle betreten hatte. Zuerst blendete ihn, weil er so lange im Dunkeln gewesen war, das Tageslicht. Doch nach und nach gewöhnte er sich an die Helligkeit, blickte um sich und wunderte sich, dass er nirgendwo eine Öffnung in der Erde entdeckte. Nur an dem schwarzen Aschefleck, der von dem Reisigfeuer übrig geblieben war, erkannte er den Ort wieder. Vor sich sah er die Stadt mit ihren Gärten liegen

Aladin und die Wunderlampe, zu Seite 59

und er konnte auch den Weg ausmachen, den der Zauberer ihn entlanggeführt hatte.

Obwohl er so schwach war, schaffte er es in die Stadt zurück. Dort
schleppte er sich ins Haus seiner Mutter und fiel ohnmächtig vor ihr auf den
Boden. Die Mutter hatte ihn bereits aufgegeben und seinen Tod beweint,
nun ließ sie es an nichts fehlen, seine Lebensgeister wieder zu wecken. Endlich schlug er die Augen auf und sagte: »Gib mir etwas zu essen, liebe Mutter. Seit drei Tagen habe ich keinen Bissen mehr zwischen die Zähne bekommen.«

Die Frau brachte herbei, was sie im Haus hatte, setzte es ihm vor und
sagte: »Iss langsam, lieber Sohn, lass dir Zeit, so hungrig du auch bist. Lass
dir auch Zeit mit dem Erzählen. Seit dem vergangenen Freitag war ich völlig verzweifelt. Ich habe alles versucht, dich zu finden, und habe überall nach
dir gefragt. Jetzt, da du zurückgekehrt bist, bin ich wirklich erleichtert.«

Aladin folgte dem Rat seiner Mutter und aß langsam und trank vorsichtig. Als er fertig war, sagte er: »Ach, Mutter, ich könnte dir Vorwürfe machen, dass du mich so ohne Weiteres einem fremden Mann anvertraut hast,
der mich ins Verderben stürzen wollte. Doch wir beide haben geglaubt, einen lieben Verwandten vor uns zu haben. Wie hätten wir auch einem Mann
misstrauen sollen, der mich mit Freundlichkeiten und Geschenken über-
häuft hat? Aber du musst wissen, dass er ein verräterischer Schurke ist.«

Und Aladin erzählte, was geschehen war. Außerdem zeigte er seiner Mutter die durchsichtigen bunten Früchte, die er in dem Zaubergarten gepflückt hatte. Doch auch sie kannte sich nicht mit Edelsteinen aus. Sie war
in großer Armut aufgewachsen und ihr Mann hatte ihr nie solche Kostbarkeiten schenken können.

Als Aladin geendet hatte, verwünschte die Mutter den Fremden, nannte
ihn einen Verräter, einen Schurken, einen Unhold, einen Mörder und sogar
einen Teufel. »Er ist ein Zauberer«, sagte sie schließlich, »und Zauberer
sind eine wahre Pest, weil sie mit Dämonen Umgang haben.« Sie sagte
noch vieles andere, um ihrer Abscheu gegen den Schuft, der ihrem Sohn
Böses wollte, Luft zu machen, bis sie merkte, dass Aladin, der drei Tage
nicht geschlafen hatte, Ruhe brauchte. Da brachte sie ihn ins Bett und legte
sich kurz darauf ebenfalls hin.

Aladin schlief fest und erwachte erst sehr spät. Das Erste, was er zu seiner Mutter sagte, war, er sei hungrig und sie könne ihm keine größere Freude bereiten, als ihm ein gutes Frühstück zu machen.

»Ach, mein lieber Sohn«, antwortete sie, »ich habe keinen Bissen Brot mehr im Haus. Gestern Abend hast du das letzte bisschen bis auf die letzte Krume aufgegessen. Aber habe nur einen Augenblick Geduld. Ich habe etwas Baumwolle gesponnen, die verkaufe ich, um Brot und etwas für ein Mittagessen zu besorgen.«

»Lass deine Baumwolle im Kasten, liebe Mutter«, sagte Aladin, »und gib mir die Lampe, die ich gestern mitgebracht habe. Vielleicht bekomme ich dafür so viel Geld, dass es für uns beide zum Frühstücken und zum Mittagessen, möglicherweise sogar für ein Abendbrot reicht.«

Die Mutter holte die Lampe und sagte: »Sie ist aber sehr schmutzig. Ich werde sie putzen, damit du einen höheren Preis dafür erzielst.«

Und sie begann die Lampe mit Wasser und feinem Sand zu polieren. Doch kaum hatte sie damit angefangen, als ein riesiger, furchterregender Dämon vor ihr erschien.

Er sagte mit Donnerstimme: »Was willst du? Ich bin bereit, dir zu gehorchen, denn ich diene demjenigen als Sklave, der diese Lampe besitzt. Ich und die anderen Dämonen warten auf deine Befehle.«

Die Mutter war beim ersten Wort des Dämons vor Schreck in Ohnmacht gefallen, doch Aladin, der in der Höhle schon eine ähnliche Erscheinung gehabt hatte, griff schnell nach der Lampe und sagte, ohne lange nachzudenken: »Ich habe Hunger. Bring mir etwas zu essen.«

Der Geist verschwand und kehrte in Sekundenschnelle mit einem großen silbernen Tablett zurück, auf dem sich zwölf zugedeckte Schüsseln aus Silber befanden. Sie waren bis an den Rand gefüllt mit den schmackhaftesten Speisen. Außerdem waren sechs Brote aus feinstem Mehl und zwei Flaschen mit köstlichem Wein auf dem Tablett. Der Dämon stellte alles ab und löste sich in nichts auf. Die Mutter lag noch immer ohnmächtig da. Aladin kümmerte sich um sie, indem er ihr Wasser ins Gesicht spritzte. Als der Duft der Speisen ihre Nase kitzelte, kam sie wieder zu sich.

»Steh auf und iss«, sagte Aladin. »Es ist nichts Schlimmes geschehen. Diese Mahlzeit wird nicht nur unseren Hunger stillen, sondern auch unse-

rer Seele guttun. Fangen wir an, bevor alles kalt wird.« Erstaunt blickte die Mutter auf das Tablett mit den dutzend Silberschüsseln, den sechs Broten und den beiden Weinflaschen. Voll Wohlbehagen atmete sie den Duft ein, den die Speisen verbreiteten. Dabei sagte sie zu ihrem Sohn: »Woher stammt dieses üppige Essen? Wer hat es uns geschenkt? Sollte gar der Sultan von unserer Armut gehört und Mitleid mit uns gehabt haben?«

»Setzen wir uns erst einmal und essen«, erwiderte Aladin. »Uns beiden wird es nach einer Stärkung besser gehen. Deine Fragen beantworte ich, wenn wir gefrühstückt haben.«

Sie setzten sich und die Köstlichkeiten riefen bei ihnen großen Appetit hervor, denn nie zuvor war ihnen ein ähnlich reiches Mahl beschert worden. Entzückt betrachtete die Mutter das kostbare Geschirr immer wieder, obwohl sie von seinem Wert ebenso wenig eine Ahnung hatte wie ihr Sohn.

Die beiden, die ein einfaches Frühstück hatten einnehmen wollen, saßen noch um die Mittagsstunde zu Tisch. Die leckeren Speisen machten Appetit und so hielten sie gleich eine Doppelmahlzeit. Und als sie satt waren, blieb noch so viel übrig, dass es für das Abendessen und für zwei kräftige Mahlzeiten am kommenden Tag reichte. Die Mutter räumte den Tisch ab und stellte das restliche Fleisch in den Schrank. Dann setzte sie sich zu ihrem Sohn und sagte: »Jetzt erwarte ich von dir, dass du mich über alles aufklärst.« Und Aladin berichtete ausführlich, was der Dämon gemacht hatte, während sie ohnmächtig dagelegen hatte.

Die Mutter staunte sehr: »Mein Lebtag habe ich nicht gehört, dass einer unserer Bekannten einem Dämon begegnet wäre. Was hat dieses grässliche Wesen in unser Haus geführt und warum hat es sich nicht an dich gewandt, obwohl du ihm doch schon einmal in der Höhle begegnet bist?«

»Der Dämon, der dir erschienen ist, ist nicht derselbe, der mir erschien«, antwortete Aladin. »Beide sind zwar riesig, doch sehen sie sich vom Gesicht und von den Kleidern her überhaupt nicht ähnlich. Sie gehören auch verschiedenen Herren. Der in der Höhle sagte, er diene demjenigen als Sklave, der den Ring besitzt; der, den wir soeben sahen, war der Sklave des Eigentümers der Lampe, die du in Händen hieltst.«

»Dann ist also die Lampe schuld«, rief die Mutter, »dass der Geist mit mir und nicht mit dir gesprochen hat? Schaffe sie mir sofort aus den Augen.

Bring sie, wohin du willst. Nie mehr werde ich sie anrühren. Mit Geistern will ich nichts zu tun haben.«

»Ich werde mich hüten, liebe Mutter, die Lampe zu verkaufen, wie ich es vorhatte«, entgegnete Aladin. »Sie soll in Zukunft für unseren Lebensunterhalt sorgen. Jetzt wissen wir auch, warum der Zauberer, der sich als mein Onkel ausgab, einen so weiten und anstrengenden Weg auf sich genommen hat. Die Lampe war ihm wichtiger als all das Gold und Silber in dem unterirdischen Gewölbe. Er kannte ihre Zauberkraft zu gut, als dass ihn noch irgendetwas anderes gereizt hätte. Wir haben dieses Geheimnis entdeckt und wollen es ausgiebig nutzen, allerdings nur im Verborgenen, sodass unsere Nachbarn nichts merken und nicht etwa neidisch werden. Ich will die Lampe an einem Ort verstecken, von wo ich sie immer holen kann, wenn wir sie brauchen. Den Ring behalte ich am Finger. Er hat mich schon einmal aus einer Notlage befreit und wer weiß, ob nicht wieder eine Gefahr kommt, in der wir ihn benötigen.«

Dagegen konnte die Mutter nichts einwenden. »Mach, was du willst«, sagte sie nur. »Ich mag mit dem Zauber nichts zu tun haben.«

Am nächsten Tag nach dem Abendessen war von den Speisen, die der Geist gebracht hatte, nichts mehr übrig. Aladin, der nicht warten wollte, bis der Hunger ihn wieder quälte, nahm sich eine der silbernen Schüsseln, um sie zu verkaufen. Er suchte sich einen Händler und zeigte ihm das Stück. Der Händler war ein schlauer und geschäftstüchtiger Mann. Als er die Schüssel prüfte und sah, dass sie von schwerem Silber war, fragte er Aladin, was er dafür haben wolle. Der Junge aber kannte sich mit solchen Dingen nicht aus und überließ es dem Händler, einen Preis dafür vorzuschlagen. Da der habgierige Händler nicht wusste, ob Aladin den wirklichen Wert der Schüssel einschätzen konnte oder nicht, geriet er in eine Zwickmühle. Schließlich zog er ein Goldstück hervor, das Aladin mit Freude entgegennahm, obwohl es nur ein Zweiundsiebzigstel des Preises ausmachte, den er bei einem ehrlichen Kaufmann erzielt hätte. Als der Händler nun bemerkte, wie ahnungslos der Junge war, bereute er trotz des großen Gewinns den Handel und er hätte am liebsten einen Teil des Geldes zurückgefordert. Doch Aladin war bereits davongelaufen. Er kaufte Brot auf Vorrat und gab es zusammen mit dem Wechselgeld seiner Mutter.

So lebten sie eine Zeit lang davon, dass sie eine Schüssel nach der anderen verkauften, und jedes Mal bezahlte der Händler ein Goldstück, weil er sich nicht traute, weniger zu geben als beim ersten Mal, und er sich so ein gutes Geschäft nicht entgehen lassen wollte. Als das Geld für die letzte Schüssel ausgegeben war, wollte Aladin das Tablett zu dem Händler bringen. Doch es wog zehnmal so viel wie die Schüsseln, sodass er es nicht allein tragen konnte und der Mann zu ihm nach Hause kommen musste. Er prüfte das Gewicht an Ort und Stelle und zahlte zehn Goldstücke.

Tag für Tag konnte man Aladin wie früher auf den Straßen und Plätzen sehen. Doch spielte er nicht mehr mit Gleichaltrigen herum, sondern suchte das Gespräch mit den Erwachsenen. Oft stand er bei den Läden der vornehmen Kaufleute und hörte zu, wie sie sich unterhielten. So gewann er allmählich Sicherheit im Auftreten.

Als von den zehn Goldstücken nichts mehr übrig war, holte er wieder die Lampe aus ihrem Versteck hervor, rieb sie und sofort erschien derselbe Dämon wie beim ersten Mal und sagte auch wieder dasselbe.

»Ich bin hungrig, bring mir zu essen«, befahl Aladin. Der Dämon verschwand und kam wieder mit einem silbernen Tablett, auf dem zwölf zugedeckte Schüsseln mit leckeren Speisen standen.

Die Mutter, die das Haus verlassen hatte, um dem Geist nicht noch einmal zu begegnen, staunte aufs Neue über die Köstlichkeiten, als sie zurückkehrte.

Bald danach machte sich Aladin auf den Weg, um die erste von den neuen Schüsseln zu verkaufen. Dabei musste er am Haus eines Goldschmieds vorüber, der als ein ehrlicher Mann bekannt war. Der Meister bat ihn in seine Werkstatt und sagte zu ihm: »Ich habe dich schon oft mit einer silbernen Schüssel hier vorbeigehen sehen, um den Händler aufzusuchen, und jedes Mal bist du mit leeren Händen zurückgekehrt. Daraus schließe ich, dass du ihm die Schüsseln verkaufst. Doch du musst wissen, dass der Händler ein gerissener Gauner ist, mit dem niemand etwas zu tun haben will. Zeig mir, was du ihm heute anbieten willst. Ich werde dir den Gefallen tun, den wahren Wert zu schätzen und ihn dir auszuzahlen, wenn ich Verwendung für deine Ware habe. Wenn nicht, gebe ich dir die Adresse eines ehrlichen Kaufmanns.«

Aladin reichte dem Goldschmied die Schüssel und der erkannte auf den ersten Blick, dass sie aus feinstem Silber war. Er fragte, ob der Junge schon ähnliche Schüsseln zu dem Händler getragen habe. Als Aladin erklärte, er habe ihm bereits ein Dutzend davon verkauft und für jede ein Goldstück erhalten, rief der Goldschmied: »Dieser Halsabschneider! Aber was geschehen ist, ist geschehen. Wenn ich dir den wahren Wert dieser Schüssel verrate, wirst du merken, wie sehr du betrogen worden bist.«

Und er legte die Schale auf die Waage, rechnete und sagte dann, dass allein der Wert des Silbers sich auf zweiundsiebzig Goldstücke belaufe. Dabei sei die kunstvolle Arbeit, mit der die Schüssel gefertigt wurde, noch gar nicht mit eingerechnet. Aladin bedankte sich für die Auskunft und verkaufte von da an die Schüsseln an den Goldschmied.

Obwohl Aladin und seine Mutter dank der Lampe nun immer Geld im Haus hatten, änderte sich nichts an ihrer einfachen Lebensweise, um nicht den Neid der Nachbarn zu erwecken. Der Junge legte nur etwas auf die Seite, um einige Anschaffungen für den Haushalt zu machen. Die Mutter gab nach wie vor nur das für ihre Kleider aus, was sie mit ihrer Arbeit verdiente.

So lebten sie mehrere Jahre glücklich und bescheiden, indem sie hin und wieder Gebrauch von der Lampe machten. Aladin nützte seine Zeit weiterhin, sich bei den vornehmen Kaufleuten der Stadt umzutun. Der Umgang mit den Juwelenhändlern brachte ihn von dem Irrtum ab, die durchsichtigen Früchte, die er in dem Zaubergarten gepflückt hatte, seien nichts als buntes Glas. Aus dem Vergleich mit dem, was die Juweliere anboten und welchen Preis sie dafür erzielten, lernte er, dass er einen Schatz von unsagbarem Wert zu Hause hatte. Er hütete sich aber, auch nur ein Wort darüber zu verlieren. Zweifellos war es diese Verschwiegenheit, die Aladin zu dem Glück verhalf, von dem jetzt zu berichten sein wird.

Eines Tages, als er wieder einmal in der Stadt spazieren ging, hörte er den Ausrufer des Sultans mit lauter Stimme verkünden, jeder solle sich in sein Haus zurückziehen, da Prinzessin Bedrulbudur, die Tochter des Sultans, ins Bad gehe. Das erweckte in Aladin den Wunsch, die Prinzessin einmal ohne Schleier zu sehen. Er verbarg sich hinter der Tür des Bades, und als Bedrulbudur mit ihrem Gefolge von Dienerinnen und Eunuchen kam, betrachtete er sie durch eine Ritze in der Tür. Drei oder vier Schritte vor dem Bad nahm die Prinzessin den Schleier vom Gesicht. Aladin hatte bisher noch nie eine Frau ohne Schleier gesehen außer seiner Mutter. Als er nun der Prinzessin gegenüberstand, verwarf er seine Ansicht, dass alle Frauen aussähen wie seine Mutter. Er war geblendet von ihrer Schönheit und fühlte sich auch hinterher noch wie betäubt. Zu Hause konnte er seine Erregung nicht verbergen. Er aß viel weniger als gewöhnlich, und als die Mutter ihn fragte, was los sei, gab er keine Antwort. Er saß nur still da und dachte an die Prinzessin.

Am nächsten Morgen sagte er: »Ich war gestern Abend nicht krank und bin es auch heute nicht. Was ich empfinde, ist weit stärker als eine Krankheit. Du wirst mich verstehen, wenn ich dir erzähle, was ich erlebt habe. Die Prinzessin Bedrulbudur ist gestern ins Bad gegangen. Ich habe mich nicht ins Haus zurückgezogen, sondern mich hinter die Tür des Bades gestellt und zugesehen, wie sie den Schleier von ihrem Gesicht nahm. Seitdem liebe ich sie und bin entschlossen, den Sultan um ihre Hand zu bitten.«

Die Mutter hatte aufmerksam zugehört. Als sie aber erfuhr, dass er um die Hand der Prinzessin anhalten wollte, brach sie in lautes Lachen aus.

»Ach, was fällt dir nur ein!«, rief sie. »Bist du nicht recht bei Verstand?«

»Ich bin sehr wohl bei Verstand«, sagte Aladin, »das kann ich dir versichern. Ich wusste, dass du mich auslachen würdest. Aber das ändert nichts an meinem Entschluss.«

»Und wer soll den Heiratsantrag für dich vorbringen?«, fragte die Mutter.

»Niemand anders als du«, antwortete Aladin.

»Ich!«, rief die Mutter. »Ich soll zum Sultan gehen? Ich werde mich hüten, mich auf ein solches Abenteuer einzulassen. Wer bist du denn, dass du es wagen könntest, ein Auge auf die Tochter des Sultans zu werfen? Hast du vergessen, dass du der Sohn eines der ärmsten Schneider dieser Stadt bist und dass du auch von meiner Seite von armen Leuten abstammst? Weißt du denn nicht, dass Sultane die Hand ihrer Töchter selbst Söhnen von Sultanen verweigern, die nicht darauf hoffen dürfen, irgendwann selbst zu regieren?«

»Deine Einwände können mich nicht von meinem Entschluss abbringen, liebe Mutter«, entgegnete Aladin. »Wenn du nicht mit ansehen willst, wie ich vor Sehnsucht sterbe, so tu mir den Gefallen und geh zum Sultan.«

Die Mutter war in großer Bedrängnis, weil der Sohn so hartnäckig auf seinem Wunsch bestand.

»Ich werde dir nichts verweigern«, sagte sie, »was mir vernünftig erscheint. Wenn ich um die Hand eines Mädchens aus der Nachbarschaft anhalten sollte, ich würde es von Herzen gern tun. Aber auch in dem Fall müsstest du ein ansehnliches Vermögen besitzen oder ein Handwerk gelernt haben. Wenn arme Leute wie wir heiraten wollen, müssen sie erst bedenken, ob sie auch eine Familie ernähren können. Und nun soll ich gar zum Sultan gehen, um für dich einen Heiratsantrag vorzubringen! Wie stellst du dir das vor? Wie soll ich zu ihm vordringen? Der Erste, den ich bäte mich vorzulassen, würde mich für eine Närrin halten und mich mit Schimpf und Schande davonjagen. Gelänge es mir aber, eine Audienz zu bekommen, woher sollte ich den Mut nehmen, ihm dein Anliegen vorzutragen? Sein majestätisches Aussehen und der Glanz des Hofes würden mich augenblicklich so einschüchtern, dass ich kein Wort hervorbrächte. Du weißt, dass ich schon gezittert habe, wenn ich deinen Vater um eine Kleinigkeit bitten musste. Und dann noch eines: Wer zum Sultan geht, darf nicht ohne ein Geschenk kommen, damit der hohe Herr ihn überhaupt anhört. Und welches Geschenk könntest du ihm bieten? Doch selbst wenn du etwas besäßest, das sein Interesse weckte, wäre es, gemessen an deiner Bitte, nicht auf jeden Fall zu gering? Komm zu dir, mein Sohn, und strebe nicht nach etwas, das du nie erreichen kannst.«

Aladin hatte die Einwände der Mutter in Ruhe angehört. Dann sagte er: »Ich weiß, liebe Mutter, dass mein Wunsch gewagt ist. Aber ich liebe die Prinzessin wie sonst nichts auf der Welt und ich bin fest entschlossen, sie zu heiraten. Du hast recht: Wer zum Sultan geht, muss ein Geschenk mitbringen. Aber du täuschst dich, wenn du glaubst, wir besäßen nichts, was wertvoll genug wäre. Denk doch an die farbigen Früchte, die wir zuerst für Glas gehalten haben. Es sind Juwelen von unschätzbarem Wert, die den Sultan in Entzücken versetzen werden. Ich war oft in den Läden der Juweliere, und was ich da an Edelsteinen gesehen habe, hält einem Vergleich mit unseren nicht stand, weder was die Größe noch was die Schönheit betrifft. Und doch werden dafür ungeheure Summen bezahlt. Glaub mir, dem Sultan werden unsere Steine gefallen. Bring mir die große Porzellanschale.«

Die Mutter holte sie und Aladin legte die Juwelen darauf. Sie funkelten im Tageslicht in vielen Farben, sodass beide, von dem Glanz geblendet, die Augen schlossen und staunten. Bisher nämlich hatten sie die seltsamen Steine nur im Schein der Lampe betrachtet. Nachdem sie sich eine Weile an ihrer Schönheit erfreut hatten, sagte Aladin: »Jetzt kannst du dich nicht mehr darauf hinausreden, du hättest kein passendes Geschenk für den Sultan. Ich bin sicher, dass dir die Steine Zutritt bei ihm verschaffen.«

»Ein Geschenk haben wir zwar nun«, antwortete die Mutter, »aber ich glaube nicht, dass ich den Mut besitze, dein Anliegen vorzutragen. Deshalb wird das Ganze nicht nur nichts bringen, sondern wir verlieren auch noch die Steine, die du für so wertvoll hältst. Und am Ende haben wir nichts als den Spott und die Schande. Selbst wenn ich den Mut aufbrächte, dem Sultan deine Bitte anzuvertrauen, dann würde er sich bestimmt nur über mich lustig machen oder aber in Wut geraten, unter der wir dann beide zu leiden hätten.«

Sie führte noch mehr Gründe an, um den Sohn von seinem Wunsch abzubringen. Aladin jedoch hielt daran fest und schließlich erklärte sich die Mutter aus Liebe zu ihm bereit, ihm zu helfen. Die letzten Stunden des Tages sprachen sie über Aladins Plan und der Sohn tat alles, um die Mutter in ihrem Entschluss zu bestärken. Dennoch konnte er ihre Zweifel nicht restlos beseitigen.

»Was soll ich antworten«, fragte sie, »wenn der Sultan mich nach deinem Stand und Vermögen fragt?« – »Wer weiß, ob er das tun wird«, entgegnete Aladin, »und wenn er die Frage wirklich stellen sollte, wird mir schon etwas einfallen. Ich bin zuversichtlich, dass uns die Lampe, die uns seit einigen Jahren am Leben erhält, auch in dieser Lage nicht im Stich lassen wird.«

Die Erwähnung der wundertätigen Lampe beruhigte die Mutter, und nachdem Aladin ihr nochmals eingeschärft hatte, gegenüber niemandem ein Wort darüber zu verlieren, gingen beide zu Bett. Aber Aladin konnte in dieser Nacht keinen Schlaf finden. Schon vor Tagesanbruch stand er auf, zog sich an und weckte die Mutter. Er drängte sie, zum Tor des Sultanspalastes zu gehen, damit sie gleichzeitig mit den Wesiren zur Sitzung des Diwans, des höchsten Rates im Reich, eintreten könne. Die Mutter nahm die mit Edelsteinen gefüllte Porzellanschale, wickelte sie sorgfältig in ein Leinentuch, das sie an den vier Enden zusammenknüpfte, und machte sich auf den Weg.

Als sie das Palasttor erreichte, waren der Großwesir und die anderen hohen Herren des Landes bereits eingetreten. Der Diwan fand in einem großen, prächtigen Saal statt. Umgeben von seinen Beratern saß der Sultan auf dem Thron und wartete, dass Bitten oder Beschwerden vorgetragen würden, über die niemand sonst im Land entscheiden konnte. Die Mutter stellte sich so, dass der Sultan sie sehen musste.

Die Bittsteller traten in der Reihenfolge vor, in der sie ihre Gesuche eingereicht hatten, und brachten ihre Anliegen vor, bis der Diwan schloss. Der Sultan erhob sich und mit ihm die Wesire und sie verließen den Saal. Die Mutter glaubte, der Herrscher sei für diesen Tag nicht mehr zu sprechen, und ging ebenso wie all die anderen Leute nach Hause.

Aladin sah sie mit dem Geschenk zurückkommen und wagte aus Angst vor einer Absage nicht zu fragen, wie alles verlaufen sei. Doch die Mutter spannte ihn nicht lange auf die Folter und sagte: »Mein lieber Sohn, ich habe den Sultan gesehen und ich glaube, er mich auch. Ich stand ihm nämlich genau gegenüber. Aber er war sehr damit beschäftigt, alle Klagen und Bitten anzuhören. Schließlich hatte er keine Lust mehr und verließ den Saal. Morgen will ich wieder hingehen. Vielleicht hat er dann nicht so viel zu tun.«

Aladin musste sich wohl oder übel mit dieser Auskunft begnügen. Am nächsten Tag ging die Mutter erneut mit ihrem Geschenk zum Palast, fand aber die Türen verschlossen vor und erfuhr, dass der Diwan nur alle zwei Tage zusammentrete. Wieder war Aladin gezwungen, sich in Geduld zu üben. Noch sechs Mal machte die Mutter ihren Weg umsonst und hätte vielleicht hundert Mal vergebens versucht, den Sultan zu sprechen, wenn dieser nicht auf sie aufmerksam geworden wäre.

Beim achten Mal sagte er zu seinem Großwesir, als die Sitzung beendet war: »Seit einiger Zeit bemerke ich eine Frau, die regelmäßig kommt, wenn der Diwan abgehalten wird. Sie trägt etwas in der Hand, das in ein Leintuch gewickelt ist. Vom Anfang bis zum Ende des Diwans steht sie mir genau gegenüber. Weißt du, was sie will?«

Der Großwesir wusste es genauso wenig wie der Sultan, da er aber die Antwort nicht schuldig bleiben wollte, entgegnete er: »Frauen bringen oft wegen Kleinigkeiten eine Klage ein, Herr. Vielleicht will sie sich darüber beschweren, dass man ihr schlechtes Mehl verkauft hat.«

Doch der Sultan gab sich damit nicht zufrieden und befahl: »Rufe sie auf, wenn sie beim nächsten Diwan wieder da ist, damit ich sie anhöre.«

Der Großwesir küsste die Hand seines Herrn und legte sie sich auf den Kopf, zum Zeichen, dass er ihm abgeschlagen werden solle, wenn er den Befehl nicht befolge.

Beim nächsten Diwan erblickte der Sultan Aladins Mutter, noch bevor der Großwesir die Bittsteller vor ihn geführt hatte.

»Dort drüben steht die Frau schon wieder«, sagte er und der Wesir gab ein Zeichen, die Fremde vorzulassen.

Aladins Mutter verhielt sich so, wie sie es bei den anderen gesehen hatte: Sie warf sich vor dem Thron zu Boden, berührte mit der Stirn den Teppich, der die Stufen des Throns bedeckte, und blieb in dieser Stellung, bis der Sultan ihr befahl aufzustehen.

»Ich habe dich schon einige Male zu den Beratungen des Diwans kommen sehen«, sagte er, »und immer bleibst du von Anfang bis Ende. Was führt dich zu mir?«

Die Mutter warf sich abermals zu Boden und antwortete, nachdem sie aufgestanden war: »Ach, König aller Könige, ich zittere am ganzen Körper und wage nicht den Mund aufzutun.«

Da befahl der Sultan allen Anwesenden, sich aus dem Saal zu entfernen, um mit dem Großwesir und der Frau allein zu sein. Dann ermutigte er Aladins Mutter zu reden.

»Ich möchte, erhabener Sultan«, fuhr sie fort, »dich bitten, dass du mir im Voraus verzeihst, falls du mein Anliegen unverschämt finden solltest.«

»Was du auch sagst«, erwiderte der Sultan, »dir soll nicht das geringste Leid zugefügt werden. Nun verrate mir, weswegen du gekommen bist!«

Da sie also keine Angst mehr vor der Reaktion des Sultans haben musste, trug sie ihm das Anliegen ihres Sohnes vor. Sie erzählte, wie er die Prinzessin gesehen und sich in sie verliebt habe, und sie verschwieg auch nicht, dass sie, die Mutter, ihm dringend von seinem Vorhaben abgeraten habe.

»Aber statt auf mich zu hören«, fuhr sie fort, »besteht mein Sohn darauf, deine Tochter zu heiraten, ja, er hat mir sogar gedroht, er würde sich etwas antun, wenn ich mich weigern sollte, bei dir um ihre Hand anzuhalten. Dennoch hat es mich große Überwindung gekostet, vor deinen Thron zu treten. Daher bitte ich dich noch einmal, unser Leben zu schonen und uns unser vermessenes Anliegen nicht übel zu nehmen.«

Der Sultan hörte die Frau ohne ein Anzeichen des Unwillens an, doch bevor er antwortete, fragte er, was sie in dem Leintuch verberge. Da wickelte Aladins Mutter die porzellanene Schale aus, übergab sie dem Sultan und warf sich wieder vor ihm nieder. Der Sultan blieb vor Staunen eine Weile wie gelähmt sitzen. Noch nie hatte er so viele so prächtige Edelsteine auf einmal gesehen. Als er sich gefasst hatte, rief er außer sich vor Freude: »Wie schön! Wie herrlich!« Einen Stein nach dem anderen nahm er in die Hand, bewunderte ihn und schwärmte über seine Besonderheiten. Dann wandte er sich seinem Großwesir zu, hielt ihm die Schüssel entgegen und sagte: »Gib zu, dass es auf der ganzen Welt nichts Schöneres gibt!«

Auch der Großwesir war sichtlich beeindruckt.

»Sind diese Steine nicht genau das Richtige für meine Tochter?«, fuhr der Sultan fort. »Und muss ich sie nicht demjenigen zur Frau geben, der ihr so etwas bieten kann?«

Der Großwesir, dem der Sultan vor einiger Zeit versprochen hatte, die Prinzessin mit seinem Sohn zu verheiraten, wurde unruhig. War es nicht möglich, dass der Sultan angesichts solcher Kostbarkeiten sein Wort brach? Daher trat er an seinen Herrn heran und flüsterte ihm ins Ohr: »Ich muss gestehen, dass dies ein angemessenes Geschenk für die Prinzessin ist. Aber ich rate dir: Warte drei Monate. Ich hoffe, dass mein Sohn, auf den du früher dein Auge geworfen hast, dir dann etwas weit Wertvolleres bieten kann als dieser Aladin, den du doch gar nicht kennst.«

Und der Sultan willigte ein, obwohl er überzeugt war, dass der Sohn des Großwesirs das nie im Leben schaffen würde.

»Geh nach Hause, gute Frau«, sagte er zu Aladins Mutter, »und melde deinem Sohn, dass ich bereit bin, ihm die Prinzessin zur Frau zu geben, dass ich aber erst noch ihre Aussteuer beschaffen muss. Und das wird drei Monate dauern. Komm dann wieder zu mir.«

Überglücklich beeilte sich die Mutter, nach Hause zu kommen. Auf die ängstliche Frage Aladins, ob sie gute Nachricht bringe, entgegnete sie: »Lieber Sohn, du hast allen Grund, dich zu freuen«, und sie erzählte ihm, was sie im Palast erlebt hatte. »Aus dem Verhalten des Sultans konnte ich schließen«, beendete sie ihren Bericht, »was für einen gewaltigen Eindruck dein Geschenk auf ihn machte. Dabei hatte ich trotzdem nicht damit gerechnet, eine so positive Antwort zu bekommen, denn der Großwesir hatte kurz zuvor seinem Herrn etwas ins Ohr geflüstert. Ich fürchtete schon, er hätte den Sultan von einer für uns günstigen Entscheidung abgebracht.«

Aladin hielt sich für den glücklichsten Menschen auf der ganzen Welt, bedankte sich bei der Mutter und beschloss, auf das Wort des Sultans zu bauen und sich in Geduld zu üben, wenn ihm auch die drei Monate Wartezeit wie eine Ewigkeit vorkamen. Von da an zählte er nicht nur die Tage und Wochen, sondern auch die Stunden und Minuten.

Am Ende des zweiten Monats ging die Mutter in die Stadt, um Öl zu kaufen. Da bemerkte sie, dass alle Häuser und Läden bunt geschmückt waren. Jeder versuchte seinen Nachbarn zu übertreffen. Festlich gekleidete Hofbeamte, die von Dienerscharen umgeben waren, ritten durch die Straßen. Neugierig fragte sie den Kaufmann, bei dem sie einkaufte, was das alles zu bedeuten habe.

»Weißt du denn als Einzige in dieser Stadt nicht«, antwortete der Händler, »dass die Prinzessin Bedrulbudur heute Abend den Sohn des Großwesirs heiratet? Gleich kommt sie aus dem Bad und die hohen Herren, die du hier siehst, haben sich versammelt, um sie feierlich zum Schloss zu führen.«

Erschrocken rannte die Mutter nach Hause. Atemlos vom Laufen rief sie Aladin entgegen: »Ach, alles ist verloren! Du hast auf das Versprechen des Sultans vertraut, aber er hat dich hintergangen. Heute Abend noch wird die Prinzessin Bedrulbudur mit dem Sohn des Großwesirs verheiratet.« Und sie erzählte, was sie gesehen und gehört hatte.

Aladin stand wie vom Blitz getroffen da. Doch bald verlegte er sich aufs Nachdenken. Er erinnerte sich an die Lampe, vermied es, über den Sultan, seinen Großwesir oder über dessen Sohn zu schimpfen, und sagte nur: »Ich glaube, der Bräutigam wird in dieser Nacht nicht so glücklich sein, wie er hofft. Ich will für einen Augenblick in mein Zimmer gehen, du kannst inzwischen das Abendessen machen.«

Sobald er allein war, nahm er die Lampe und rieb sie. Augenblicklich erschien der Dämon und fragte nach Aladins Wunsch. »Bisher hast du mir zu essen gebracht, sooft ich es verlangte«, sagte Aladin zu ihm. »Heute bitte ich dich um etwas Wichtigeres. Ich habe beim Sultan um die Hand der Prinzessin Bedrulbudur angehalten und er versprach, sie mir nach drei Monaten zu geben. Aber er hat sein Wort gebrochen und will sie heute Abend mit dem Sohn seines Großwesirs verheiraten. Daher befehle ich dir: Bring die beiden Brautleute, sobald sie sich zum Schlafen hingelegt haben, samt ihrem Bett hierher.«

»Ich gehorche, mein Herr«, sagte der Dämon. »Hast du sonst noch einen Wunsch?«

»Im Augenblick nicht«, antwortete Aladin und der Geist verschwand.

Aladin aß mit seiner Mutter, als sei nichts vorgefallen, und unterhielt sich mit ihr über die Hochzeit der Prinzessin wie über ein Ereignis, das ihn nicht betraf. Als sich die Mutter hingelegt hatte, zog er sich wieder in sein Zimmer zurück und wartete.

Unterdessen entfaltete sich im Palast des Sultans das Fest mit ungeheurer Pracht; es dauerte bis tief in die Nacht hinein. Als die Gäste gegangen waren, entfernte sich der Bräutigam und ging in den Raum, wo das Brautbett stand. Bald darauf begleiteten die Sultanin und ein großes Gefolge von Dienerinnen die Prinzessin in das Zimmer und die Braut legte sich zu ihrem Mann. Kaum aber hatte die Letzte das Zimmer verlassen und die Tür hinter sich geschlossen, erschien der Dämon, packte das Bett mit dem jungen Paar und entführte es durch die Lüfte in Aladins Zimmer.

Aladin gefiel es nicht, dass der Sohn des Großwesirs mit der Prinzessin in ein und demselben Bett lag, und deshalb befahl er dem Dämon: »Nimm diesen Mann und bring ihn auf das Klo. Dann komm morgen früh kurz vor Tagesanbruch wieder.« Sogleich riss der Dämon den Sohn des Großwesirs aus dem Bett, trug ihn in das enge Kämmerchen und hauchte den Bräutigam, der nur mit einem Nachthemd bekleidet war, so kalt an, dass es ihm durch Mark und Bein ging und er erstarrte.

Aladin führte keine großen Reden, als er mit der Prinzessin allein war, gestand ihr nur seine Liebe und erklärte ihr, er habe sie holen lassen, um den Wortbruch des Sultans zu bestrafen. Dann legte er sich an die Stelle des Bräutigams und schlief bald ein, denn er war zufrieden, dem Nebenbuhler die lang ersehnte Brautnacht verdorben zu haben. Die Prinzessin Bedrulbudur allerdings fand keinen Schlaf. Noch nie hatte sie eine so unangenehme Nacht verbracht. Ihrem Ehemann erging es noch schlimmer, bedenkt man den Ort, an dem er sich befand.

Am Morgen brauchte Aladin den Dämon nicht herbeizurufen. Pünktlich erschien er und Aladin befahl ihm, den Sohn des Großwesirs aus seinem Gefängnis zu befreien, ihn neben die Prinzessin zu legen und das Bett wieder in den Palast des Sultans zu tragen. Der Dämon tat, wie ihm geheißen. Dabei konnten die Brautleute den Dämon weder sehen noch hören, was er mit Aladin redete.

Kaum hatte der Geist das Bett an seinen ursprünglichen Ort gestellt, als die Tür geöffnet wurde und der Sultan hereinkam, um sich zu erkundigen, ob das Brautpaar eine angenehme Nacht gehabt habe. Der Sohn des Großwesirs, der die ganze Zeit in der Kälte zugebracht hatte und noch nicht wieder warm geworden war, stand sofort auf und ging ins Vorzimmer. Der Sultan trat auf seine Tochter zu, küsste sie, wie die Sitte es vorschrieb, zwischen die Augen und fragte, wie es ihr gehe. Zu seiner Verwunderung wirkte sie todtraurig und sehr unglücklich. Als er weiter zu ihr sprach und keine Antwort erhielt, ließ er sie allein. Er war ganz durcheinander und ging in die Gemächer der Sultanin, um ihr zu berichten, in welchem Zustand er die Prinzessin vorgefunden habe. Die Sultanin sagte, ein solches Verhalten sei bei Neuvermählten nicht ungewöhnlich, und sie machte sich selbst auf, ihre Tochter zu besuchen.

Es erging ihr nicht besser als ihrem Gemahl. Auch sie erhielt keine Antwort, als sie die Prinzessin anredete. Trotzdem merkte sie, wie traurig ihre Tochter war.

»Was ist geschehen?«, fragte sie voller Besorgnis.

Da brach die Prinzessin Bedrulbudur endlich ihr Schweigen und sagte: »Verzeih mir, verehrte Mutter, dass ich so unhöflich war und euch nicht geantwortet habe. Aber heute Nacht hat sich so viel Sonderbares ereignet,

Aladin und die Wunderlampe, zu Seite 88

dass ich mich von meinem Schrecken noch nicht erholt habe.« Und sie erzählte, was ihr und ihrem Gemahl passiert war und dass ein junger Mann zu ihr etwas gesagt habe, was sie in ihrer Verwirrung nicht begriffen hätte. »Kaum war das Bett wieder an seinem Platz«, schloss sie, »da kam mein Vater, der Sultan, zur Tür herein und ich war noch so benommen, dass ich ihm auf seine Fragen keine Antwort geben konnte.«

»Es war gut, mein liebes Kind«, antwortete die Sultanin, »dass du deinem Vater nichts davon erzählt hast. Sprich auch mit anderen ja nicht über diese Nacht. Man würde dich für verrückt halten.«

»Aber ich versichere dir, liebe Mutter«, rief die Prinzessin, »dass alles so gewesen ist! Frag nur meinen Gemahl, er wird dir dasselbe berichten.«

»Und wenn er dasselbe wie du erzählte«, sagte die Sultanin, »er könnte mich doch nicht überzeugen. Steh nur auf und denk nicht mehr an den dummen Albtraum. Es fehlte noch, dass du mit deinen Hirngespinsten die Hochzeitsfeierlichkeiten störtest, die noch mehrere Tage andauern sollen. Hörst du nicht die Pauken und Trompeten, die Zimbeln und Trommeln? Sei fröhlich und vergiss, was du mir erzählt hast.«

Sie befahl den Dienerinnen, die Prinzessin festlich herzurichten, und beruhigte ihren Gemahl, indem sie ihm versicherte, es handele sich nur um eine Kleinigkeit, die Bedrulbudur so durcheinandergebracht habe. Dann ließ sie ihren Schwiegersohn rufen. Dieser aber fühlte sich durch die Einheirat ins Haus des Sultans so geehrt, dass er beschlossen hatte, die Erlebnisse der Nacht für sich zu behalten.

»Mein lieber Sohn«, fragte die Sultanin, »hast du dir dasselbe Ammenmärchen in den Kopf gesetzt wie meine Tochter?«

»Wovon sprichst du, Herrin«, sagte der Sohn des Großwesirs, »was bedeutet die Frage?«

»Ich bin schon zufrieden«, antwortete die Sultanin. »Mehr wollte ich nicht wissen. Du bist vernünftiger als sie.«

Die Feierlichkeiten im Schloss dauerten den ganzen Tag an und die Sultanin wich nicht von der Seite ihrer Tochter. Sie versuchte alles, um sie wieder fröhlich zu stimmen. Doch die Ereignisse der Nacht hatten die Prinzessin so aufgewühlt, dass sie an nichts anderes mehr denken konnte. Auch der Sohn des Großwesirs fühlte sich mitgenommen. Er aber setzte alles daran, es niemandem zu zeigen. Wer ihn sah, musste ihn für einen glücklichen jungen Ehemann halten.

Aladin wusste über alles, was im Palast vorging, Bescheid. Als es dunkel wurde, rieb er wieder an der Lampe. Daraufhin erschien der Dämon und fragte nach seinem Wunsch.

»Bring wie gestern das Bett mit der Prinzessin und dem Sohn des Großwesirs hierher, sobald sie sich hingelegt haben.«

Der Geist führte Aladins Befehle so pflichtgetreu aus wie am Tag zuvor. Wieder musste der Sohn des Großwesirs die Nacht in dem kalten, ungemütlichen Klo verbringen, wieder legte sich Aladin zu der Prinzessin und wieder wurde das Bett bei Sonnenaufgang in den Palast zurückgetragen.

Am nächsten Morgen war der Sultan neugierig, ob sich die Stimmung seiner Tochter gebessert hatte, und so ging er erneut in das Zimmer der Brautleute. Der Sohn des Großwesirs ärgerte sich diesmal noch heftiger über sein Unglück; er verließ den Raum, sobald sein Schwiegervater eintrat. Der Sultan beugte sich über die Prinzessin, küsste sie und fragte: »Nun, mein liebes Kind, bist du heute wieder so schlecht gelaunt wie gestern früh? Oder willst du mir diesmal erzählen, wie die Nacht gewesen ist?«

Bedrulbudur aber schwieg und der Sultan bemerkte, dass sie noch trauriger war als am Tag zuvor. Jetzt zweifelte er nicht mehr daran, dass etwas passiert sein musste. Er ärgerte sich so über ihr Schweigen, dass er den Säbel zog und rief: »Wenn du nicht sofort erzählst, was los ist, töte ich dich!«

Die Prinzessin erschrak mehr über den Zorn in seiner Stimme als über den gezückten Säbel und sagte: »Geliebter Vater und Herr, verzeih mir, wenn ich dich verärgert habe. Doch du wirst nur noch Mitleid mit mir haben, wenn ich dir erzähle, was mir in den vergangenen beiden Nächten zugestoßen ist.« Nachdem sie alles berichtet hatte, wurde der Sultan, der seine Tochter über alles liebte, sehr traurig.

»Es war unrecht von dir«, sagte er schließlich, »dass du mir nicht gestern schon alles erzählt hast. Ich habe dich nicht heiraten lassen, damit du unglücklich wirst. Ich wollte einen Mann für dich, der zu dir passt. Weg mit den dunklen Gedanken! Ich kümmere mich sofort darum, dass du niemals wieder so eine unangenehme Nacht verbringst.«

Danach ging er in seine Gemächer und rief den Großwesir zu sich.

»Hast du bereits mit deinem Sohn gesprochen?«, fragte er, und als der Großwesir verneinte, berichtete er ihm, was er von Bedrulbudur erfahren hatte. »Ich zweifle nicht daran«, schloss er, »dass sie die Wahrheit gesagt hat. Doch wäre es mir lieb, wenn dein Sohn ihren Bericht bestätigte. Frag ihn, was an der Sache dran ist.«

Der Großwesir ging zu seinem Sohn, sprach mit ihm und ermahnte ihn, nichts zu verschweigen.

»Ich will dir sagen, wie es gewesen ist«, antwortete der Sohn. »Alles, was die Prinzessin dem Sultan mitgeteilt hat, stimmt. Von den Qualen, die ich durchmachen musste, weiß sie allerdings nichts. Ich habe zwei furchtbare Nächte hinter mir. Mir fehlen die Worte, dir alle Einzelheiten zu schildern. Von der Angst, die ich empfunden habe, als das Bett vier Mal durch die Lüfte segelte, will ich gar nicht reden. Aber dass ich zwei Nächte in einem engen kalten Klo zubringen musste, mit nichts als einem Nachthemd bekleidet, dass ich mich außerdem überhaupt nicht mehr bewegen konnte, ohne zu wissen warum, das war furchtbar. Ich brauche dir nicht zu sagen, dass ich die Prinzessin liebe. Aber so ehrenvoll die Verbindung mit der Familie des Sultans für mich auch ist, möchte ich doch lieber sterben, als mir diese Verwandtschaft um den Preis zu erhalten, dass ich jede Nacht dieselben Qualen durchlebe. Ich bin sicher, die Prinzessin wird genauso denken wie ich und einer Trennung ebenfalls zustimmen. Darum, lieber Vater, bitte ich dich, unsere Ehe für nichtig erklären zu lassen.«

Dem Großwesir hatte es sehr geschmeichelt, dass sein Sohn durch die Heirat in die Sultansfamilie aufgenommen worden war. Doch als er ihn so jammern hörte, erschien es auch ihm ratsam, die Ehe aufzulösen. Also ging er zum Sultan, berichtete ihm alles genau und bat, dass sein Sohn sich aus dem Palast zurückziehen dürfe. Er musste den Sultan nicht lange bitten. Sofort ordnete er an, dass die Feierlichkeiten in der Stadt sowie im ganzen Reich einzustellen seien. Der plötzliche Abbruch der Feiern beschwor die unterschiedlichsten Gerüchte herauf, doch niemand wusste Genaueres zu sagen, als dass der Großwesir und sein Sohn traurig in ihr Haus zurückgekehrt wären. Nur Aladin kannte den wahren Grund und er freute sich, dass ihm die Lampe so gute Dienste geleistet hatte. Das Merkwürdige war, dass weder der Sultan noch der Großwesir, die beide Aladins Heiratsantrag ver-

gessen hatten, auf den Gedanken kamen, dieser könnte mit dem Zauber etwas zu tun haben.

Aladin ließ den Rest der dreimonatigen Frist verstreichen und gleich am
ersten Morgen danach schickte er seine Mutter in den Palast, um den Sultan an sein Versprechen zu erinnern. Sie stellte sich an denselben Platz, wo
sie immer gestanden hatte, und der Sultan erkannte sie sofort. Er befahl
dem Großwesir, die Frau vorzulassen. Aladins Mutter warf sich, wie es sich
gehörte, auf die Erde und stand erst auf, als der Herrscher sie fragte, was sie
wolle.

»Großer Sultan«, antwortete sie, »ich erscheine vor deinem Thron, um
dich im Namen meines Sohnes daran zu erinnern, dass die drei Monate vorbei sind, nach denen du ihm deine Tochter zur Frau geben wolltest. So hast
du es versprochen.«

Der Sultan hatte die Frist natürlich nur gesetzt, weil er glaubte, die ganze
Sache sei danach sowieso vergessen. Er dachte nicht daran, seine Tochter
diesem Burschen zu geben, der aus niedrigem Stand zu stammen schien, so
armselig wie die Mutter gekleidet war. Die Worte der Frau brachten ihn nun
in große Verlegenheit. Er wollte Zeit gewinnen und beriet sich mit seinem
Großwesir, wie er die Heirat umgehen könnte.

»Dafür gibt es ein sicheres Mittel«, sagte der. »Du musst nur einen so
hohen Preis für die Prinzessin festsetzen, dass auch der reichste Mann auf
der Welt ihn nicht zahlen kann.«

Der Sultan beherzigte diesen Rat und sagte, nachdem er eine Weile nachgedacht hatte, zu Aladins Mutter: »Ein Herrscher muss zu seinem Wort
stehen. Melde deinem Sohn, dass er meine Tochter heiraten kann. Allerdings muss ich mich als Vater darum kümmern, dass sie keinen armen
Mann zum Gemahl bekommt. Also richte Aladin aus, ich erwarte vierzig
große Schalen aus purem Gold, die mit solch herrlichen Steinen gefüllt sind
wie die, die du mir neulich überbracht hast. Außerdem soll er vierzig junge
schwarze Sklaven und ebenso viele junge weiße Sklaven herbeischaffen, die
wunderschön aussehen und prächtige Kleider tragen sollen. Geh jetzt, gute
Frau, und halte mich auf dem Laufenden.«

Auf ihrem Weg nach Hause lachte Aladins Mutter über den verrückten
Wunsch ihres Sohnes. Woher soll er vierzig goldene Schalen nehmen und

woher die vielen bunten Steine?, sagte sie zu sich. Er kann doch nicht wieder in die Höhle hinabsteigen, um sie von den Bäumen zu pflücken. Jetzt ist er weiter von seinem Ziel entfernt als zuvor und ich glaube nicht, dass er mit der Nachricht, die ich ihm überbringe, zufrieden sein wird.

Doch Aladin war nicht im Mindesten beunruhigt, als sie ihm die Forderung des Sultans übermittelte.

»Ich hatte mit schwierigeren Bedingungen gerechnet«, sagte er. »Was er verlangt, ist nur eine Kleinigkeit, gemessen an dem Schatz, den ich von ihm bekomme. Lass mich nur machen und kümmere du dich um das Mittagessen.«

Als die Mutter gegangen war, Lebensmittel einzukaufen, rieb Aladin an der Lampe. Sogleich erschien der Dämon und fragte mit denselben Worten wie immer nach seinem Wunsch.

»Der Sultan«, sagte Aladin, »will mir die Prinzessin nur zur Frau geben, wenn ich ihm vierzig goldene Schalen schenke. Sie sollen mit den Früchten des Gartens gefüllt sein, in dem die Lampe stand, mit der ich dich rief. Dazu verlangt er vierzig schwarze und vierzig weiße Sklaven von ausgesuchter Schönheit und mit prächtigen Kleidern. Schaff mir alles auf der Stelle herbei, damit ich es ihm heute noch bringen kann, bevor er den Diwan verlässt.«

Nach einer kleinen Weile führte der Dämon vierzig schwarze und vierzig weiße Sklaven in kostbaren Gewändern zu Aladins Haus. Die schwarzen Sklaven trugen Schalen aus purem Gold, in denen sich unter Silberstoff Perlen, Diamanten, Rubine und Smaragde türmten. Sie waren noch größer und von noch erlesenerem Glanz als die, die Aladin in dem Zaubergarten gepflückt hatte. Das Haus und der Hof wimmelten von Menschen und die Mutter erschrak, als sie vom Einkaufen zurückkehrte. Aladin aber ließ ihr keine Zeit zum Ausruhen. Er drängte sie, sich mit den Geschenken sofort auf den Weg zu machen, damit sie noch vor Ende des Diwans beim Sultan einträfe und ihm alles übergebe. Paarweise verließen die Sklaven das Haus, jeweils ein weißer neben einem schwarzen.

Sogleich bildete sich eine riesige Menschenansammlung, die sich das prächtige Schauspiel ansehen wollte. Die Schönheit der Sklaven und ihre kostbaren Kleider, die von Edelsteinen strotzten, versetzten Arm und Reich in Entzücken. Die Wachen am Sultanspalast glaubten, als sie den ersten Sklaven erblickten, sie hätten einen König vor sich, und fielen auf die Knie, um den Saum seines Kleides zu küssen. Der Sklave aber wehrte ab und sagte die Worte, die der Dämon ihm gelehrt hatte: »Wir sind nur die Sklaven. Unser Herr wird kommen, sobald es an der Zeit ist.«

Im zweiten Hof des Palastes hatte sich, wie immer wenn der Diwan abgehalten wurde, der Hofstaat des Sultans versammelt. Darunter befanden sich auch einige prächtig gekleidete Männer. Doch sie alle wurden vom Glanz der Gewänder, die die Sklaven trugen, überstrahlt.

Der Sultan, dem die Ankunft des Zuges gemeldet worden war, rief alle in den Saal und die Sklaven stellten sich im Halbkreis um den Thron, setzten ihre kostbare Last ab, warfen sich hin und berührten mit der Stirn den Boden. Dann nahmen sie die silbernen Tücher von den Schalen. Auch Aladins Mutter war am Fuß des Throns niedergekniet, bevor sie den Sultan anredete: »Herr, mein Sohn weiß, dass dieses Geschenk bei Weitem nicht den Wert deiner Tochter, der Prinzessin Bedrulbudur, aufwiegt. Und doch hofft er, dass du und deine Tochter es annehmen, da es ja genau deiner Forderung entspricht.«

Der Sultan hatte kein Ohr für ihre Worte. Gebannt starrte er auf die Schätze und die Sklaven, die alle wie Könige wirkten. Ohne der Mutter zu antworten, wandte er sich an seinen Großwesir und fragte ihn: »Was hältst du von einem, der mir solche Geschenke macht? Kann ich ihm nicht ruhigen Gewissens meine Tochter anvertrauen, auch wenn wir ihn noch nicht kennen?«

Den Großwesir ärgerte es zwar, dass ein Unbekannter seinem Sohn vorgezogen wurde, dennoch wagte er es nicht, seinem Herrn zu widersprechen, der offensichtlich begeistert von dem Prunk war. Deshalb sagte er: »Nichts liegt mir ferner, als dir davon abzuraten, dem Fremden die Hand der Prinzessin zu geben.« Und ringsum erschallte Beifall.

Angesichts der ungeheuren Schätze hielt sich der Sultan nicht lange damit auf, nach Aladins Stand zu fragen. Er sagte zu der Mutter: »Geh, gute Frau, und sag deinem Sohn, ich erwarte ihn und werde ihn mit offenen Armen willkommen heißen. Je schneller er kommt, um die Prinzessin zu heiraten, desto größer wird meine Freude sein.«

Die Mutter war froh, dass sich alles zum Guten gewendet hatte, und beeilte sich, nach Hause zu kommen. Der Sultan aber hob den Diwan auf und befahl den Eunuchen, die Schätze in die Zimmer seiner Tochter zu bringen, wo er sie noch einmal in Ruhe betrachten wollte.

Aladin ging, nachdem die Mutter ihm die Botschaft des Sultans übermittelt hatte, in sein Zimmer, rieb die Lampe und befahl dem Dämon, er solle ihm ein Bad bereiten und ihm die schönsten Kleider bringen, die jemals ein König getragen habe. Sogleich befand er sich in einem Bad und wurde mit allerlei wohlriechenden Wassern gewaschen. Danach trat er erfrischt in ein Zimmer, wo der Dämon Gewänder bereitgelegt hatte, die an Pracht alles übertrafen, was er sich je hatte vorstellen können. Nachdem er sich angekleidet hatte und wieder in das Haus seiner Mutter zurückgetragen worden war, fragte der Geist, ob Aladin weitere Befehle für ihn habe.

»Besorg mir ein schönes und schnelles Pferd, das jedes Pferd im Stall des Sultans in den Schatten stellt«, sagte Aladin. »Decke, Sattel und Zaumzeug müssen überaus wertvoll sein. Außerdem brauche ich vierzig Sklaven, die ebenso reich gekleidet sind wie die, die dem Sultan meine Geschenke überbracht haben. Zwanzig sollen neben mir, zwanzig mir vorausgehen. Für meine Mutter bringe sechs Sklavinnen, die mindestens ebenso schön angezogen sein sollen wie die Sklavinnen der Prinzessin Bedrulbudur. Und lass jede von ihnen ein Kleid für ihre Herrin auf dem Kopf tragen, das kostbarer ist als die Gewänder der Gemahlin des Sultans. Schließlich brauche ich noch zehn Säcke mit je tausend Goldstücken. Beeile dich, meine Befehle zu befolgen.«

Der Dämon verschwand und führte alles aus, wie ihm angeordnet worden war.

Aladin gab seiner Mutter vorsorglich vier mit Goldstücken gefüllte Beutel, verteilte reichlich Geld an die Sklaven, die ihn begleiten sollten, und wies sie an, es unter die Leute zu werfen, wenn sie durch die Stadt zögen. Dann sandte er einen Sklaven mit der Frage zum Sultan, wann er kommen könne, um sich ihm zu Füßen zu werfen. Nachdem der Sklave mit der Antwort zurückgekehrt war, der Sultan erwarte sehnlich den Besuch, stieg Aladin aufs Pferd. Obwohl er noch nie geritten war, saß er mit einer Leichtigkeit auf dem Rücken des Tiers, die auch dem besten Kenner keinen Grund zur Beanstandung gegeben hätte. Die Straßen, durch die er mit seinem Gefolge zog, füllten sich im Nu mit Menschen aus allen Schichten und die Luft hallte wider von Beifall, Begeisterungsrufen und Segenswünschen, besonders wenn die Sklaven das Geld unter die Menge streuten. Niemand erkannte Aladin: weder die, mit denen er vor einigen Jahren in den Straßen herumgelungert war, noch jene, mit denen er vor Kurzem Umgang pflegte, denn die Wunderlampe besaß unter anderem die Eigenschaft, ihren Besitzer vollkommener erscheinen zu lassen.

Vor dem Palast, wo alles für seinen Empfang bereit war, wollte Aladin vom Pferd steigen, wie es das Gesetz auch den Großwesiren, Feldhauptleuten und Oberstatthaltern vorschrieb. Doch der Kommandant der Palastwache hinderte ihn daran und daher ritt er durch die beiden Höfe bis vor die Tür des Empfangssaales, wo ihm der Offizier vom Pferd half. Die Palastwache bildete eine doppelte Reihe und der Kommandant führte ihn bis an den Thron. Überrascht blickte der Sultan auf die prachtvolle Kleidung seines Besuchers. Vergleichbares hatte er zuvor nie gesehen, geschweige denn selbst getragen, und er war zudem beeindruckt von Aladins gutem Aussehen und würdevoller Haltung. Noch bevor sich der junge Mann vor ihm niederwerfen konnte, rannte er die Thronstufen hinunter, um ihn zu umarmen. Er führte ihn zum Thron hinauf und drängte ihn dazu, zwischen ihm und dem Großwesir Platz zu nehmen.

»O Herr«, begann Aladin, »wenn du mich auch mit Ehren überhäufst, so vergesse ich doch nicht, dass ich dein Sklave bin. Denn ich würde vor Kummer sterben, wenn ich deine Tochter nicht heiraten dürfte.«

»Mein Sohn«, erwiderte der Sultan, »du tätest mir unrecht, würdest du auch nur eine Sekunde daran zweifeln, dass ich mein Versprechen ernst nehme. Du gefällst mir so gut, dass ich dich allen Schätzen, die du mir geschenkt hast, vorziehe.«

Der Sultan hob die Hand und Oboen und Pauken ertönten. Er führte Aladin zur Tafel, wo der Großwesir und alle Herren des Hofes sie bedienten. Das Gespräch berührte die verschiedensten Gebiete und Aladin wusste stets mit Verstand zu glänzen, sodass der Sultan in der guten Meinung, die er von ihm hatte, bestärkt wurde.

Nach dem Mahl ließ der Sultan den obersten Kadi rufen. Er befahl ihm, sofort den Ehevertrag für Aladin und die Prinzessin Bedrulbudur aufzusetzen. Doch als der Vertrag vorlag und der Sultan fragte, ob Aladin die Hochzeit noch am selben Tag abhalten wolle, antwortete dieser: »Sosehr mich das auch reizen würde, o Herr, möchte ich mir trotzdem eine Frist ausbitten, um der Prinzessin einen Palast zu bauen, der ihr angemessen ist. Gib mir Land in der Nähe deines Palastes, damit ich dir immer nahe sein kann.«

Nach diesen Worten umarmte der Sultan Aladin aufs Neue, schenkte ihm ein Stück Land gegenüber dem Palast und sie gingen auseinander.

Zu Hause schloss sich Aladin wieder in sein Zimmer ein, rief den Dämon herbei und sagte: »Heute muss ich dir die schwerste Aufgabe stellen. Bau mir einen Palast, der der Prinzessin Bedrulbudur angemessen ist. Die Wahl des Materials überlasse ich dir. Er kann aus Porphyr, Jaspis, Achat oder aus Lasurstein sein, meinetwegen auch aus feinstem bunten Marmor. Ebenso kannst du die Inneneinrichtung so gestalten, wie es dir gefällt. Doch eins mache ich zur Bedingung: Der Palast soll von einem quadratischen Kuppelsaal gekrönt werden, dessen Wände aus Schichten von Gold und Silber bestehen müssen. Vierundzwanzig Fenster, in jeder Wand sechs, sollen das Licht hereinlassen und ihre Gitter sollen mit Diamanten, Rubinen und Smaragden üppig besetzt sein. Ein einziges Fenster aber lass ohne Gitter und ungeschmückt. Ein Hof, ein Vorhof und ein Garten müssen dabei sein und eine Schatzkammer, die mit Gold- und Silbermünzen gefüllt ist, außerdem Küchen, Vorratskammern und Lagerräume, des Weiteren Ställe, in denen die edelsten Pferde stehen. Jagdgerät darfst du nicht vergessen, genauso wenig wie Personal für die Küche, Stallmeister und -knechte sowie eine gehörige Anzahl von Sklavinnen, die die Prinzessin bedienen. Und nun mach dich an die Arbeit.«

Als Aladin dies befohlen hatte, war die Sonne noch nicht ganz untergegangen. Am anderen Morgen stand er in aller Frühe auf, weil er vor Sehnsucht nach der Prinzessin sowieso keinen Schlaf fand. Da erschien auch schon der Dämon und sagte: »Der Palast ist fertig, Herr. Komm und sieh, ob du damit zufrieden bist.«

Aladin ließ sich von ihm durch die Lüfte zu dem Palast tragen und fand alles viel herrlicher, als er es sich vorgestellt hatte. Der Dämon führte ihn durch sämtliche Räume, zeigte ihm die Diener und Sklaven sowie die

Schatzkammer, in der Geldsäcke bis an die Decke aufgetürmt lagen, und ließ ihn die Ställe, wo die schönsten Pferde der Welt von den Knechten gepflegt wurden, und die Vorratskammern, in denen sich Güter aller Art stapelten, besichtigen. Aladin schaute dann auch noch den Kuppelsaal mit den vierundzwanzig Fenstern an, den er so schön fand, wie er ihn sich nicht im Traum hätte vorstellen können. Da sagte er zu dem Dämon: »Niemand kann zufriedener sein als ich und es wäre ungerecht, würde ich auch nur die leiseste Kritik äußern. Aber eins fehlt noch: ein Teppich, der vom Palast des Sultans bis zu dem Eingang führt, hinter dem die Gemächer der Prinzessin liegen, ein Teppich aus bestem Samt, über den sie gehen kann, wenn sie den Palast ihres Vaters verlässt.«

In Sekundenschnelle war der Teppich ausgebreitet, und noch ehe die Pforte des Sultanspalastes geöffnet wurde, trug der Dämon Aladin ins Haus seiner Mutter zurück.

Die Pförtner, die das Palasttor öffneten, erblickten jetzt Aladins Schloss, wo gestern noch freies Feld war, und rissen vor Staunen die Augen weit auf. In Windeseile verbreitete sich die Nachricht von dem Wunder im ganzen Palast. Der Großwesir lief zum Sultan, meldete ihm die Neuigkeit und sagte, dies könne unmöglich mit rechten Dingen zugehen, es müsse Zauberei im Spiel sein. Der Sultan aber antwortete: »Nach den Proben, die uns Aladin von seinem Reichtum gegeben hat, ist es durchaus nicht überraschend, dass er in so kurzer Zeit ein Schloss für die Prinzessin erbaut hat. Er wollte uns nur zeigen, wie man mit viel Geld über Nacht Wunder vollbringen kann. Gib nur zu, dass Eifersucht im Spiel ist, wenn du von Zauberei redest.«

Hier brach der Sultan das Gespräch ab, denn es wurde Zeit für den Diwan.

Aladin fand seine Mutter bereits in ihren wunderschönen neuen Gewändern vor und er bat sie, sofort zum Sultan zu gehen und ihn zu fragen, ob er die Prinzessin am Abend in ihr neues Schloss begleiten wolle. Kurz nach der Mutter verließ er das Haus, um nie wieder dorthin zurückzukehren, vergaß aber nicht, die Wunderlampe mitzunehmen. In demselben Aufzug wie am Tag zuvor ritt er durch die Stadt, diesmal jedoch zu seinem eigenen Palast.

Die Mutter wurde beim Sultan mit allen Ehren empfangen. Als sie den

Palast betrat, begannen Trompeten, Pauken und Trommeln, Oboen und Querflöten zu spielen und gaben der ganzen Stadt bekannt, dass es etwas zu feiern gab. Kaufleute schmückten ihre Läden mit Teppichen und Blumen, Handwerker verließen ihre Werkstätten und in Scharen zogen die Leute auf den Platz zwischen beiden Palästen. Das neue Bauwerk wurde ausgiebig bestaunt, vor allem wegen der Schnelligkeit, mit der es errichtet worden war. Währenddessen wurde Aladins Mutter zur Prinzessin geführt, die sie herzlich begrüßte. Auch der Sultan, der so lange wie möglich mit seiner Tochter zusammen sein wollte und sich in den Gemächern Bedrulbudurs aufhielt, behandelte die Frau, die er bisher nur verschleiert und in ärmlichen Kleidern gesehen hatte, äußerst höflich.

Als die Nacht anbrach, verabschiedete sich die Prinzessin tränenreich von ihrem Vater. Dann ging sie über den roten Samtteppich zum Palast ihres zukünftigen Gemahls hinüber, wobei Aladins Mutter neben ihr herschritt. Außerdem wurde sie von hundert Sklavinnen in prachtvollster Kleidung, hundert Kriegern, ebenso vielen schwarzen Eunuchen und vierhundert jungen Adeligen, die Fackeln trugen, begleitet. Alle Musikchöre, die seit der Ankunft der Mutter ununterbrochen gespielt hatten, vereinigten sich und zogen der Prinzessin und ihrem Gefolge voran. Je näher sie Aladins Schloss kamen, desto stärker vermischten sich ihre Melodien mit denen der Musiker, die von der Terrasse herab zu hören waren, zu einem seltsam wirren Konzert. Dennoch machte das die Feststimmung der versammelten Menge auf dem Platz nur noch größer.

Freudig ging Aladin der Prinzessin entgegen und führte sie in einen Saal, der von zahlreichen Kerzen taghell erleuchtet wurde und in dem der Dämon köstliche Speisen aufgetragen hatte. Die Teller und Schüsseln, die Vasen und Becken waren aus purem Gold und fein gearbeitet. Die Prinzessin war richtig geblendet von so viel Reichtum und Schönheit. Daher sagte sie zu Aladin: »Bisher habe ich geglaubt, es gäbe nichts Prächtigeres als den Palast meines Vaters. Aber schon dieser eine Saal überzeugt mich davon, dass ich mich getäuscht habe.«

Während des Mahles spielten erstklassige Musiker, und als die Tafel abgeräumt war, erfreute eine Gruppe Tänzer das Brautpaar mit ihren Darbietungen. Gegen Mitternacht tanzten dann Aladin und die Prinzessin nach altem chinesischen Brauch miteinander, was das Ende des ersten Tags der Hochzeitsfeierlichkeiten markierte.

Am nächsten Tag begab sich Aladin um die Mittagsstunde zum Palast des Sultans, um seinen Schwiegervater zum Essen einzuladen. Der sagte gerne zu. Mit seinem Großwesir besichtigte er alle Räume des neuen Palastes und fand alles über die Maßen herrlich, besonders den Kuppelsaal mit den vierundzwanzig Fenstern, dessen Wände aus Silber und Gold bestanden. Jedoch wunderte er sich sehr, dass eines der Fenster nicht wie die anderen mit einem kostbaren Gitter geschmückt war, und er fragte: »Ist dieses Fenster vergessen worden oder hatten die Handwerker nicht genügend Zeit, es zu vollenden?«

»Herr«, erwiderte Aladin, »das Gitterfenster ist aus einem anderen Grund unvollendet geblieben: Ich habe es befohlen. Du nämlich sollst die Ehre haben, den Saal und den Palast zu vollenden. Du würdest mir damit eine Freude bereiten.«

Der Sultan fühlte sich von dieser netten Geste geschmeichelt und befahl, sogleich die geschicktesten Juweliere und Goldschmiede zu holen, damit sie auch dieses Fenster mit einem Gitter schmückten.

Unterdessen war die Zeit zum Mittagessen gekommen. Der Sultan, seine Tochter, Aladin und der Großwesir nahmen an einem kleineren, gesondert stehenden Tisch Platz und die Großen des Reiches saßen an einer langen Tafel. Alle ließen es sich schmecken und der Sultan gestand, er habe nie besser gegessen.

Die Juweliere und Goldschmiede aber berieten, wie sie ein Gitter anfertigen könnten, das den übrigen ebenbürtig sei. Aber sosehr sie auch hin und her überlegten, sie kamen zu dem Schluss, dass in der ganzen Stadt unmöglich genügend große und kostbare Edelsteine zu finden wären. Sie trugen dem Sultan ihren Kummer vor und der versprach ihnen, seine Edelsteine zur Verfügung zu stellen. Daraufhin nahmen sie so viele Steine aus der Schatzkammer, wie sie tragen konnten, besonders von denen, die Aladin dem Sultan geschenkt hatte. Aber so viele sie auch herbeitrugen, sie reichten bei Weitem nicht aus, um das Gitter denen der anderen Fenster gleichzumachen. Nach vier Wochen war der Schatz des Sultans erschöpft, zudem der des Großwesirs, aber das Gitter war erst zur Hälfte fertig. Nach weiteren zwei Wochen ließ Aladin die Handwerker rufen und wies sie an, alles wieder auseinanderzunehmen und sowohl dem Sultan als auch dem Großwesir ihre Edelsteine zurückzugeben. Als er allein war, rieb er die Lampe und befahl dem Dämon, auch das letzte Fenster mit einem Gitter zu versehen. Er verließ den Saal, und als er nach einer kleinen Weile zurückkehrte, war alles so, wie er es haben wollte.

Der Sultan hingegen war aufs Höchste verwundert, als die Juweliere und Goldschmiede die Edelsteine zurückbrachten und erzählten, Aladin habe sie ihre Arbeit zerstören lassen, ohne einen Grund dafür zu nennen. Er ritt mit nur kleinem Gefolge und ohne sich anzumelden zu Aladins Palast hinüber, um den Grund dieser Anordnung zu erfahren. Aladin aber hatte dem Sultan eigentlich nur zeigen wollen, wie weit über allen Palästen sein Palast stand, sodass nicht einmal der gesamte Staatsschatz ausreichte, den kleinsten Teil davon zu vollenden. Er antwortete nur: »Schau dich um, Herr, und sage mir, ob du in diesem Saal etwas vermisst.«

Und der Sultan fand zu seinem Erstaunen das vierundzwanzigste Fenster mit einem von Edelsteinen strotzenden Gitter versehen. Er prüfte es, und nachdem er sich davon überzeugt hatte, dass Aladin innerhalb kurzer Zeit das geschafft hatte, woran die besten Juweliere und Goldschmiede nach sechs Wochen angestrengter Arbeit gescheitert waren, küsste er seinen Schwiegersohn und sagte: »Was für ein Mann bist du, dass du so Unglaubliches zustande bringst! Je näher ich dich kennenlerne, umso mehr bewundere ich dich.«

Der Großwesir, dem der Sultan später alles erzählte, wurde in seinem Verdacht bestärkt, dass Zauberei im Spiel sein müsse. Doch der Sultan wollte nichts davon hören. Er schrieb die warnenden Worte der Eifersucht des Wesirs zu.

Von da an ging der Sultan an jedem Morgen in das Zimmer, von dem aus er Aladins Palast am besten sehen und bewundern konnte, und im Laufe des Tages kehrte er mehrmals dorthin zurück.

Aladin aber lebte nicht zurückgezogen in seinem Palast. Nicht nur, dass er hin und wieder Empfänge für den Großwesir und einige Große des Landes gab, er ritt auch oft durch die Straßen der Stadt und ließ das Gold mit vollen Händen ausstreuen. Nie klopfte ein Bettler an seine Pforte, der nicht reich beschenkt wieder davonging. Da er häufig in der Umgebung der Stadt jagte, verteilte er auch Gold unter die Bauern. Bald war er wegen seiner Freigebigkeit mehr geachtet als der Sultan und man überhäufte ihn mit Segenswünschen, wo immer er sich blicken ließ, ja, man schwor sogar bei seinem Namen.

So lebte Aladin viele Jahre in Zufriedenheit. Da erinnerte sich eines Tages der afrikanische Zauberer, dem er all sein Glück verdankte und der glaubte, er sei in der Höhle zugrunde gegangen, an ihn. Er wollte erfahren, auf welche Weise Aladin umgekommen sei. Der Zauberer war ein Meister seiner Kunst. Er bedeckte den Boden einer Schachtel mit feinem Sand, machte mit einem Stift allerlei Punkte hinein, zog Linien und deutete sie. Er wurde von einer unbeschreiblichen Wut erfasst, als er herausfand, dass Aladin noch lebte und dazu der Gemahl der Sultanstochter war! Also hat dieser elende Sohn eines Schneiders das Geheimnis der Lampe entdeckt!, sagte er zu sich selbst. Und ich Narr habe ihn für tot gehalten. Dabei genießt er die Früchte meiner nächtelangen Arbeit, mit der ich den Ort, an dem die Lampe sich befand, ermittelt habe. Lieber will ich sterben, als dabei zusehen, wie er glücklich ist.

Am anderen Morgen schon bestieg er einen schnellen Berberhengst und machte sich auf den Weg nach China. Er ritt von Stadt zu Stadt und von Land zu Land, hielt sich überall nur so lange auf, wie sein Pferd zum Verschnaufen brauchte, und erreichte schließlich die Stadt, wo der Sultan lebte. Hier mietete er sich in einem Wirtshaus ein und schlief einen Tag und eine Nacht, um sich von den Strapazen der Reise zu erholen.

Als der Zauberer aufwachte, wollte er als Erstes erfahren, was die Leute von Aladin hielten. Deshalb ging er in eine Teestube, lauschte den Gesprächen und fragte dann einen Mann, was das für ein Palast sei, von dem man so bewundernd rede.

»Woher kommst du«, entgegnete der Mann, »dass du den Palast des Prinzen Aladin nicht kennst? Du kannst unmöglich schon länger in dieser Stadt sein, sondern musst von sehr weit herkommen, denn sonst hättest du davon gehört. Er ist das größte Wunder auf der ganzen Welt.«

»Verzeih meine Unwissenheit«, antwortete der Zauberer. »Ich komme vom äußersten Ende Afrikas und bin erst gestern eingetroffen. Doch möchte ich nicht versäumen, den Palast zu sehen. Würdest du die Güte haben, mir den Weg zu zeigen?«

Der Mann erfüllte dem Fremden mit Vergnügen diesen Wunsch und der Zauberer betrachtete das Gebäude eingehend von allen Seiten. Nun zweifelte er nicht mehr im Geringsten daran, dass Aladin das Geheimnis der Wunderlampe kannte. Außer sich vor Neid und Ärger kehrte er in das Gasthaus zurück. Mithilfe seiner Zauberkünste fand er heraus, dass die Lampe in Aladins Palast aufbewahrt wurde. Ich muss die Lampe haben, sagte der Zauberer zu sich. Und dann werde ich den Burschen in den Dreck zurückstoßen, aus dem er gekommen ist!

Der Zufall wollte es, dass Aladin auf der Jagd war und erst nach fünf Tagen zurückkehren sollte. Das erfuhr der Zauberer vom Wirt des Gasthauses. Der Augenblick ist günstig, dachte er und ging zu einem Händler, der Lampen verkaufte.

»Ich bräuchte ein Dutzend kupferne Lampen«, sagte er. Der Händler antwortete, er habe nicht so viele am Lager, doch könne er, wenn der Fremde sich gedulden wolle, bis zum nächsten Morgen die gewünschte Anzahl besorgen. Und wirklich lieferte er sie am anderen Tag. Der Zauberer bezahlte den geforderten Preis, ohne zu feilschen. Er legte die Lampen in einen Korb und machte sich auf den Weg. »Wer will alte Lampen gegen neue tauschen?«, rief er mit lauter Stimme, als er in die Nähe von Aladins Palast kam.

Dieser Ruf lockte die Kinder der Umgebung herbei, die den Zauberer auslachten und für einen Narren hielten. Auch Erwachsene, die vorübergingen, lachten über seine offensichtliche Dummheit und sagten: »Der muss nicht ganz richtig im Kopf sein, sonst würde er nicht neue Lampen für alte hergeben.«

Doch der Zauberer ließ sich nicht stören. Er ging vor dem Palast auf und ab und verkündete lautstark sein Angebot. Nach einer Weile wurde die Prinzessin Bedrulbudur auf den Lärm aufmerksam, und da sie nicht verstehen konnte, was der Mann mit dem Korb anpries, schickte sie eine Sklavin, um zu erfahren, was da unten vor sich ging.

Die Sklavin kam zurück und lachte so herzhaft, dass die Prinzessin davon angesteckt wurde.

»Warum lachst du?«, fragte Bedrulbudur, als sie wieder zu Atem gekommen war.

»Ach, Herrin«, antwortete die Sklavin, »ich kann nicht anders als lachen, denn der Mann dort draußen benimmt sich wie ein Verrückter. Er hat einen Korb voll schöner neuer Lampen und will sie nicht verkaufen, sondern gegen alte eintauschen.«

»Auf dem Sims steht eine«, sagte eine andere Sklavin. »Der Eigentümer wird nicht böse sein, wenn er statt der alten eine neue vorfindet. Die Prinzessin könnte sich den Spaß machen und ausprobieren, ob der Händler wirklich so dumm ist, eine neue Lampe dafür zu geben.«

Die Lampe aber, von der die Sklavin sprach, war Aladins Wunderlampe. Er hatte sie, bevor er zur Jagd auszog, auf das Sims gestellt, damit sie nicht verloren ging.

Ach, warum hatte er sie nicht an einem sicheren Ort aufbewahrt!

Die Prinzessin wusste nichts vom Wert der Lampe, weil Aladin nie mit ihr darüber gesprochen hatte. Sie ging auf den Spaß ein und befahl einem Eunuchen, die Lampe vom Sims zu nehmen und umzutauschen. Der Eunuch tat, wie ihm geheißen. Er übergab dem Zauberer die alte Lampe, der ihn dafür eine neue aus dem Korb auswählen ließ. Sofort hatte der Zauberer sie als die erkannt, nach der er suchte. Kaum war der Tausch vollzogen, da brachen die Kinder wieder in lautes Gelächter aus.

Der Zauberer hingegen machte sich davon, ohne auch nur noch ein Wort zu sagen, denn nun hatte er, was er haben wollte. Schnell ging er durch weniger belebte Straßen, passierte das Stadttor und ließ auch die Vorstadt hinter sich. Sobald er sich auf freiem Feld befand, wartete er in einem Versteck, bis die Nacht hereinbrach. Um ein Uhr, als die Dunkelheit am tiefsten war, rieb er die Lampe. Der Dämon erschien und fragte nach seinem Wunsch.

»Ich befehle dir«, sagte der Zauberer, »den Palast, den du erbaut hast, so wie er ist, mit all seinen Bewohnern, an einen Ort in Afrika zu bringen, den ich dir noch näher benennen werde. Zugleich sollst du mich an denselben Ort versetzen.«

Danach wurden der Palast und der Zauberer in die Lüfte gehoben und nach Afrika getragen.

Am nächsten Morgen begab sich der Sultan, wie es seine Gewohnheit war, in das Zimmer, von dem aus er Aladins Palast am besten betrachten konnte. Aber er schaute nur auf einen Platz hinunter, der öde und leer war wie früher. Zunächst glaubte er nicht richtig zu sehen und rieb sich die Augen. Doch als er noch einmal hinüberblickte, sah er genauso wenig wie zuvor, obwohl das Wetter klar und der Himmel hell war. Lange blieb er wie angewurzelt stehen. Es war ihm unerklärlich, wie ein so großes und stattliches Gebäude über Nacht verschwinden konnte. Wäre der Palast zusammengestürzt, sagte er sich, dann müssten doch die Trümmer zu sehen sein, und selbst wenn die Erde ihn verschlungen hätte, wäre doch eine Spur davon zurückgeblieben. Das alles ging über seinen Verstand. Er blieb noch eine Weile stehen und blickte hinüber, um seiner Sache sicher zu sein. Dann aber ging er schnell in sein Zimmer und rief den Großwesir zu sich. Der kam nichts ahnend herbei, denn weder er noch seine Begleiter hatten das Fehlen des Palastes bisher bemerkt.

»Es muss etwas Ungewöhnliches vorgefallen sein«, sagte er, »weil ich so dringend kommen sollte.«

»Es hat sich allerdings etwas Ungewöhnliches ereignet«, antwortete der Sultan. »Sag mir, wo befindet sich Aladins Palast?«

»Aladins Palast?«, fragte der Großwesir erstaunt. »Nun, ich denke doch, er steht an seinem Platz. Gebäude dieser Größe bewegen sich nicht so leicht von der Stelle.«

»Dann sieh einmal zum Fenster hinaus«, forderte der Sultan ihn auf.

Dem Großwesir erging es nicht anders als zuvor seinem Herrn. Als er sich vergewissert hatte, dass der Palast wirklich verschwunden war, trat er vor den Herrscher und sagte: »Du erinnerst dich vielleicht, o Sultan, dass ich schon vor einiger Zeit vermutet habe, dieser Palast könne nur ein Werk der Zauberei sein. Damals wolltest du meinen Worten keinen Glauben schenken.«

Der Sultan ärgerte sich sehr, vor allem weil er nicht auf seinen Großwesir gehört hatte.

»Wo ist er?«, schrie er. »Dieser Betrüger, dieser Schurke! Ich lasse ihn auf der Stelle köpfen!«

»Er hat sich vor einigen Tagen verabschiedet«, entgegnete der Großwesir, »um auf die Jagd zu gehen. Man muss ihn fragen, wo der Palast geblieben ist, denn nur er allein kann es wissen.«

»Das wäre viel zu harmlos«, sagte der Sultan. »Sende dreißig Reiter aus, die den Schuft in Ketten vor mich bringen sollen.«

Der Großwesir übermittelte dem Anführer der Reiter den Befehl und schärfte ihm ein, Aladin auf keinen Fall entwischen zu lassen.

Fünf oder sechs Stunden von der Stadt entfernt trafen die Reiter auf Aladin und seine Begleiter. Der Sultan wolle ihn unbedingt sehen, erklärte der Anführer, deshalb seien sie ausgeschickt worden, um ihn unverzüglich nach Hause zu holen.

Aladin hegte nicht das mindeste Misstrauen und folgte den Reitern. Eine halbe Wegstunde vor der Stadt umringten sie ihn plötzlich und der Anführer sagte: »Prinz Aladin, es tut mir leid, aber der Sultan hat den Befehl gegeben hat, dich als Hochverräter zu verhaften und vor ihn zu führen. Nimm es uns bitte nicht übel, wenn wir unsere Pflicht erfüllen.«

Überrascht fragte Aladin, welches Verbrechen man ihm vorwerfe. Aber die Reiter konnten ihm darüber keine Auskunft geben.

Da er sah, dass er mit seinen Leuten nichts gegen die Festnahme ausrichten konnte, stieg Aladin vom Pferd und sagte: »Führt euren Befehl aus. Ich bin mir keiner Schuld bewusst.«

Da legten sie ihm eine lange, schwere Kette um den Hals, die sie auch um seinen Körper banden, sodass er seine Arme nicht mehr bewegen konnte, und führten ihn mit sich.

Als sie die Vorstadt erreichten, liefen viele Leute zusammen und sie erkannten, dass Aladins Leben bedroht war. Sie wollten das nicht zulassen, ergriffen Säbel und andere Waffen und folgten dem Zug. Zwar spielten die Reiter mit dem Gedanken, die Menschenmenge auseinanderzusprengen, aber sie wuchs so schnell, dass es ihnen ratsam erschien, die Leute nicht zu reizen. Daher konzentrierten sich die Reiter lieber darauf, ihren Gefangenen unbeschadet zum Palast des Sultans zu bringen. Um zu verhindern, dass Aladin ihnen entrissen wurde, nahmen sie die ganze Breite der Straße ein, schwärmten auseinander oder zogen sich enger zusammen, je nachdem, ob die Straße breiter oder schmaler wurde. Vor dem Palast machten sie Front gegen die Menge und hielten sie in Schach.

Aladin wurde in den inneren Palasthof gebracht. Der Sultan und der Großwesir erwarteten ihn auf einem Balkon. Ohne Zögern befahl er dem Scharfrichter, Aladin zu köpfen.

Der Scharfrichter nahm dem Gefangenen die Kette ab und Aladin musste sich auf ein Lederfleckchen niederknien, das mit dem Blut vieler Hingerichteter befleckt war. Dann zog der Scharfrichter sein Schwert, schwang es dreimal blitzend im Kreis und wartete auf das endgültige Zeichen, um es auf Aladins Hals niedersausen zu lassen.

In diesem Augenblick fiel dem Großwesir auf, dass das Volk die Kette der Reiter durchbrochen hatte. Außerdem sah er, wie einige Männer bereits über die Mauern des Palastes kletterten und eine Bresche zu schlagen versuchten.

»Herr, überleg dir den Schritt, den du tun willst, gut«, sagte der Großwesir. »Die Gefahr ist groß, dass sie deinen Palast stürmen.«

»Meinen Palast stürmen?«, rief der Sultan. »Wer könnte das wagen?«

»Wirf nur einen Blick über die Mauern«, antwortete der Großwesir, »und du wirst sehen, dass ich recht habe.«

Als der Sultan den Aufruhr bemerkte, erschrak er und befahl dem Scharfrichter, das Schwert wieder in die Scheide zu stecken. Zugleich ordnete er an, den Gefangenen auf der Stelle freizulassen. Herolde sollten verkünden, dass er Aladin das Leben schenke, und die Menge wurde aufgefordert sich zu entfernen.

Als die Männer, die bereits die Mauern hochgeklettert waren, sahen, was geschah, gaben sie ihr Vorhaben auf, stiegen hinab und teilten der Menge die Neuigkeit mit. Alle waren froh, einem Mann das Leben gerettet zu haben, den sie sehr schätzten. Der Zorn der Leute legte sich und sie gingen nach Hause.

Aladin aber begab sich zum Sultan auf den Balkon.

»Komm mit«, redete dieser ihn an und er führte ihn in das Zimmer, von dem aus der Palast so gut zu sehen gewesen war. »Du musst doch am besten wissen, wo dein Palast gestanden hat. Sage mir, was aus ihm geworden ist.«

Verdutzt stand Aladin da, blickte zu dem leeren Platz hinüber und brachte kein Wort über die Lippen.

»Nun, wo ist der Palast?«, fragte der Sultan voller Ungeduld. »Und wo ist meine Tochter?«

Da brach Aladin sein Schweigen und sagte: »Herr, ich sehe, dass der Palast, den ich erbauen ließ, nicht mehr an seinem Platz steht. Ich kann dir nicht sagen, wo er hingekommen ist, doch ich versichere dir, dass ich daran keine Schuld habe.«

»Dein Palast ist mir gleichgültig«, sagte der Sultan. »Ich will wissen, wo sich meine Tochter befindet. Hol sie mir zurück oder ich lass dich ohne viel Federlesens köpfen.«

»Gib mir vierzig Tage Zeit«, bat Aladin, »und ich will alles aufklären. Wenn es mir nicht gelingt, werde ich dir meinen Kopf zu Füßen legen.«

»Einverstanden«, sagte der Sultan. »Aber denke nur ja nicht, du könntest mich täuschen. In welchen Winkel der Erde du dich auch verkriechst, ich werde dich finden.«

Mit gesenktem Haupt ging Aladin vom Sultan fort, durchquerte die Höfe und wagte nicht aufzublicken. Die Hofbeamten, denen er zuvor so viel Gutes getan hatte, wichen ihm aus und es war nicht einer unter ihnen, der ihm eine Unterkunft angeboten hätte. Völlig außer sich verließ Aladin den Palast, ging von Haus zu Haus und fragte jeden, ob er nicht sein Schloss gesehen hätte. Alle glaubten, Aladin habe den Verstand verloren. Einige lachten, diejenigen aber, die ihn näher kannten, bemitleideten ihn aus ganzem Herzen. Drei Tage irrte er so in der Stadt umher, aß nichts außer das, was er geschenkt bekam, und konnte keinen Entschluss fassen.

Am vierten Tag ertrug er es nicht länger, als Bettler in der Stadt zu bleiben, und verließ sie. Er schlug den Weg über die Felder ein. Gegen Abend gelangte er an das Ufer eines Flusses. Hier packte ihn tiefste Verzweiflung. Wo soll ich meinen Palast jetzt noch suchen?, fragte er sich. In welchem Teil der Erde, in welchem Land? Wo ist meine geliebte Prinzessin, die der Sultan von mir zurückfordert? Ist es nicht besser, ich befreie mich auf der Stelle von allem Schmerz, der mir das Herz auffrisst?

Schon war er dabei, sich in den Fluss zu werfen, als ihm der Gedanke kam, er dürfe als Moslem nicht sterben, ohne zuvor ein Gebet gesprochen zu haben. Er wollte niederknien, um sich nach der Vorschrift seiner Religion vor dem Beten Gesicht und Hände zu waschen. Die Stelle aber, an der er stand, war ein wenig abschüssig und nass. Er glitt aus und wäre in den Fluss gefallen, wenn er sich nicht an einen Felsen geklammert hätte, der etwa zwei Fuß weit aus dem Erdreich ragte. Glücklicherweise trug er noch den Ring am Finger, den der Zauberer ihm gegeben hatte, bevor er ihn in die Höhle hinabgeschickt hatte. Der Ring rieb sich an dem Fels und sogleich stand vor Aladin der Dämon, der ihm damals in der Höhle erschienen war.

»Was willst du?«, fragte der Geist. »Ich bin bereit, dir zu gehorchen, denn ich diene demjenigen als Sklave, der diesen Ring besitzt. Ich und die anderen Dämonen warten auf deine Befehle.«

Aladin, der an die Zauberkraft des Ringes überhaupt nicht mehr gedacht hatte, war außer sich vor Freude. Er sagte schnell: »Rette mir zum zweiten Mal das Leben und bring meinen Palast wieder an die Stelle zurück, an der er gestanden hat.«

»Das liegt nicht in meiner Macht«, antwortete der Dämon, »das kann nur der Dämon der Lampe.«

»Dann trage mich an den Ort, wo mein Palast jetzt steht«, befahl Aladin, »und setze mich unter den Fenstern des Zimmers der Prinzessin Bedrulbudur ab.«

Kaum hatte er zu Ende gesprochen, als der Dämon ihn auch schon durch die Lüfte nach Afrika entführte, wo sich der Palast auf einer großen, mit

Bäumen bestandenen Wiese nahe einer Stadt erhob. Der Geist stellte Aladin unter die Fenster der Prinzessin und verließ ihn. Trotz der Dunkelheit erkannte Aladin das Zimmer, in dem Bedrulbudur wohnte. Er lehnte sich an einen Baum, dachte über Glück und Zufall nach und wurde vom Schlaf überwältigt, da er seit vier Tagen kein Auge zugetan hatte. Der Gesang der Vögel weckte ihn am Morgen.

Er war einmal mehr von der Pracht des Palastes beeindruckt und freute sich, weil er nun doch wieder hoffen durfte, alles zurückzugewinnen. Eine Weile ging er unter den Fenstern der Prinzessin hin und her und wartete darauf, dass sie erwachte. Dabei dachte er über den Grund seines Unglücks nach und kam zu dem Schluss, dass die Lampe verschwunden sein musste. Er machte sich Vorwürfe, dass er nicht besser auf sie aufgepasst hatte, konnte sich aber nicht vorstellen, wer sie geraubt haben sollte. Der Dämon des Rings hatte ihm nicht gesagt, dass er sich in Afrika befinde, sonst hätte er sich zweifellos an den Zauberer, seinen Erzfeind, erinnert.

Die Prinzessin erwachte früher als gewöhnlich und dachte sogleich an den Zauberer, dessen Anblick sie jeden Tag einmal ertragen musste. Doch hatte sie ihn bisher so abweisend behandelt, dass er es nicht wagte, in den Palast einzuziehen.

Eine ihrer Dienerinnen trat zufällig an ein Fenster und erblickte Aladin im Garten. Sofort rannte sie zu ihrer Herrin und meldete ihr, was sie gesehen hatte. Die Prinzessin wollte die Nachricht zuerst nicht glauben, ging selbst zum Fenster und öffnete es. Durch das Geräusch wurde Aladin aufmerksam. Er hob den Kopf und in seinem Gesicht spiegelte sich all seine Freude.

»Ich lasse dir die Geheimtür zu meinen Gemächern öffnen!«, rief sie leise. »Komm schnell herauf.«

Die Freude der beiden Liebenden, die sich für immer verloren geglaubt und nun wiedergefunden hatten, ist kaum zu beschreiben. Sie umarmten sich immer wieder und vergossen Freudentränen. Endlich sagte Aladin: »Ich flehe dich an: Sag mir, was ist aus meiner alten Lampe geworden, die ich im Saal mit den vierundzwanzig Fenstern auf das Sims gestellt hatte, bevor ich auf Jagd ging?«

»Ach, mein geliebter Mann«, erwiderte die Prinzessin, »ich habe mir schon gedacht, dass all das Unglück über uns gekommen ist, weil ich diese Lampe weggegeben habe. Ich sehe meine Schuld ein.«

»Hör auf damit!«, rief Aladin. »Ich allein trage die Schuld. Ich hätte die Lampe an einem sicheren Ort aufbewahren sollen. Doch erzähle mir, wie sich alles zugetragen hat und in wessen Hände die Lampe gefallen ist.«

Und die Prinzessin berichtete, wie sie die alte Lampe umgetauscht habe und wie in der darauffolgenden Nacht der Palast in ein Land versetzt worden sei, das Afrika heiße.

»Afrika!«, rief Aladin. »Jetzt weiß ich, mit welchem Schurken wir es zu tun haben. Er ist der abscheulichste Mensch unter der Sonne. Später werde ich dir mehr von seiner Boshaftigkeit erzählen. Jetzt aber sage mir, wo er die Lampe aufbewahrt.«

»Er trägt sie stets unter seinem Gewand«, entgegnete die Prinzessin.

»Und wie hat er dich behandelt?«, fragte Aladin.

»Einmal am Tag besucht er mich«, antwortete die Prinzessin. »Immer wieder will er mich dazu bringen, dich zu betrügen und seine Frau zu werden. Er schwor, ich würde dich nie wiedersehen, denn der Sultan, mein Vater, habe dich köpfen lassen. Um sein Verhalten zu rechtfertigen, hat er mir erzählt, du seist ein elender Wicht, der sein Glück allein ihm verdanke.«

»Ich glaube«, unterbrach Aladin sie, »ich weiß, wie ich uns von unserem Feind befreien kann. Dazu muss ich erst einmal in die Stadt gehen. Gegen Mittag bin ich zurück und erkläre dir dann meinen Plan, vor allem die Rolle, die du darin spielen musst. Wundre dich nicht, wenn ich verkleidet zurückkehre, und sag deinen Sklavinnen Bescheid, dass sie mir sofort öffnen, sobald ich an die Geheimtür klopfe.«

Als Aladin den Palast verlassen hatte, sah er einen Bauern, der aufs Feld ging. Schnell trat er auf ihn zu und bat ihn, die Kleider mit ihm zu tauschen. Die beiden zogen sich im Schutz eines Gebüschs um und Aladin schlug den Weg in die Stadt ein. Bei einem Apotheker kaufte er ein Pulver und hielt sich danach nur noch kurz in der Stadt auf, um einige Bissen zu essen. Dann beeilte er sich, zum Palast zurückzukehren. An der Geheimtür brauchte er nicht lange zu warten.

Er übergab der Prinzessin das Pulver und sagte zu ihr: »Zieh deine schönsten Kleider an, und wenn der Zauberer kommt, begrüße ihn freundlich und lächle ihn an. Gib ihm im Gespräch zu erkennen, dass du alles tust, mich zu vergessen. Um deine Worte zu bekräftigen, lade ihn zum Abendessen ein und bitte ihn um eine Flasche vom besten Wein des Landes. Er wird zweifellos sofort aufstehen, um den Wein zu besorgen. Wenn er gegangen ist, schütte dieses Pulver in einen Becher und schärfe der Sklavin, die die Getränke ausschenkt, ein, ihn dir auf ein Zeichen zu bringen. Biete dem Zauberer an, die Becher zu tauschen. Er wird sich so darüber freuen, dass er keine Sekunde zögern und den Becher austrinken wird. Dann wird er sofort umfallen.«

»Es kostet mich zwar Überwindung«, antwortete die Prinzessin, »freundlich zu dem Scheusal zu sein. Aber ich sehe die Notwendigkeit ein und werde alles tun, was du mir gesagt hast.«

Daraufhin trennten sich die Liebenden, und während Aladin in der Umgebung des Palastes spazieren ging, machte sich die Prinzessin besonders schön für den Besuch des Zauberers, der auch zur gewohnten Stunde kam.

Erstaunt über die unerwartete Liebenswürdigkeit der Prinzessin und geblendet von ihrer Schönheit, setzte er sich auf ein Polster.

»Wundre dich nicht«, sagte die Prinzessin, »dass ich so ganz anders bin als bisher. Doch Trauer, Schwermut und Sorgen liegen mir nicht und ich bin immer bestrebt, sie so bald wie möglich abzuschütteln. Ich habe mir durch den Kopf gehen lassen, was du über Aladin gesagt hast, und bin überzeugt, dass du recht hast. Er kann unmöglich dem Zorn meines Vaters entkommen sein und ich könnte ihn auch nicht ins Leben zurückrufen, wenn ich jahrelang um ihn weinte. Um mich zu trösten und die ganze Traurigkeit loszuwerden, habe ich mich entschlossen, dich zum Essen einzuladen. Doch ich habe nur chinesischen Wein im Haus und möchte gar zu gern den Wein dieses Landes kosten. Bestimmt kannst du mir eine Kanne vom besten afrikanischen Wein besorgen.«

Der Zauberer war angenehm überrascht, so schnell ans Ziel zu kommen, und ihm fehlten die Worte, um seine Dankbarkeit über den Sinneswandel der Prinzessin auszudrücken. »Was deinen Wunsch betrifft«, so sagte er, »habe ich in meinen Kellern ein Fass mit dem köstlichsten Wein. Es lagert schon sieben Jahre und ist noch nicht angestochen.«

»Dann lass einen Krug voll holen«, sagte die Prinzessin.

»Das geht nicht«, antwortete der Zauberer, »denn niemand außer mir weiß, wo sich der Schlüssel zu diesen Kellern befindet, und niemand außer mir kann das Schloss öffnen.«

»Nun gut, dann musst du eben gehen«, entschied die Prinzessin. »Doch denk daran, dass ich auf dich warte.«

Der Zauberer ging nicht, er lief, um so bald wie möglich wieder bei der Prinzessin zu sein, die ihm, wie er glaubte, endlich ihre Zuneigung geschenkt hatte. Inzwischen schüttete Bedrulbudur das Pulver in einen Becher, den sie beiseitestellte. Als der Zauberer wieder da war, ließ sie die Speisen auftragen. Man setzte sich zu Tisch und aß und trank von dem Wein, den der Zauberer mitgebracht hatte. Die Prinzessin lobte den guten Wein und der Zauberer sagte, er sei froh, das Fass für diese Gelegenheit aufgehoben zu haben. Während der Zauberer mehr und mehr im Glück versank, gab die Prinzessin der Sklavin das verabredete Zeichen. Der beiseitegestellte Becher wurde ihr gebracht und gleichzeitig goss man den des Zauberers wieder voll.

»Ich weiß nicht, ob es auch hierzulande Brauch ist, dass Liebende die Becher tauschen«, sagte die Prinzessin. »In meiner Heimat macht man das so. Lass uns auf unsere Gesundheit trinken.«

Und sie reichte dem Zauberer ihren Becher und ergriff den seinen. Nun glaubte der Zauberer das Herz der Prinzessin Bedrulbudur vollends erobert zu haben.

»Nie werde ich diesen Augenblick vergessen«, sagte er.

»Auf deine Gesundheit!«, sagte die Prinzessin und berührte den Rand des Bechers mit den Lippen, während der Zauberer sich bemühte, den seinen bis auf den letzten Tropfen zu leeren. Er hatte den Kopf beim Trinken weit zurückgelegt und verharrte eine Weile in dieser Stellung. Dann sah die Prinzessin, wie sich seine Augen trübten und er nach hinten sank.

Sogleich gab sie den wartenden Sklavinnen ein Zeichen und man öffnete die Geheimtür, hinter der Aladin gewartet hatte. Als er in den Saal trat, wollte die Prinzessin ihm um den Hals fallen. Er aber wehrte ab und sagte: »Noch ist keine Zeit zur Freude. Geh in deine Gemächer und lass mich mit dem Zauberer allein. In der Zwischenzeit will ich dich ebenso schnell in das Land deines Vaters zurückbringen, wie du hierhergelangt bist.«

Kaum hatte die Prinzessin mit ihrem Gefolge den Saal verlassen, da trat Aladin auf den toten Zauberer zu, öffnete dessen Gewand und nahm die Lampe an sich. Er rieb sie, woraufhin der Dämon erschien und nach seinem Wunsch fragte.

»Trage den Palast und alle, die darin sind, nach China zurück und stelle ihn wieder an denselben Ort, an dem er vorher gestanden hat. Das befehle ich dir im Namen der Lampe.«

Das alles erfolgte in unglaublicher Schnelligkeit und nur zwei kleine Erschütterungen waren zu spüren: als das Gebäude emporgehoben und als es wieder abgesetzt wurde. Daraufhin ging Aladin in die Gemächer der Prinzessin, um ihr zu versichern, dass es am nächsten Morgen noch einen Grund zur Freude geben werde. Sie ließen sich zum Essen nieder und tranken von dem guten Wein des Zauberers.

Der Sultan war unterdessen immer trauriger geworden, weil er seine Tochter unwiederbringlich verloren glaubte. Jeden Tag ging er in das Zimmer, von dem aus er früher voller Freude den Palast betrachtet hatte, und ließ seinen Tränen freien Lauf. Auch an dem Morgen, an dem Aladins Palast wieder an seinem ursprünglichen Platz stand, begab er sich in das Zimmer, kaum dass der neue Morgen anbrach. Sein Jubel, als er den Palast erblickte, war unbeschreiblich! Zuerst glaubte er, er täusche sich, und erst nach mehrmaligem Hinsehen traute er seinen Augen. Sofort ließ er ein Pferd holen und sprengte in vollem Galopp hinüber. Am Tor trat Aladin ihm in prächtigen Kleidern entgegen, half ihm aus dem Sattel und führte ihn die Stufen hinauf.

»Bevor ich ein Wort mit dir wechsle«, sagte der Sultan, »muss ich meine Tochter sehen und mit ihr sprechen.«

Aladin führte seinen Schwiegervater in die Gemächer der Prinzessin Bedrulbudur. Vater und Tochter lagen einander lange in den Armen und weinten vor Freude. Dann bat der Sultan, ihn über alles, was in der Zwischenzeit geschehen war, aufzuklären. Und die Prinzessin erzählte vom Tausch der Lampe und davon, wie der afrikanische Zauberer sie bedrängt hatte, während Aladin berichtete, wie sie durch die Zauberkraft der Lampe wieder nach China gelangt waren. Um sich zu vergewissern, dass wirklich keine Gefahr mehr drohte, ging der Sultan in den Kuppelsaal mit den vierundzwanzig Fenstern. Dort fand er den Zauberer tot vor. Da umarmte er Aladin und sagte: »Verzeih mir mein Verhalten. Nur die Liebe zu meiner Tochter hat mich dazu hingerissen.«

»Du hast nur getan, was du tun musstest, Herr«, erwiderte Aladin. »Nur dieser böse Zauberer war schuld, dass du wütend auf mich warst. Wenn wir einmal Zeit finden, werde ich dir von einer anderen Gemeinheit berichten, die er früher an mir verübt hat.«

Der Leichnam des Zauberers wurde auf den Schindanger geworfen und der Sultan ließ ein zehntägiges Freudenfest ausrufen, weil Aladin und die Prinzessin Bedrulbudur wohlbehalten zurückgekehrt waren. So schien sich alles zum Guten gewendet zu haben.

Doch Aladins Leben wurde noch einmal bedroht.

Der Zauberer hatte einen jüngeren Bruder, der in der Magie genauso geschickt war, ihn jedoch an Bosheit womöglich noch übertraf. Da die Brüder nicht im selben Land lebten, fanden sie hin und wieder mithilfe ihrer Zauberkunst heraus, wo der andere war und wie es ihm ging.

Als nun der Jüngere ein Jahr lang nichts von seinem älteren Bruder gehört hatte, machte er sich daran, dessen jetzigen Aufenthaltsort herauszufinden. Er erfuhr, dass sein Bruder vergiftet worden sei, und zwar von einem Mann niederer Herkunft, der die Tochter eines Sultans in China geheiratet habe.

Der jüngere Zauberer verlor keine Zeit mit nutzlosem Gejammer, sondern sattelte sein Pferd und machte sich auf die lange Reise, die ihn durch unzählige Ebenen und Einöden sowie über ebenso viele Berge und Flüsse führte. In der Stadt des Sultans mietete er schließlich eine Wohnung, durchstreifte die Straßen, besuchte Teestuben und belauschte das Gerede der Leute. Auf diese Weise hörte er eines Tages auch von einer Frau namens Fatima und er bezog sie sogleich in seine finsteren Pläne mit ein. Fatima lebte in einer Einsiedelei, die sie nur zweimal in der Woche verließ. Sie fastete regelmäßig und tat viel Gutes, weswegen sie bei den Leuten beliebt war. Vor allem eines aber war dem Zauberer wichtig: Sie konnte Kopfschmerzen durch Handauflegen heilen.

Gegen Mitternacht machte er sich auf den Weg in die Einsiedelei und fand die Tür unverriegelt vor. Fatima schlief in einer Ecke auf einer alten

Matratze. Er zog seinen Dolch, und als die Frau erwachte, setzte er ihn ihr auf die Brust.

»Wenn du schreist«, sagte er, »oder nur das geringste Geräusch machst, bist du tot. Steh auf und tu, was ich dir sage.«

Zitternd erhob sich Fatima. »Hab keine Angst«, sagte der Zauberer. »Alles, was ich von dir will, ist deine Kleidung. Nimm meine dafür.«

Sie tauschten also die Kleider. Dann forderte der Zauberer: »Färbe mir das Gesicht, damit meine Haut so aussieht wie deine. Und nimm Farbe, die nicht verwischt.«

Noch immer zitternd färbte Fatima das Gesicht des Zauberers. Der versprach, ihr nicht ein Härchen zu krümmen, wenn sie niemandem gegenüber ein Wort über seinen Besuch verliere. Daraufhin setzte sie ihm ihre Haube auf und zeigte ihm, wie er sich zu verschleiern habe. Der Zauberer betrachtete sich im Spiegel und stellte fest, dass er Fatima glich wie ein Ei dem anderen.

Trotz seines Versprechens dachte er aber nicht daran, die Frau am Leben zu lassen. Er konnte keinen Mitwisser gebrauchen. Und so erwürgte er sie, schleppte den Leichnam zur Zisterne hinter der Einsiedelei und warf ihn hinein. Am nächsten Morgen ging er geradewegs zu Aladins Palast, nach dessen Lage er sich am Tag zuvor erkundigt hatte.

Jeder hielt ihn für Fatima und bald war er von vielen Menschen umringt. Man bat ihn, für sich zu beten, küsste ihm die Hände und von Kopfschmerzen geplagte Leute beugten das Haupt vor ihm, damit er ihnen die Hände auflegte. Er machte seine Sache so gut, dass niemand Verdacht schöpfte. Je näher er dem Schloss kam, umso größer wurde die Menge, die ihn begleitete. Prinzessin Bedrulbudur, die sich in dem Saal mit den vierundzwanzig Fenstern aufhielt, vernahm den Lärm. »Was hat das zu bedeuten?«, fragte sie eine Sklavin. Als die Prinzessin erfuhr, dass Fatima der Grund für die Aufregung sei, wurde sie neugierig, denn sie hatte schon viel von ihr gehört. Sie schickte einen Eunuchen vor den Palast, um die Einsiedlerin heraufzuholen.

Als der Zauberer den Saal betrat und Bedrulbudur erblickte, ließ er sogleich zahllose Glück- und Segenswünsche auf sie niederprasseln, um sich in das Vertrauen der arglosen Prinzessin einzuschleichen.

»Ich danke dir für deine guten Wünsche«, sagte die Tochter des Sultans, »und hoffe, dass Gott sie erhören wird. Nun aber setz dich zu mir und erzähle mir aus deinem Leben, damit ich von deinem Beispiel lerne, wie man ein guter Mensch wird.«

»Verlange nichts von mir, was mich vom Beten abhalten könnte«, erwiderte der heuchlerische Zauberer.

»Es gibt einige unbewohnte Zimmer im Palast«, sagte die Prinzessin. »Such dir eines aus, dort kannst du beten.«

Nun hatte der Zauberer erreicht, was er wollte. Er war in Aladins Palast und konnte sogar unter dem Schutz der Prinzessin darin wohnen.

»Wenn ich auch der Welt und ihrer Pracht entsage«, antwortete er, »kann ich dein großzügiges Angebot dennoch nicht ablehnen.«

Er folgte der Prinzessin, die ihm die unbewohnten Zimmer zeigte, die alle prächtig eingerichtet waren, und er wählte das bescheidenste aus. Doch als Bedrulbudur ihn in den Saal zurückführen wollte, um gemeinsam mit ihm Mittag zu essen, bat er, man solle ihm nur einige Früchte und trockenes Brot in sein Zimmer bringen. Beim gemeinsamen Mahl hätte er nämlich den Schleier abnehmen müssen. Seine Bitte wurde erfüllt.

Nach dem Essen ging er wieder in den Saal mit den vierundzwanzig Fenstern und sagte zu der Prinzessin: »Dieser Saal ist sehr schön. Doch fehlt ihm etwas, damit er wirklich vollkommen ist, wenn eine alte Einsiedlerin sich ein Urteil erlauben darf.«

»Und was wäre das?«, fragte die Prinzessin.

»Das Ei eines Roch, das von der Mitte der Kuppel herunterhängt«, antwortete der Zauberer, »würde dem Raum den letzten Schliff geben.«

»Was ist ein Roch?«, fragte die Prinzessin. »Und woher könnte man ein solches Ei bekommen?«

»Der Roch ist ein riesiger Vogel und lebt auf den Gipfeln des Kaukasus. Ich nehme an, der Baumeister dieses Palastes könnte sein Ei herbeischaffen.«

Bedrulbudur bedankte sich bei der falschen Fatima und beschloss, mit ihrem Gemahl über die Sache zu sprechen, sobald er von der Jagd zurückgekehrt war. Denn Aladin war seit fünf Tagen weg und diesen Umstand hatte der Zauberer für seine Zwecke ausgenutzt.

Noch am selben Tag kam Aladin nach Hause und ging wie gewöhnlich sofort in die Gemächer der Prinzessin, wo er sie umarmte und küsste.

»Was bedrückt dich?«, fragte er. »Du bist nicht so fröhlich wie sonst. Was ist passiert? Ich bitte dich, verheimliche mir nicht, wenn du etwas brauchst. Ich will alles daransetzen, deinen Wunsch zu erfüllen.«

»Ach«, sagte die Prinzessin, »ich wusste nicht, dass du mir schon einen so kleinen Kummer vom Gesicht ablesen kannst. Da du ihn aber nun einmal bemerkt hast, will ich verraten, was mich beschäftigt: Ich hielt bisher unseren Saal mit den vierundzwanzig Fenstern für den herrlichsten und vollkommensten der Welt. Heute aber ist mir aufgefallen, dass etwas fehlt: das Ei eines Roch, das von der Kuppel herunterhängt.«

Aladin verließ das Zimmer seiner Frau und begab sich in den Kuppelsaal. Hier zog er die Lampe hervor, rieb sie und der Dämon erschien.

»In diesem Saal fehlt das Ei eines Roch, das von der Kuppel herabhängt«, sagte er zu dem Geist. »Hol es mir. Ich befehle es dir im Namen der Lampe.«

Kaum hatte Aladin zu Ende gesprochen, da stimmte der Dämon ein entsetzliches Gebrüll an, das den Palast in seinen Grundfesten erbeben ließ.

»Gemeiner Lump!«, schrie der Dämon. »Habe ich dir nicht treu gedient und alles getan, was du von mir verlangt hast? Wie kannst du so undankbar sein, mir zu befehlen, meinen eigenen Meister herbeizuschaffen und ihn in der Kuppel aufzuhängen? Für diese Frechheit hättest du eigentlich verdient, dass du samt deiner Frau und deinem Palast in Staub und Asche verwandelt wirst. Zum Glück aber bist du nicht selbst darauf gekommen. Der Bruder des afrikanischen Zauberers, den du getötet hast, befindet sich nämlich hier im Palast und will dir ans Leder. Er hat die gute Fatima umgebracht, sich als diese ausgegeben und in das Vertrauen deiner Frau eingeschlichen. Dann hat er ihr eingeredet, sich das Ei des Roch zu wünschen. Sei auf der Hut!« Und der Dämon verschwand.

Aladin fasste sofort einen Plan. Er ging in das Zimmer der Prinzessin zurück. Ohne mit einem Wort auf das Gespräch mit dem Dämon einzugehen, setzte er sich und gab vor, er habe Kopfschmerzen. Er wusste nämlich, dass Fatima Kopfschmerzen durch Handauflegen behandelte. Die Prinzessin befahl, die vermeintliche Fatima zu holen, und erzählte Aladin, dass sie ihr ein Zimmer im Palast überlassen habe.

»Komm zu mir, gute Frau«, sagte Aladin, als der Zauberer eintrat. »Ich habe scheußliche Kopfschmerzen. Lege mir die Hand auf und hilf mir, wie du schon vielen geholfen hast.«

Der Zauberer näherte sich ihm. Die Hand hatte er am Messer, das er unter dem Kleid versteckt hielt. Doch Aladin beobachtete seine Bewegungen genau. Er fiel ihm in den Arm und durchbohrte ihn mit einem gezielten Dolchstoß. Der Zauberer stürzte tot zu Boden.

»Was hast du getan!«, rief Bedrulbudur entsetzt. »Du hast die gute Fatima getötet!«

»Nein, geliebte Prinzessin«, antwortete Aladin, »nicht Fatima habe ich getötet, sondern einen Schurken, der mich ermorden wollte. Sieh ihn dir an.« Er trat auf die Leiche zu und schlug den Schleier zurück. »Er hat Fatima umgebracht und ihre Kleider angezogen, um mir das Leben zu nehmen. Er ist der Bruder des Zauberers, der dich entführt hat.« Dann berichtete er der Prinzessin, wie er alles erfahren hatte.

Damit war die letzte Gefahr vorüber, die das Glück Aladins und seiner Gemahlin bedrohte. Wenige Jahre später starb der Sultan, der schon sehr alt war, und da er keinen männlichen Erben hatte, folgte ihm die Prinzessin Bedrulbudur auf den Thron. Sie teilte sich mit Aladin die Herrschaft. Zu zweit regierten sie viele Jahre und hinterließen eine große Nachkommenschaft.

Die Abenteuer des Kalifen Harun al-Raschid

In düsterer Laune saß Kalif Harun al-Raschid auf seinem Thron. Sein Großwesir Djafar wagte nicht sich zu nähern, als er sah, dass sein Herr dunklen Gedanken nachhing. Geduldig wartete er, dass der Kalif ihm ein Zeichen gab. Endlich hob Harun al-Raschid die Augen und sah Djafar an, blickte aber sogleich wieder in eine andere Richtung. Es wirkte, als sei er zerstreut und erkenne nicht, wer da vor ihm stand. Da er in den Augen seines Herrn keinen Groll gegen sich gefunden hatte, fasste Djafar sich ein Herz und sagte: »Was ist es, ehrwürdiger Kalif, das dich so traurig macht, da du doch sonst nicht so schwermütig bist?«

»Es ist wahr, Wesir«, antwortete der Kalif, »dass ich sonst nicht zum Trübsinn neige, und meine schlechte Stimmung wäre mir nicht bewusst geworden, hättest du mich nicht darauf angesprochen. Ich bitte dich, erzähle mir etwas Neues, und wenn es nichts Neues zu erzählen gibt, so erfinde etwas, um mich auf andere Gedanken zu bringen.«

»Erhabener Herrscher«, begann der Wesir, »mich hat nur die Pflicht hergerufen. Ich wollte dich daran erinnern, dass du dir vorgenommen hattest, dich persönlich um die Ordnung in deiner Hauptstadt und ihrer Umgebung zu kümmern. Heute wolltest du mit mir durch die Straßen wandern, um nach dem Rechten zu sehen. Vielleicht kann das die dunklen Wolken verscheuchen, die über dir hängen.«

»Den Vorsatz hatte ich ganz vergessen«, sagte der Kalif. »Also los! Verkleide dich, ich werde das Gleiche tun.«

Sie verkleideten sich als Kaufleute und verließen den Palast durch eine geheime Gartentür, die aufs freie Feld führte. Zunächst machten sie eine Runde um den Teil der Stadt, in dem der Palast lag. Sie entdeckten jedoch nichts, was nicht in Ordnung gewesen wäre. Am Ufer des Euphrat warteten sie und setzten mit dem ersten Boot über, das sich ihnen näherte. Nun gingen sie um den Stadtteil jenseits des Flusses und betraten dann die Brücke, die beide Teile der Stadt miteinander verband.

Die Geschichte des blinden Baba Abdallah, zu Seite 117

Am Ende der Brücke stießen sie auf einen blinden Bettler. Als der Kalif ihm ein Goldstück in die Hand drücken wollte, fasste ihn der Bettler am Ärmel.

»Mildtätiger Mann«, sagte er, »ich weiß nicht, wer du bist und was dich bewogen hat, mir eine Münze zu schenken. Doch bitte ich dich um einen Gefallen: Gib mir auf der Stelle eine Ohrfeige, denn ich habe sie mehr als verdient.«

Das erstaunte den Kalifen sehr und er sagte zu dem Blinden: »Guter Mann, ich kann dir deine Bitte nicht erfüllen. Ich wollte dir etwas Gutes tun und das würde ich mit der Ohrfeige doch gleich wieder zunichtemachen.«

Und er versuchte sich aus dem Griff des Bettlers zu befreien. Der aber hatte Erfahrung darin, dass man seiner Bitte nicht nachkam, und hielt den Kalifen mit aller Kraft fest. Dabei sagte er: »Herr, verzeih, dass ich so aufdringlich bin. Aber ich habe bei Allah geschworen, keine Gabe anzunehmen, wenn ich nicht gleichzeitig eine Ohrfeige bekomme. Wüsstest du den Grund, du würdest mit mir übereinstimmen, dass eine Ohrfeige eine sehr milde Strafe für mich ist.«

Da der Kalif sich nicht länger aufhalten lassen wollte, den zudringlichen Blinden aber nicht anders loswerden konnte, gab er ihm eine leichte Ohrfeige. Augenblicklich ließ der Bettler seinen Ärmel los und bedankte sich überschwänglich. Der Kalif und sein Großwesir aber setzten ihren Weg fort. Nach einigen Schritten sagte Harun al-Raschid: »Dieser Blinde muss doch einen Grund dafür haben, warum er kein Almosen annehmen will, ohne eine Ohrfeige zu erhalten. Diesen Grund möchte ich wissen. Kehre also um und sage ihm, wer ich bin und dass ich ihn morgen um die Zeit des Nachmittagsgebets im Palast erwarte.«

Der Großwesir ging noch einmal zu dem Blinden hin, gab ihm ein Geldstück und eine Ohrfeige und richtete ihm aus, was der Kalif ihm aufgetragen hatte. Dann begab er sich zu seinem Herrn zurück und beide setzten ihren Weg durch die Straßen der Stadt fort.

Kurz bevor sie den Palast erreichten, erblickte der Kalif in einer Straße, durch die er seit Langem nicht mehr gegangen war, ein neu erbautes Haus. Es war so prächtig, dass er es für den Wohnsitz eines Mächtigen in seinem Reich hielt. Auf die Frage, wem das Gebäude gehöre, wusste der Wesir keine Antwort, versprach jedoch, sich sogleich nach dem Eigentümer zu erkundigen. Er fragte einen Nachbarn und bekam die Auskunft, dieses Haus gehöre Chogia Hassan, dem Seiler, den er selbst noch gekannt habe, als jener arm war und von seinem Handwerk lebte. Man wisse nicht, welcher glückliche Umstand Hassan ein großes Vermögen zugespielt habe. Fest stehe nur, er besitze jetzt so viel Geld, dass er sich ohne Mühe ein solch prächtiges Haus erbauen lassen konnte.

Was er von dem Nachbarn gehört hatte, berichtete der Wesir dem Kalifen und der sagte: »Ich will auch diesen Seiler sehen. Geh zu ihm und teile ihm mit, er solle sich morgen zur selben Stunde wie der blinde Bettler in meinem Palast einfinden.«

Und der Wesir überbrachte auch diese Botschaft seines Herrn.

Am folgenden Tag nach dem Nachmittagsgebet trat der Kalif in seinen Thronsaal ein. Der Großwesir führte sogleich den blinden Bettler und Chogia Hassan herein. Sie warfen sich vor dem Thron des Herrschers zu Boden. Als sie wieder aufgestanden waren, ergriff der Kalif das Wort und fragte zuerst den Bettler, wie er heiße.

»Baba Abdallah«, antwortete der Blinde.

»Nun denn, Baba Abdallah«, sagte der Kalif, »deine Art zu betteln erscheint mir mehr als seltsam. Also habe ich dich zu mir befohlen, damit du mir erzählst, wie es zu deinem Eid gekommen ist. Verrate es mir und verschweige mir nichts.«

Baba Abdallah warf sich noch einmal vor dem Thron nieder. Dann begann er: »Erhabener Herrscher, ich bitte dich mir zu verzeihen, dass ich dich mit meiner Angelegenheit belästigte. Aber ich erkannte dich nicht, Herr, und ich hoffe nur, dass du mich deshalb nicht bestrafen wirst. Gewiss, mein Verhalten widerspricht dem gesunden Menschenverstand und in den Augen der Leute muss ich verrückt erscheinen. In Allahs Augen freilich ist es nur eine geringe Buße für eine riesige Dummheit, die ich mir habe zuschulden kommen lassen. Sie wäre auch dann nicht abgegolten, wenn alle Menschen deines Reichs, einer nach dem anderen, mich ohrfeigten.«

Die Geschichte des blinden Baba Abdallah

enn du meine Geschichte hörst«, fuhr Abdallah fort, »wirst du das verstehen. Ich bin in Bagdad geboren. Mein Vater und meine Mutter, die kurz nacheinander starben, hinterließen mir ein kleines Vermögen. Obwohl ich noch jung war, verschleuderte ich es nicht, wie viele unerfahrene Menschen das tun. Ich machte keine unnützen Ausgaben und gab mir alle Mühe, meinen Besitz nicht nur zu erhalten, sondern durch meinen Fleiß zu vermehren. Tag und Nacht dachte ich darüber nach, wie ich das am besten erreichen könnte.

Schließlich hatte ich es auf achtzig Kamele gebracht. Ich vermietete sie an Kaufleute und bei jeder Reise, die ich als Karawanenführer durch die Provinzen deines großen Reiches machte, wuchs mein Vermögen beträchtlich.

Eines Tages – es war in der Blüte meines Glücks und ich strebte danach, immer reicher zu werden – kehrte ich wieder einmal von Basra nach Bagdad zurück. Auf dem Hinweg waren meine Kamele mit Waren aller Art bepackt gewesen. Jetzt gingen sie ohne Last und leicht. In einer menschenleeren Gegend, wo es gute Weiden gab, ließ ich sie grasen. Da kam ein Derwisch daher, der zu Fuß nach Basra reiste. Er setzte sich neben mich, um sich auszuruhen. Ich fragte ihn, woher er komme und wohin er wolle, er fragte mich dasselbe, und nachdem wir unsere Neugier befriedigt hatten, teilten wir unser Essen und nahmen es gemeinsam ein.

Zunächst unterhielten wir uns über allerlei Nebensächlichkeiten. Plötzlich aber sagte der Derwisch, in der Nähe unseres Rastplatzes liege ein Schatz versteckt. Der sei so groß, dass man gar nicht merken würde, dass etwas fehlte, selbst wenn ich alle meine Kamele damit bepackte.

Diese Neuigkeit raubte mir fast den Verstand. Ich hegte nicht den leisesten Verdacht, der Derwisch könne mich zum Besten halten. Deshalb fiel ich ihm um den Hals und sagte: »Guter Derwisch, für dich sind materielle Güter nicht wichtig. Was nützt es dir also, von solchen Reichtümern zu wissen? Außerdem bist du allein und kannst kaum etwas davon mitnehmen. Zeige mir, wo der Schatz ist. Ich belade meine achtzig Kamele und schenke dir eines zum Dank.« Ich weiß, das war eine Zumutung. Aber die Habgier hatte mich fest in ihren Klauen. Mir tat sogar die eine Kamelladung weh, die ich hätte abgeben müssen.

Der Derwisch ärgerte sich über das schäbige Angebot. Er sah, dass mich die Geldgier gepackt hatte, und sagte zu mir, wobei er ganz ruhig blieb: »Mein Bruder, du siehst doch wohl ein, dass die Belohnung, die du mir bietest, in keinem Verhältnis zu deinem Gewinn steht. Was wäre, wenn ich das Geheimnis von dem Schatz für mich behalten hätte? Ich habe dir jedoch aus freien Stücken davon erzählt. Das kannst du als einen Freundschaftsbeweis ansehen. Lass uns also nicht streiten, sondern gemeinsam unser Glück machen. Dazu habe ich einen besseren Vorschlag und ich bitte dich: Überleg ihn dir gut. Du besitzt achtzig Kamele. Wir laden ihnen so viel auf, wie sie tragen können. Sind sie dann ordentlich bepackt, begnügst du dich mit der einen Hälfte und überlässt mir die andere. Daraufhin trennen wir uns und jeder zieht seines Weges. Der Handel ist nicht mehr als gerecht, denn dafür, dass du mir vierzig Kamele gibst, verschaffe ich dir so viel Gold, dass du dir davon tausend Kamele kaufen kannst.«

Ich konnte nicht leugnen, dass die Bedingungen des Derwischs gerecht waren. Dennoch dachte ich weniger an das, was ich dazugewinnen, als an das, was ich verlieren sollte. Zudem konnte ich mich nicht mit dem Gedanken anfreunden, dass der Derwisch ebenso viel erhalten würde wie ich. Die Habgier hatte mich fest im Griff. Allerdings blieb mir wenig Zeit zum Nachdenken. Ich musste mich schnell entscheiden, wenn ich nicht riskieren wollte, dass mir eine so günstige Gelegenheit durch die Lappen ging, denn das hätte ich bestimmt den Rest meines Lebens bereut.

Also trieb ich meine Kamele zusammen und zog mit dem Derwisch weiter. Nach einigen Stunden gelangten wir durch einen Engpass in ein weites Tal. Die Kamele konnten nur eines nach dem anderen passieren. Die Berge waren so hoch, so steil und so unwirtlich, dass wir keine Angst haben mussten, es könnte uns jemand beobachten.

»Lass die Tiere hier weiden«, sagte der Derwisch, »doch so, dass wir sie bequem beladen können. Ich werde mich unterdessen um den Schatz kümmern.« Ich tat, was er von mir verlangt hatte, dann folgte ich ihm raschen Schrittes und traf ihn dabei an, wie er dürres Reisig zusammentrug und ein

Feuer entfachte. Sobald das Feuer loderte, warf er Räucherwerk in die Flammen und murmelte ein paar Worte, die ich nicht verstand. Daraufhin stieg dichter Rauch zum Himmel. Der Derwisch zerteilte die Schwaden mit den Händen und in dem Felsen vor uns öffnete sich plötzlich ein großes, zweiflügeliges Tor, wo vorher nichts gewesen war. Es gab den Blick auf einen prächtigen Palast frei. Das herrliche Bauwerk musste von Dämonen geschaffen worden sein, denn es übertraf alles, was Menschen sich überhaupt vorstellen konnten.

Damals, erhabener Herrscher, hatte ich jedoch kein Auge für all die Pracht und Schönheit, die vor uns lag, ja, ich bewunderte nicht eine Sekunde lang all die prächtigen Säle, durch die wir gingen. Als wir die Schatzkammer erreicht hatten, stürzte ich mich auf einen Goldhaufen. Mit beiden Händen schaufelte ich so viel in einen herumliegenden Sack, wie ich tragen konnte. Auch der Derwisch begann Säcke zu füllen. Ich bemerkte jedoch, dass er sich mehr an die Edelsteine als an das gemünzte Gold hielt. Als ich ihn nach dem Grund dafür gefragt und er mir erklärt hatte, dass Edelsteine mehr wert seien, sammelte ich ebenfalls mehr Steine als Gold. Innerhalb kurzer Zeit hatten wir den Kamelen unermessliche Reichtümer aufgeladen. Nun blieb nichts weiter zu tun, als den Felsen wieder zu verschließen. Doch der Derwisch begab sich noch einmal in die Schatzkammer, wo sich eine Unmenge kunstvoll gearbeiteter Gefäße aus Gold und anderen edlen Materialien befanden. Er nahm aber nichts weiter mit als eine schlichte Dose aus einem mir unbekannten Holz. Bevor er sie einsteckte, zeigte er mir, dass sie nur eine Art Haarsalbe enthielt.

Wir trieben die Tiere wieder durch den Engpass und erreichten bald eine Straße, an der wir uns trennen wollten; der Derwisch, um seinen Weg nach Basra fortzusetzen, ich, um nach Bagdad zurückzukehren. Ich bedankte mich bei ihm dafür, dass er mich an dem Schatz teilhaben ließ. Wir umarmten uns, sagten einander Lebewohl und jeder zog mit vierzig Kamelen in seine Richtung. Doch kaum hatte ich ein paar Hundert Schritte getan, da überfiel mich wieder die Habgier. Ich konnte den Verlust der vierzig mit Schätzen beladenen Kamele nicht verschmerzen. Der Derwisch, sagte ich zu mir, braucht das Gold und die Edelsteine nicht. Er kann jederzeit in das Tal zurückkehren und sich so viel von dem Schatz holen, wie er will.

Nur allzu gern redete ich mir das ein und beschloss, dem Derwisch die Kamele samt ihrer Ladung wieder abzujagen.

Ich hielt meine Tiere an und lief, so schnell ich konnte, hinter ihm her. Dabei rief ich laut seinen Namen und benahm mich so, als hätte ich ihm noch etwas mitzuteilen. Er hörte mein Geschrei und blieb stehen.

»Mein Bruder«, stieß ich unter Keuchen hervor, nachdem ich ihn eingeholt hatte, »kaum dass wir uns getrennt hatten, fiel mir etwas ein, das ich zuvor nicht berücksichtigt habe und du vielleicht ebenso wenig. Du bist ein Derwisch und an ein beschauliches Leben gewöhnt. Den ganzen Tag hast du nichts anderes zu tun, als an Allah zu denken. Weißt du überhaupt, was für eine Last du dir mit den Kamelen und dem Schatz aufgebürdet hast? Höre auf meinen Rat und begnüge dich mit dreißig Tieren. Auch die werden dir noch genug Arbeit machen. Glaub mir das, ich habe Erfahrung damit.«

Der Derwisch antwortete: »Vielleicht hast du recht. Außerdem merke ich schon, wie mich der Reichtum unruhig zu machen beginnt. Wähl dir also in Allahs Namen zehn Kamele aus und nimm sie mit.«

Ich war sehr überrascht, dass er sich so leicht hatte überreden lassen. Seine Nachgiebigkeit stachelte meine Gier noch mehr an und ich überlegte, ob ich ihm nicht auf dieselbe Art und Weise nochmals zehn Kamele abhandeln könnte.

Statt ihm für das große Geschenk zu danken, sagte ich: »Ich bin sehr um deine Ruhe besorgt, Bruder, und ich kann nicht gehen, ohne dir klargemacht zu haben, wie schwer es ist, dreißig Kamele zu leiten, besonders für einen wie dich, der im Umgang mit diesen störrischen Tieren keine Erfahrung hat. Du wärst weitaus besser dran, wenn du mir noch einmal zehn Kamele abtreten würdest. Ich sage das nicht aus Eigennutz, sondern um dir einen Gefallen zu tun. Vermindere deine Last, denn ich kann besser mit hundert von diesen Tieren umgehen als du mit nur einem einzigen.«

Auch diesmal hinterließen meine Worte bei dem Derwisch den gewünschten Eindruck und er trat mir ohne Zögern noch einmal zehn Kamele ab, sodass er nur noch zwanzig, ich aber bereits sechzig besaß. Die Ladung eines jeden von ihnen überstieg das Vermögen eines manchen Fürsten. Nun sollte man glauben, ich wäre zufrieden gewesen. Aber, o erhabener

Herrscher, ich glich dem Trinker, dessen Durst mit dem Trinken wächst. In mir tobte es, auch die restlichen zwanzig Kamele des Derwischs an mich zu bringen. Also fing ich aufs Neue an ihn inständig zu bitten, mir noch zehn von seinen Kamelen zu geben. Und tatsächlich, der Derwisch gab meinem Wunsch erneut nach.

Da umarmte ich ihn, küsste ihn und ließ meine ganze Überredungskunst spielen, um auch seine letzten zehn Kamele zu bekommen. Ich beschwor ihn mir die Bitte zu erfüllen, weil das meine Dankbarkeit krönen würde. Endlich erklärte er sich bereit, mir die Kamele zu geben. Ich war überglücklich.

»Geh aber umsichtig mit deinem Reichtum um, Bruder«, ermahnte er mich. »Erinnere dich daran, dass Geld ebenso schnell zerrinnt, wie es uns zufällt, wenn wir nicht den Armen helfen.«

Aber ich war taub und hörte nicht auf seinen Rat. Meine Gier stieg ins Unermessliche und ich war nicht einmal mit den achtzig mit Schätzen beladenen Kamelen zufrieden, die mich zum wohlhabendsten Mann der Welt machten. Jetzt wollte ich auch noch die hölzerne Dose haben, denn ich sagte mir, dass darin etwas noch viel Kostbareres sein müsste, weil der Derwisch sie so schnell eingesteckt hatte. Also drehte ich mich noch einmal um, obwohl wir bereits voneinander Abschied genommen hatten, und sagte: »Verrate mir, was du mit der Salbendose vorhast. Sie ist doch von so geringem Wert, dass es die Mühe nicht lohnt, sie mitzunehmen. Außerdem sollten Derwische nicht so eitel sein und Haarsalbe benutzen.«

Hätte er mir doch die Dose nicht gegeben! Aber wenn er es nicht getan hätte, ich glaube, ich wäre vor Wut zu allem fähig gewesen. Ich war stärker als er und fest entschlossen, die Dose mit Gewalt an mich zu bringen, und sei es nur, um sicher zu sein, dass der andere nichts, aber auch gar nichts von dem Schatz abbekommen hatte.

Aber der Derwisch schlug mir auch diesen Wunsch nicht ab. Bereitwillig zog er die Dose hervor und übergab sie mir. Dabei sagte er: »Damit dir nichts zu deiner Zufriedenheit fehlt, sollst du auch die Dose haben. Sag es nur, wenn ich dir sonst noch einen Gefallen tun kann.«

Ich hielt die Dose in der Hand, öffnete sie und betrachtete die Salbe. Allerdings wusste ich nicht, wozu sie nütze war. Also sagte ich zu dem Derwisch: »Da du so freundlich zu mir warst, könntest du mir auch noch erklären, wozu man diese Salbe anwendet.«

»In ihr«, antwortete der Derwisch, »steckt Zauberkraft. Wenn du sie auf das linke Augenlid streichst, wirst du alle Schätze sehen, die irgendwo auf der Welt verborgen sind. Bestreichst du aber das rechte Lid damit, so wirst du auf der Stelle blind.«

Das musste ich sofort ausprobieren! Ich reichte dem Derwisch die Dose und bat: »Streich mir etwas von der Salbe auf das linke Augenlid. Du kannst das besser als ich. Ich kann es kaum erwarten, ihre Wirkung zu spüren.«

Ich schloss die Augen und der Derwisch bestrich das Lid mit der Salbe. Dann befahl er mir das Auge wieder zu öffnen und ich merkte, dass er die Wahrheit gesagt hatte: Ich erblickte so viele Schatzkammern, dass es mir unmöglich ist, sie einzeln zu beschreiben.

Jetzt wollte ich noch mehr wissen und bat den Derwisch, mir auch das rechte Augenlid zu bestreichen. Er warnte mich: »Ich habe es dir schon gesagt: Wenn du diese Salbe auf das andere Lid streichst, wirst du blind.«

Allerdings glaubte ich ihm nicht und war fest davon überzeugt, dass ein anderes Geheimnis dahinterstecke, ein Geheimnis, das der Derwisch mir nicht verraten wollte.

»Lieber Bruder«, sagte ich, »du willst mich zum Besten halten. Ein und dieselbe Salbe kann niemals so unterschiedliche Wirkungen haben.«

»Aber es ist so«, entgegnete der Derwisch und er rief Allah zum Zeugen dafür an, dass er die Wahrheit sagte. »Glaub mir, ich habe noch nie gelogen!«

Ich glaubte ihm nicht. Wenn die Salbe, überlegte ich, die Kraft hat, mich alle Schätze der Welt sehen zu lassen, dann könnte sie mir möglicherweise auch helfen diese zu erlangen. Vorausgesetzt ich wandte das Mittel auf dem rechten Augenlid an.

Also drängte ich den Derwisch, mir auch das andere Lid mit der Salbe zu bestreichen. Doch er weigerte sich.

»Nachdem ich dir so viel Gutes getan habe«, sagte er, »bringe ich es nicht übers Herz, dich ins Unglück zu stürzen. Stell dir nur das schwere Schicksal eines Blinden vor und zwinge mich nicht, dir einen Wunsch zu erfüllen, den du dein Leben lang bereuen würdest.«

Ich blieb hartnäckig und sagte in festem Ton: »Du hast mir bisher alles gegeben, worum ich dich bat. Willst du mich nun trotzdem enttäuschen, wegen einer solchen Kleinigkeit? Tu mir, in Allahs Namen, auch diesen letzten Gefallen. Soll kommen, was will: Nie werde ich dir einen Vorwurf machen, sondern einzig und allein mir die Schuld für alles geben.«

Noch einmal bot der Derwisch seine ganze Überredungskunst auf. Als er aber sah, dass ich unbelehrbar blieb, seufzte er: »Da du darauf bestehst, mache ich, was du verlangst.«

Und er nahm ein wenig von der Teufelssalbe und bestrich mir das rechte Lid damit. Als ich die Augen wieder öffnete, war um mich nichts als pechschwarze Finsternis: Von da an war ich blind und bin es bis heute geblieben.

»Allah soll dich verfluchen, du Hund von einem Derwisch!«, schrie ich in der ersten Wut. »Du wusstest, was passieren würde!« Dann wurde ich ruhiger und sagte: »Ich allein trage die Schuld. Meine Neugier und meine Habsucht haben mich ins Unglück gestürzt. Aber, lieber Bruder, du weißt über so viele Geheimnisse Bescheid, da müsstest du doch auch ein Mittel kennen, damit ich wieder sehen kann?«

»Tut mir leid«, antwortete der Derwisch, »ich kann nichts dafür, dass du in diese üble Lage geraten bist. Du hast nur bekommen, was du verdienst. Erst war dein Herz mit Blindheit geschlagen, nun sind es auch deine Augen. Es ist wahr: Ich weiß um viele Geheimnisse, wie du in der kurzen Zeit, die wir uns kennen, gemerkt hast. Allerdings kann ich nichts dafür tun, dass du dein Augenlicht wiedererlangst. Nur Allah selbst kann dich heilen. Er hat dich mit Reichtum gesegnet, den du nicht verdient hast. Ich werde ihn an Menschen verteilen, die weniger habgierig und undankbar sind als du.«

Von diesem Augenblick an schwieg der Derwisch und auch ich sagte kein Wort mehr. Er ließ mich mit meinem Schmerz allein, trieb meine achtzig Kamele zusammen und zog mit ihnen nach Basra.

Da fand ich die Stimme wieder. Ich schrie und bat ihn, mich in diesem jämmerlichen Zustand nicht allein zu lassen. Doch er blieb taub für meine Bitten.

Hätte mich nicht eine Karawane mitgenommen, die von Basra nach Bagdad zog, wäre ich vor Kummer und Hunger zugrunde gegangen.

Ich sah mich gezwungen, mit dem Bettelstab herumzuziehen und Almosen zu erbitten. Dabei hätte ich es in der Hand gehabt, jeden Fürsten der Welt an Reichtum und Glanz zu übertreffen. Um aber die Sünde der Habgier abzubüßen, schwor ich, keine Gabe anzunehmen, wenn ich nicht gleichzeitig eine Ohrfeige bekäme.

Erhabener Herrscher, das ist der Grund für mein Verhalten, das dir gestern so seltsam vorkam. Du darfst entscheiden, ob die Strafe, gemessen an meiner Schuld, nicht zu gering ist.

Als der Blinde seine Geschichte beendet hatte, sagte der Kalif: »Baba Abdallah, deine Sünde ist groß. Doch Allah sei gelobt, dass du es eingesehen und dir selbst eine Strafe auferlegt hast. Aber lass es nun gut sein. Büße im Stillen weiter und hoffe darauf, dass dir das Augenlicht eines Tages wiedergegeben wird. Damit du keine Not zu leiden brauchst, will ich dir bis an dein Lebensende vier Drachmen pro Tag zahlen.«

Baba Abdallah warf sich vor dem Thron auf den Boden, bedankte sich bei dem Kalifen und wünschte ihm Glück und Allahs Segen.

Nun wandte sich der Kalif dem Seiler zu, der die Erzählung des Bettlers stumm angehört hatte.

»Chogia Hassan«, sagte er zu ihm, »als ich gestern an deinem Haus vorüberkam, fand ich es so prächtig, dass ich auf seinen Besitzer neugierig wurde. Wie man mir berichtete, hattest du zuvor einen kleinen Handwerksbetrieb, der dich und deine Familie kaum ernährte. Außerdem hat man mir erzählt, du seist nicht hochmütig geworden durch deinen Reichtum, sondern gingst umsichtig damit um. Deine Nachbarn loben dich in den höchsten Tönen. Das zu hören hat mir sehr gefallen. Ich gehe davon aus, dass du auf nicht alltägliche Art und Weise zu deinem Vermögen gekommen bist. Ich habe dich rufen lassen, um aus erster Hand zu erfahren, wie sich alles zugetragen hat. Erzähle mir deine Geschichte, damit ich mich noch mehr über dein Glück freuen kann.«

Da warf sich der Seiler vor dem Thron auf den Boden, sodass er mit der Stirn den Teppich berührte. Als er wieder aufgestanden war, begann er zu erzählen.

Die Geschichte des Seilers Chogia Hassan

rhabener Herrscher, um dir zu erklären, wie ich zu meinem Reichtum gekommen bin, muss ich dir vor allem von meinen zwei Freunden erzählen. Sie leben ebenfalls in Bagdad und können die Wahrheit meiner Worte bezeugen.

Der eine von ihnen heißt Saadi, der andere Saad. Saadi ist sehr reich und vertritt die Meinung, dass zum Glück nichts anderes nötig sei als Reichtum, weil er den Menschen unabhängig mache. Saad ist nicht wohlhabend und anderer Ansicht. Das Wichtigste, behauptet er, seien die Tugenden und auf sie allein könne der Mensch sein Glück gründen. Die weltlichen Güter seien nur von Bedeutung, um seine Grundbedürfnisse zu befriedigen und den Armen Gutes zu tun. Nach diesem Grundsatz lebt er und ist glücklich und zufrieden. Wenn auch Saadi viel reicher ist als Saad, so sind sie doch gute Freunde, weil der Reichere sich nicht einbildet, etwas Besseres zu sein. Sie haben nie Streit miteinander gehabt, ausgenommen darüber, wie Glück zu erreichen und zu erhalten sei. In allem Übrigen waren sie ein Herz und eine Seele.

Eines Tages, so erzählten sie mir, unterhielten sie sich wieder einmal über diese Frage.

»Ich bin der festen Überzeugung«, sagte Saadi, »dass arm bleibt, wer arm geboren ist, weil er nämlich nie genügend Geld zusammenbekommen kann, um gute Geschäfte zu machen.«

Saad war damit ganz und gar nicht einverstanden. »Für mich ist es ebenso wahrscheinlich«, entgegnete er, »dass ein Armer durch einen Zufall reich wird. Der ist oft wichtiger als ein kleines Vermögen, auch wenn man damit gut haushaltet und es geschickt anlegt.«

»Ach, Saad«, antwortete Saadi, »wir können lange streiten und doch kann keiner von uns beweisen, dass er recht hat. Um dich von meiner Ansicht zu überzeugen, will ich die Probe aufs Exempel machen und einem armen Handwerker, der von einem Tag auf den nächsten von seiner Arbeit lebt, eine gewisse Geldsumme schenken. Gelingt es mir nicht, den Mann damit glücklich zu machen, dann sollst du es auf deine Art versuchen.«

Kurze Zeit darauf kamen die beiden Freunde zufällig in das Stadtviertel, in dem ich als Seiler arbeitete. Ich hatte mein Handwerk von meinem Vater erlernt, der von dem seinen und so fort. Meine Kleidung und mein Aussehen ließen sofort erkennen, dass ich arm war.

Als sie mich erblickten, sagte Saad zu Saadi: »Wenn du noch zu deinem Wort stehst, so hast du hier den geeigneten Mann für deinen Plan. Ich beobachte ihn schon seit Langem. Er arbeitet ständig und wirkt doch arm.«

»Seit dem Tag, an dem ich den Vorschlag machte, trage ich die erforderliche Geldsumme mit mir herum«, entgegnete Saadi. »Sprechen wir den Mann doch an.«

Die beiden Freunde kamen also auf mich zu, begrüßten mich und fragten mich nach meinem Namen. Ich erwiderte ihren Gruß und sagte: »Mein Name ist Hassan und ich bin Seiler.«

»Hassan«, sagte daraufhin Saadi, »da es wohl kein Handwerk gibt, das einen nicht ernährt, gehe ich davon aus, dass du genug verdienst, um dich und deine Familie am Leben zu erhalten. Dennoch erstaunt es mich, dass du noch nicht so viel Geld zusammengebracht hast, um dir einen Vorrat an Hanf anzuschaffen. Auf diese Weise könntest du mehr Seile fertigen und außerdem noch andere für dich arbeiten lassen. Dann würde dein Leben nach und nach leichter.«

»Herr«, antwortete ich, »bisher konnte ich keine Ersparnisse auf die Seite legen. Obwohl ich vom Morgen bis zum späten Abend hart arbeite, verdiene ich kaum genug, um meine Familie zu ernähren. Wir können uns sowieso nur Brot und Gemüse leisten. Ich habe eine Frau und fünf Kinder, die noch nicht groß genug sind, mir bei der Arbeit zu helfen. Dazu kommt, dass ich neben den Lebensmitteln für Kleidung und all die tausend kleinen Dinge des Alltags aufkommen muss. Der Hanf ist zwar nicht teuer, aber man braucht doch Geld dafür. Wenn ich nicht von jedem Verdienst ein wenig dafür beiseitelegte, könnte ich nicht einmal das Wenige beschaffen, das ich unbedingt brauche. Du, Herr, hast leicht reden. Etwas sparen und mir dadurch die Arbeit erleichtern! Wir müssen uns damit abfinden zu haben, was wir haben, und das nicht zu vermissen, was uns fehlt. Wir können froh sein, dass wir nicht betteln gehen müssen.«

Saadi hörte mir aufmerksam zu und sagte dann: »Ich verstehe, warum du nicht aus deiner verzwickten Lage herauskommst. Wenn ich dir nun aber einen Beutel mit zweihundert Goldstücken schenken und du damit gut wirtschaften würdest, glaubst du nicht, dass du so wohlhabend werden könntest wie die angesehensten Männer in deinem Handwerk?«

»Herr«, entgegnete ich, »du scheinst mir ein ehrenwerter Mann zu sein und keinen Scherz mit mir treiben zu wollen. Ist dein Angebot ernst gemeint, kann ich dir eins versichern: Eine weitaus kleinere Summe schon würde mir genügen, um ebenso reich zu werden wie die reichsten Seilermeister. Ich wage sogar zu behaupten, dass ich innerhalb kurzer Zeit reicher wäre als alle Seiler in dieser großen Stadt.«

Saadi bewies mir sogleich, dass er zu seinem Angebot stand. Er zog einen Beutel hervor und überreichte ihn mir mit den Worten: »Nimm ihn. Du wirst darin zweihundert Goldstücke finden. Möge Allah seinen Segen dazu geben, dass du mit dem Geld das Richtige tust. Wenn ich damit helfen kann, deine Lage zu verbessern, würde ich mich sehr freuen.«

Überglücklich steckte ich den Beutel ein, brachte aber kein Wort heraus, um mich bei ihm zu bedanken. Als ich nach Saadis Kleidersaum griff, um ihn zu küssen, entfernten er und sein Freund sich schnell.

Mein erster Gedanke war, dass ich den Beutel gut verstecken müsse. Nun gab es aber in meiner armseligen Wohnung weder einen verschließbaren Schrank noch eine verschließbare Truhe. Auch sonst wusste ich nicht, wo das Geld sicher gewesen wäre. Mir fiel nichts anderes ein, als was allen armen Leuten einfällt, wenn sie ein paar Münzen verstecken wollen: die Goldstücke in den Turban wickeln.

Ich gab vor, meinen Turban neu richten zu müssen und konnte den größten Teil des Geldes unbeobachtet von der Frau und den Kindern in den Falten verbergen. Zuvor hatte ich zehn Goldstücke für die notwendigsten Ausgaben an mich genommen.

Das Erste, was ich noch am selben Tag kaufte, war ein Vorrat an Hanf. Anschließend ging ich, da schon lange keine ordentliche Mahlzeit mehr auf unseren Tisch gekommen war, zum Metzger und erstand etwas Fleisch für das Abendessen.

Auf dem Heimweg aber schoss plötzlich ein hungriger Hühnerhabicht auf mich herunter und versuchte mir das Fleisch zu rauben. Ich wehrte mich aus Leibeskräften, doch je heftiger ich Widerstand leistete, umso hartnäckiger wurde auch er. Er schwebte über mir und zerrte mich hin und her. Oh hätte ich ihm doch das Fleisch gegeben! Denn pass nur auf, Herr, was geschah! Während wir miteinander rangen, fiel mir der Turban zu Boden. Sofort ließ der Raubvogel von mir ab, stürzte sich auf den Turban und trug ihn fort.

Ich schrie so laut, dass die ganze Straße zusammenlief. Die Nachbarn taten es mir gleich und brüllten, damit der Habicht erschrak und seine Beute aufgab. Aber diesem Habicht war nicht beizukommen. Er flog mit dem Turban davon und verschwand bald außer Sichtweite.

Traurig kehrte ich nach Hause zurück. Zu allem Unglück musste ich mir auch noch einen neuen Turban kaufen, wodurch der Rest der zehn Goldstücke noch mehr zusammenschrumpfte.

Was übrig blieb, reichte nicht, um die schönen Hoffnungen zu verwirklichen, die ich mir gemacht hatte. Am meisten jedoch quälte mich der Gedanke, mein Förderer könne mir mein Unglück nicht glauben und mich für undankbar halten.

Bald befand ich mich wieder in derselben traurigen Lage wie zuvor. Ich versuchte mich zu trösten, indem ich mir sagte: Allah hat es gefallen, mir viel Geld zukommen zu lassen, als ich am wenigsten damit rechnete. Und es hat ihm gefallen, es mir wieder zu nehmen. Allah ist groß und sein Name sei gepriesen. Doch der Trost blieb aus und auch meine Frau konnte sich lange nicht mit dem Verlust abfinden.

Dummerweise hatte ich, als der Habicht mir den Turban entriss, vor meinen Nachbarn die Bemerkung fallen lassen, in diesem Turban sei ein Beutel mit hundertneunzig Goldstücken versteckt gewesen. Natürlich glaubten sie mir nicht und lachten mich aus. Sogar die Kinder spotteten über mich.

Nach ungefähr einem Jahr gingen Saad und Saadi in der Nähe des Stadtviertels spazieren, in dem ich lebte. Saad erinnerte sich an mich und sagte: »Lass uns Hassan besuchen und uns erkundigen, ob die zweihundert Goldstücke seine Lage verbessert haben.«

»Sehr gern«, erwiderte Saadi. »Bestimmt hat sich viel verändert.«

Sie bogen in meine Straße ein und Saad, der mich schon eher bemerkt hatte, meinte: »Ich fürchte, du freust dich zu früh. Ich sehe Hassan, aber ich

Die Geschichte des Seilers Chogia Hassan, zu Seite 127/128 kann nicht die geringste Veränderung an ihm feststellen. Er ist noch genauso schlecht gekleidet wie damals. Nur sein Turban scheint mir neu zu sein. Das ist der ganze Unterschied. Überzeug dich selbst.«

Nun erblickte auch Saadi mich und je näher er kam, desto mehr wurde ihm bewusst, dass sein Freund recht hatte. Sein Erstaunen war so groß, dass er mich nicht ansprach. Doch Saad grüßte mich und sagte zu mir: »Nun, Hassan, hast du aus den zweihundert Goldstücken, die Saadi dir geschenkt hat, das Beste gemacht?«

»Meine Herren«, begann ich ängstlich, »leider sind eure und meine Hoffnungen nicht in Erfüllung gegangen. Ihr werdet nicht glauben, was mir Seltsames passiert ist. Aber ich versichere euch, dass ich die reine Wahrheit sage.«

Und ich erzählte ihnen, was ich dir, erhabener Herrscher, soeben berichtet habe.

Saadi glaubte mir kein Wort.

»Du willst dich über mich lustig machen, Hassan«, sagte er zornig. »Hühnerhabichte sind auf Fleisch aus und nicht auf Turbane. Du bist nicht besser als das Gesindel ringsum. Wenn es Geld in die Hand bekommt, vernachlässigt es seine Arbeit und lebt in Saus und Braus in den Tag hinein. Sobald alles verschleudert ist, geht die alte Not von Neuem los. Nein, es geschieht dir recht, dass du aus deinem Elend nicht herauskommst. Du verdienst es nicht, dass man dir hilft.«

»Herr«, antwortete ich, »ich verstehe, dass es dir schwerfällt, mir zu glauben. Aber das, was du mir vorwirfst, stimmt nicht. Im Übrigen weiß das ganze Viertel von meinem Unglück. Jeder kann es bezeugen. Erkundige dich und du wirst merken, dass ich nicht lüge. Natürlich hatte ich zuvor auch noch nichts davon gehört, dass ein Hühnerhabicht einen Turban geklaut hätte. Doch mir ist es passiert, so wie sich täglich tausend Dinge ereignen, die zuvor noch nie vorgekommen sind.«

Saad ergriff Partei für mich und erzählte so viele seltsame Geschichten darüber, was Hühnerhabichte alles anstellen können, dass Saadi schließlich in seine Tasche griff, einen Beutel hervorzog und mir daraus zweihundert Goldstücke auf die Hand zählte.

Kaum waren die beiden Freunde gegangen, rannte ich ins Haus. Weder meine Frau noch die Kinder waren da. Schnell nahm ich zehn Goldstücke und band das übrige Geld in ein Leintuch, das ich fest zuknüpfte. Nun musste ich nur noch einen sicheren Platz für das Geld finden. Da fiel mein Auge auf ein Tongefäß mit Kleie, das in einer Ecke stand. Hier wird man das Geld am wenigsten vermuten, dachte ich und versteckte es unter der Kleie. Bald darauf kam meine Frau nach Hause und ich sagte ihr, ich wolle ausgehen, um Hanf zu kaufen. Was vorgefallen war, erwähnte ich mit keinem Wort.

Während meiner Abwesenheit zog ein Seifenhändler durch unsere Straße und pries seine Ware an. Da meiner Frau die Seife ausgegangen war und sie kein Geld hatte, neue zu kaufen, fragte sie den Händler, ob er ihr wohl ein Gefäß voll Kleie gegen Seife eintauschen könne. Sie brachte dem Händler das Tongefäß, er sah sich die Kleie an und sie wurden handelseinig. Kurz darauf kam ich nach Hause und mit mir fünf mit Hanf bepackte Lastenträger. Ich gab den Trägern ihr Geld und setzte mich hin, um mich ein wenig auszuruhen. Mein Blick fiel in die Ecke, wo das Gefäß gestanden hatte. Es war nicht mehr da! Erhabener Herrscher, ich kann dir den Schreck nicht schildern, der mich in diesem Augenblick überfiel! Hastig fragte ich meine Frau nach dem Verbleib der Kleie und sie erzählte mir freudig von dem Handel, bei dem sie glaubte ein gutes Geschäft gemacht zu haben.

»Bist du dumm!«, schrie ich. »Du weißt nicht, in welches Unglück du uns alle gestürzt hast. Wir sind verloren. Du meinst, du hättest ein Gefäß voll Kleie verkauft. In Wirklichkeit aber hast du den Seifenhändler um hundertneunzig Goldstücke reicher gemacht, die mir Saadi heute geschenkt hatte.«

Fast hätte meine Frau den Verstand verloren. Sie raufte sich das Haar, zerriss ihr Kleid und schlug sich gegen die Brust. Dabei rief sie: »Ach, ich Dumme! Verdiene ich noch zu leben? Wo soll ich den Seifenhändler suchen? Ich kenne ihn nicht. Er ist heute das erste Mal durch unsere Straße gekommen. Vielleicht werde ich ihn nie wieder sehen.« Dann wurde sie ruhiger und wandte sich mir zu. »Du hast dich dumm verhalten«, sagte sie. »Warum hast du mir etwas so Wichtiges verschwiegen? Hätte ich Bescheid gewusst, wäre das Geld noch da!«

Ich käme nie zu einem Ende, würde ich alles wiederholen, was sie mir aus

Verzweiflung alles vorwarf. Du weißt ja selbst, Herr, wie zungenfertig Frauen sein können.

»Beruhige dich, liebe Frau«, sagte ich endlich. »Durch dein Weinen und Schreien lockst du noch alle Nachbarn an. Sie brauchen nichts von unserem Unglück zu wissen. Statt uns zu trösten, würden sie sich wieder nur über uns lustig machen. Am besten wir sagen niemandem etwas davon. Lass uns Allahs Willen annehmen und ihn dafür preisen, dass von den zweihundert Goldstücken nur hundertneunzig weg sind. Die zehn, die uns blieben, helfen uns immerhin ein bisschen weiter.«

Das war ein schwacher Trost, besonders für meine Frau. Doch die Zeit, die alle Wunden heilt, half auch ihr.

Ich ging wieder meiner Arbeit nach, als wäre nichts geschehen und als hätte ich nicht zwei Mal hintereinander einen großen Verlust erlitten. Nur der Gedanke an Saadi quälte mich. Was sollte ich ihm sagen, wenn er käme, um von mir Rechenschaft zu verlangen?

Diesmal dauerte es länger, bis sich die beiden Freunde wieder bei mir sehen ließen, um sich nach meinem Befinden zu erkundigen. Zwar hatten sie oft über mich gesprochen, aber Saadi hatte den Besuch immer wieder hinausgezögert.

»Lass Hassan Zeit«, war seine Meinung gewesen. »Je länger wir warten, umso reicher wird er geworden sein und umso größer ist mein Vergnügen.«

»Glaubst du denn wirklich«, fragte Saad, »dass der Seiler aus deinem zweiten Geschenk mehr machen konnte als aus dem ersten? Gib dich nicht falschen Hoffnungen hin. Sonst wird es dich umso härter treffen, falls du ihn genauso vorfindest, wie du ihn verlassen hast.«

»Es kommt nicht alle Tage vor«, hielt Saadi dagegen, »dass ein Hühnerhabicht einen Turban entführt. Hassan ist einmal von einem Unglück überrascht worden. Jetzt wird er sicherlich besser achtgegeben haben.«

»Das bezweifle ich nicht«, sagte Saad. »Aber ein anderer böser Zufall könnte eingetreten sein. Die Armen sind bösen Zufällen schutzlos ausgeliefert, viel stärker als wir. Ich kann nur meinen Rat wiederholen: Dämpfe deine Vorfreude und sei darauf gefasst, dass er immer noch arm ist.«

Eines Tages, als er sich wieder lange mit Saad gestritten hatte, sagte Saadi entschlossen: »Heute noch gehe ich zu Hassan. Komm mit, dann werden wir schon sehen, wer von uns recht gehabt hat.«

Ich sah die beiden schon von Weitem kommen. Ich war so erschrocken, dass ich am liebsten alles stehen und liegen gelassen hätte und davongelaufen wäre. Dennoch blieb ich sitzen und arbeitete weiter, tat aber so, als bemerkte ich die Männer nicht. Erst als sie mich grüßten, blickte ich auf und erwiderte ihren Gruß. Doch dann schlug ich die Augen nieder, und ohne sie anzublicken, erzählte ich ihnen, was für ein Unglück mir wieder zugestoßen war. Zum Schluss meines Berichts erklärte ich: »Ihr werdet einwenden, ich hätte die hundertneunzig Goldstücke an einem anderen Ort aufheben sollen als ausgerechnet in einem Kleietopf. Doch wo?, frage ich euch, ihr Herren. Das Gefäß stand schon seit Jahren in seiner Ecke, und obwohl meine Frau auch schon oft die Kleie verkauft hat, ist das Gefäß immer an seinem Platz geblieben. Wie hätte ich wissen sollen, dass ausgerechnet an diesem Tag ein fremder Seifenhändler an unserem Haus vorübergeht, dazu noch während meiner kurzen Abwesenheit, und dass meine Frau ihm die Kleie samt dem Topf zum Tausch anbietet?«

Ich schwieg. Saadi ergriff das Wort und sagte: »Hassan, wenn ich dir auch glauben wollte, dass du deine Geschichte nicht erfunden hast, um zu vertuschen, dass du das Geld verschleudert hast, würde ich dir dennoch kein Geld mehr geben. Es tut mir nicht leid um die vierhundert Goldstücke. Ich wollte dich aus der Armut herausholen und ich habe keinen anderen Dank erwartet, als dich glücklich zu sehen.«

Daraufhin wandte er sich an seinen Freund und sagte: »Ich gebe das Spiel noch nicht auf. Jetzt bist du dran, deine Behauptung zu beweisen, dass es außer Geld noch andere Mittel gibt, um einen Armen glücklich zu machen. Führ es an Hassan vor. Gib ihm, was immer du willst. Ich glaube nicht, dass er damit mehr erreichen wird als mit meinen vierhundert Goldstücken.«

Saad hielt eine schwere Kupfermünze in der Hand. Die zeigte er Saadi und sagte: »Du hast gesehen, Saadi, wie ich diese Münze von der Straße aufgehoben habe. Ich schenke sie Hassan. Gib acht, was sie ihm einbringen wird.«

Da lachte Saadi laut auf und verspottete seinen Freund.

»Eine Kupfermünze!«, rief er. »Was soll Hassan damit anfangen? Einen Fisch kann er sich höchstens dafür kaufen oder ein Stück Brot.«

Doch Saad ließ sich nicht beirren und überreichte mir die Münze.

»Nimm sie«, sagte er dabei. »Irgendwann einmal wirst du uns von dem Glück, das sie dir gebracht hat, erzählen können.«

Ich glaubte, Saad treibe nur seinen Spaß mit mir. Dennoch nahm ich, um ihm den Gefallen zu tun, die Münze und steckte sie ein, ohne noch einen Blick darauf zu werfen. Danach verabschiedeten sich die Freunde von mir und ich ging wieder an meine Arbeit.

Am Abend, als ich mich auszog, fiel die Kupfermünze, die ich völlig vergessen hatte, zu Boden. Ich hob sie auf und legte sie beiseite.

In derselben Nacht noch benötigte ein Fischer aus der Nachbarschaft, der seine Netze für den Fang herrichtete, dringend ein Stück Blei. Damit sollten nämlich die Netze schneller sinken und auf dem Grund des Sees bleiben. Er suchte in seinem Haus, fand aber nichts. Auch die Läden hatten bereits geschlossen. Er musste aber zwei Stunden vor Tagesanbruch zum Fischen ausfahren, wenn er und seine Familie etwas zu essen haben wollten. Deshalb klagte er seiner Frau sein Leid und schickte sie aus, in der Nachbarschaft ein Stück Blei oder etwas Ähnliches aufzutreiben.

Die Frau klapperte die Häuser zu beiden Seiten der Straße ab, bekam jedoch nirgends, was sie suchte. Als sie ihrem Mann davon berichtete, fragte er, ob sie auch überall gewesen sei. Sie bejahte.

»Auch beim Seiler Hassan?«, wollte der Fischer wissen.

»Dort nicht«, antwortete die Frau. »Der Weg war mir zu weit. Aber du glaubst doch nicht im Ernst, ich hätte bei ihm Erfolg gehabt. Wer etwas haben will, darf nicht zu Hassan gehen. Das weiß ich aus Erfahrung.«

»Sei nicht so faul«, sagte der Fischer. »Geh trotzdem hin. Ich brauche das Blei. Wenn du auch schon hundertmal bei ihm gewesen bist, ohne zu bekommen, was du wolltest, vielleicht hast du heute Glück. Beeil dich!«

Murrend machte sich die Frau des Fischers auf den Weg und klopfte an meine Tür. Ich wachte auf und fragte, was los sei.

»Hassan«, antwortete die Frau, »mein Mann braucht ein Stück Blei für seine Netze. Könntest du nicht bitte einmal nachsehen, ob du eins im Haus hast.«

Ein Stück Blei besaß ich nicht, aber ich erinnerte mich an die Münze, die Saad mir gegeben hatte. Also sagte ich der Nachbarin, ich könnte ihr mit einer schweren Kupfermünze aushelfen, die für den Zweck vielleicht genauso geeignet wäre. Meine Frau war von dem Lärm aufgewacht. Sie tappte zu der Stelle, wo ich ihr sagte, dass die Münze lag, nahm sie und reichte sie der Fischersfrau hinaus.

Die freute sich sehr und versprach uns dafür alle Fische zu schenken, die ihr Mann beim ersten Wurf fangen werde.

Der Fischer hielt sich an das Versprechen, das seine Frau gegeben hatte. Als er seine Netze instand gesetzt hatte, fuhr er zum Fischen aus. Als er die Netze das erste Mal auswarf, zog er nur einen Fisch aus dem Wasser, der war mehr als eine Elle lang und unverhältnismäßig dick. Kein anderer Fisch, den er an diesem Tag fing, war so groß und schwer. Der Fischer brachte ihn mir.

»Nachbar«, sagte er, »meine Frau hat dir heute Nacht zum Dank, dass ihr mir geholfen habt, die Ausbeute meines ersten Wurfs versprochen. Leider ist dabei nur ein Fisch ins Netz gegangen. Ich bitte dich, nimm ihn.«

»Die Münze war nicht so viel wert«, erwiderte ich, »dass du so viel dafür zahlen müsstest. Nachbarn sollten füreinander da sein und ich habe nur getan, was ich auch von dir erwartet hätte. Ich weiß natürlich, dass du mir den Fisch von ganzem Herzen gönnst, und ich will dich nicht beleidigen. Nur deshalb nehme ich ihn an und sage besten Dank.«

Damit hatten wir unsere Höflichkeiten ausgetauscht, der Fischer ging und ich trug den Fisch ins Haus.

»Da hast du einen Fisch«, sagte ich zu meiner Frau. »Der Fischer hat ihn uns gebracht, weil wir ihm letzte Nacht die Kupfermünze gegeben haben. Das wird wohl alles sein, was wir von Saads Glück bringendem Geschenk erwarten können.«

Da sie die Anspielung nicht verstand, erzählte ich ihr, was sich am Nachmittag, als die beiden Freunde noch einmal bei mir gewesen waren, alles ereignet hatte. Doch sie hatte weniger Gehör für meine Worte als Augen für den großen, dicken Fisch.

»Was soll ich damit nur anfangen?«, klagte sie. »Unser Bratrost ist zu klein und wir haben auch keinen Topf, der groß genug wäre. Was soll ich tun?«

»Das ist deine Sache«, entgegnete ich. »Brate oder siede ihn, mir ist es gleich.« Mit diesen Worten ging ich wieder in meine Werkstatt.

Als meine Frau den Fisch aufschlitzte, fand sie in seinen Eingeweiden einen riesigen Diamanten, den sie für ein Stück Glas hielt. Sie hatte zwar schon von Diamanten gehört, vielleicht auch schon einen gesehen, aber sie konnte eben einen Edelstein nicht von einem Stück Glas unterscheiden. So spülte sie den Diamanten ab und gab ihn unserem Jüngsten zum Spielen. Bald betrachteten ihn auch meine anderen Kinder und erfreuten sich an seinem Glanz und seiner ungewöhnlichen Schönheit.

Am Abend sahen sie, dass der Stein von innen heraus leuchtete. Da rissen die Kinder ihn sich einander aus den Händen, weil ihn jedes haben wollte. Ich rief meinen ältesten Sohn und fragte ihn, warum sie solchen Lärm machten.

»Mutter hat uns ein Stück Glas gegeben, das so schön funkelt«, antwortete er.

Das kam mir seltsam vor und ich fragte meine Frau, was für ein Stück Glas das sei.

»Ich weiß es nicht«, entgegnete sie. »Ich habe es im Bauch des Fisches gefunden, als ich ihn ausnahm.«

Nun sah ich mir dieses seltsame Spielzeug selbst an, hielt es aber ebenfalls nur für ein Stück Glas. Schließlich hatte ich mein ganzes Leben lang noch keinen Diamanten in der Hand gehabt. Ganz geheuer war mir die Sache jedoch nicht und ich bat meine Frau die Lampe einmal auszulöschen, und tatsächlich: Die vermeintliche Glasscherbe verbreitete ein so starkes Licht, dass die Lampe nicht mehr nötig war. Ich legte die Scherbe aufs Kaminsims, damit wir beim Zubettgehen Licht hatten.

»Das ist der zweite Vorteil, den wir aus dem Geschenk Saads ziehen«, sagte ich. »Wir brauchen in Zukunft kein Öl mehr zu kaufen.«

Als meine Kinder sahen, wie ihr Stück Glas die Lampe ersetzte, freuten sie sich und jubelten. Das konnte man in der ganzen Nachbarschaft hören. Und der Lärm wurde noch größer, weil meine Frau und ich sie anschrien, still zu sein. Doch wir konnten sie lange nicht beruhigen. Erst als der Schlaf sie übermannte, wurde es wieder still in unserem Haus. Bald darauf gingen auch meine Frau und ich zu Bett.

Am nächsten Morgen machte ich mich an meine Arbeit, ohne an das Stück Glas überhaupt zu denken. Hier muss ich einflechten, dass mein Haus von dem meines Nachbarn nur durch eine dünne Bretterwand getrennt war. Dieser Nachbar aber war ein Juwelier. Als die Kinder so schrecklichen Lärm machten, waren er und seine Frau aufgewacht und hatten nicht mehr einschlafen können.

Am Morgen kam nun die Frau des Juweliers, um sich bei meiner Frau zu beschweren.

»Meine liebe Rahel«, antwortete meine Frau, »es tut mir sehr leid und ich bitte dich um Entschuldigung. Aber du weißt ja selbst, wie Kinder sind und dass sie über Kleinigkeiten furchtbar weinen oder lachen. Komm ins Haus und ich zeige dir, was die Unruhe gestern Abend ausgelöst hat.«

Rahel trat ein und meine Frau zeigte ihr den Diamanten.

»Das Stück Glas hier«, sagte sie, »ist an allem schuld.«

Die Frau des Juweliers wusste gut über alle Arten von Edelsteinen Bescheid und erkannte auf den ersten Blick, dass das, was wir für ein Stück Glas hielten, ein herrlicher Diamant war. Sie war so fasziniert, dass sie ihn dauernd anschauen musste. Währenddessen erzählte ihr meine Frau, wie sie das Ding im Bauch eines Fisches gefunden hatte und wie die Kinder dahintergekommen seien, dass es von selbst leuchte.

Schließlich sagte Rahel: »Ich glaube auch, dass es Glas ist, aber besonders schönes. Ich habe ein ähnliches Stück zu Hause und ich schmücke mein Kleid manchmal damit. Das hier würde gut zu dem anderen passen. Verkauf es mir.«

Als die Kinder hörten, dass ihr liebstes Spielzeug verkauft werden sollte, erhoben sie lautstark Protest und bestürmten ihre Mutter, es ihnen zu lassen. Meine Frau konnte sie nicht anders beschwichtigen, als ihnen nachzugeben. Also musste Rahel unverrichteter Dinge das Haus verlassen. Aber noch unter der Tür flüsterte sie meiner Frau zu, das Stück Glas ja niemandem zu zeigen und ihr sofort Bescheid zu geben, wenn sie es doch verkaufen wolle.

Daraufhin eilte sie in den Laden ihres Mannes und erzählte ihm alles. Sie beschrieb genau Größe, Aussehen und Gewicht des Diamanten und auch seine besondere Eigenschaft, bei Nacht zu leuchten. Sofort schickte der Juwelier seine Frau noch einmal zu der meinen, um ihr den Stein abzuhandeln. Sie solle mit einem kleinen Angebot beginnen und wenn es nötig wäre, die Summe langsam steigern, den Stein aber um jeden Preis an sich bringen.

Rahel kam also erneut in unser Haus und bot meiner Frau zwanzig Goldstücke für den Diamanten. »Das ist ein guter Preis für ein Stück Glas«, sagte sie. »Denn mehr als ein Stück Glas ist es ja doch nicht.«

Meine Frau wurde stutzig. Sie fand, dass es fast ein zu guter Preis sei, und so wollte sie sich auf den Handel nicht einlassen, bevor sie nicht mit mir gesprochen hatte.

Zur Mittagszeit, als ich zum Essen kam, fragte sie mich, ob ich mit dem Verkauf einverstanden sei. Ich gab eine ausweichende Antwort, denn ich erinnerte mich daran, dass Saad mir Glück prophezeit hatte, als er mir die Kupfermünze überreicht hatte. Rahel bemerkte mein Zögern und sagte schnell: »Nachbar, ich gebe dir fünfzig Goldstücke. Bist du damit zufrieden?«

Da nun die Frau des Juweliers ihr Angebot so schnell von zwanzig auf fünfzig Goldstücke steigerte, wurde ich misstrauisch und sagte, das sei noch lange nicht der Preis, den ich für die Glasscherbe haben wolle.

»Ich biete dir hundert Goldstücke«, entgegnete Rahel darauf. »Das ist sehr viel und ich weiß nicht, was mein Mann dazu sagen wird.«

Jetzt wurde ich kühn und verlangte hunderttausend Goldstücke. Ich fügte hinzu, ich wisse wohl, dass der Stein in Wirklichkeit noch viel mehr wert sei. Doch wolle ich mich um der guten Nachbarschaft willen mit diesem Preis begnügen. Niedriger allerdings könne ich nicht gehen, weil jeder andere Juwelier in der Stadt mir weit mehr zahlen würde.

Rahel bot mir mehrere Male fünfzigtausend Goldstücke an. Schon allein ihr Drängen bestärkte mich darin, an der Forderung von hunderttausend festzuhalten.

»Mehr als fünfzigtausend kann ich dir von mir aus nicht bieten«, sagte sie schließlich. »Ich bitte dich nur um eins: Warte mit dem Verkauf, bis mein Mann mit dir geredet und sich den Stein angesehen hat.«

Das versprach ich ihr.

Am Abend berichtete Rahel ihrem Mann von ihren vergeblichen Versuchen, den Diamanten für fünfzigtausend Goldstücke an sich zu bringen. Der Juwelier machte sich sofort auf den Weg zu uns und traf mich, als ich von der Arbeit kam.

»Nachbar Hassan«, rief er mir zu, »zeige mir bitte den Stein, den du meiner Frau nicht für fünfzigtausend Goldstücke verkaufen wolltest.«

Ich bat ihn ins Haus. Da es bereits dunkel war, aber noch keine Lampe brannte, sah er an dem Glanz, den der Diamant ausstrahlte, dass Rahel nicht übertrieben hatte. Er nahm den Stein in die Hand, betrachtete ihn lange und brachte vor Bewunderung kein Wort über die Lippen.

»Lieber Nachbar«, sagte er schließlich, als er sich sattgesehen hatte, »da du mit den fünfzigtausend Goldstücken nicht zufrieden bist, die meine Frau dir geboten hat, so will ich noch zwanzigtausend dazulegen.«

»Hat dir denn Rahel nicht gesagt, lieber Nachbar, dass ich hunderttausend Goldstücke verlange?«, entgegnete ich. »Entweder du gibst mir die geforderte Summe oder der Stein bleibt mein Eigentum. Ich lasse mich nicht um einen Heller herunterhandeln.«

Er feilschte noch eine Weile, aber vergebens. Schließlich sah er ein, dass er keinen niedrigeren Preis erzielen würde. Da er fürchtete, ich könnte den Stein einem anderen Juwelier verkaufen, ging er auf meine Forderung ein. Zwar habe er nicht die ganze Summe im Haus, erklärte er, doch könne er mir am kommenden Tag um dieselbe Zeit das Geld bringen. Damit ich den

Handel schon jetzt als abgeschlossen betrachte, gebe er mir fürs Erste zwei Beutel mit je tausend Goldstücken.

Ich habe nie erfahren, ob er sich das Geld geborgt oder sich mit mehreren anderen Juwelieren zusammengetan hat. Jedenfalls kam er am nächsten Tag und zählte mir noch achtundneunzigtausend Goldstücke auf den Tisch und ich übergab ihm den Diamanten.

Nun war ich wider Erwarten reich geworden. Wie gern hätte ich mich aus Dankbarkeit Saad zu Füßen geworfen! Aber ich wusste nicht, wo er wohnte. Ich war auch Saadi dankbar, der eigentlich den Anstoß zu meinem Glück gegeben hatte, auch wenn mir seine Geschenke nichts gebracht hatten.

Meiner Frau war ganz schwindelig vor lauter Geld und sie schmiedete schon Pläne, kostbare Kleider für sich und die Kinder und ein schönes Haus zu kaufen, so wie sie es bei den Großen deines Reiches gesehen hatte. Ich aber sagte: »Das alles hat Zeit. Überlass es mir, das Geld zu verwalten, und du wirst alles bekommen, was du dir wünschst.«

Am folgenden Tag besuchte ich alle meine Kollegen in Bagdad, die – wie ich bisher – in ärmlichen Verhältnissen lebten. Ich schoss ihnen Geld vor und verpflichtete sie, Seile für mich zu fertigen, die ich ihnen zu einem festgesetzten Preis abkaufen wollte. Um die ganze Ware auf den Markt zu bringen, mietete ich verschiedene Lagerhäuser, für die ich jeweils einen Geschäftsführer einsetzte, der sich in meinem Auftrag um den Verkauf kümmerte. So wuchs mein Vermögen unaufhörlich.

Später kaufte ich ein baufälliges großes Haus und ließ es umbauen. Es ist das Gebäude, erhabener Herrscher, das du so bewundert hast. In ihm befindet sich neben einer angemessenen Wohnung für mich und meine Familie viel Platz zum Lagern von Seilerwaren.

Einige Zeit war vergangen und ich hatte schon längst meine elende alte Hütte verlassen und war in mein jetziges Haus umgezogen, als sich Saadi und Saad an mich erinnerten. Ein Spaziergang hatte sie in die Straße geführt, in der früher meine Werkstatt gewesen war.

Sie wunderten sich sehr, mich nicht mehr anzutreffen, und erkundigten sich, was aus mir geworden und ob ich vielleicht gar schon gestorben wäre. Sie staunten nicht schlecht, als sie hörten, dass der, nach dem sie fragten, nun nicht mehr einfach Hassan, der Seiler, sei, sondern Chogia Hassan –

der Kaufmann Hassan –, und dass er sich in einem vornehmen Viertel ein prächtiges Haus habe bauen lassen.

Die beiden Freunde beeilten sich, sofort in die ihnen genannte Straße zu gelangen. Saadi wollte es nicht in den Kopf, dass ich all meinen Reichtum der wertlosen Kupfermünze verdankte. Unterwegs sagte er zu seinem Freund: »Ich freue mich außerordentlich über Hassans Glück. Nur fühle ich mich ein bisschen geprellt, dass er mich belogen und mir statt zweihundert vierhundert Goldstücke abgeluchst hat. Dass die Kupfermünze Auslöser für seinen Aufstieg sein soll, halte ich für lächerlich.«

»Das ist deine Meinung«, entgegnete Saad. »Meine Meinung ist es nicht. Außerdem sehe ich keinen Grund, warum du Chogia Hassan der Lüge bezichtigst. Ich glaube, dass er beide Male die Wahrheit gesagt hat, als er dir vom Verlust seines Geldes berichtete, und dass er sein Vermögen einzig und allein der Münze verdankt. Aber lassen wir das Mutmaßen: Hassan wird uns bald selbst alles genau erzählen.«

Während sie so miteinander redeten, erreichten sie die Gegend, in der ich nun wohnte. Sie fragten nach meinem Haus und erhielten Auskunft. Als sie es von außen betrachteten, konnten sie kaum glauben, dass es mir, dem ehemals armen Seiler, gehörte. Dennoch klopften sie an die Tür, fragten aber sicherheitshalber den Türwächter: »Stimmt es, dass dieses Haus dem Chogia Hassan gehört?«

»Das stimmt, edle Herren«, antwortete der Mann, während er die Tür weit aufmachte. »Das ist sein Haus. Tretet nur ein. Chogia Hassan befindet sich im großen Saal. Einer seiner Diener wird euch melden.«

Als ich die beiden Freunde erkannte, stand ich schnell auf und wollte den Saum ihrer Gewänder küssen. Doch das ließen sie nicht zu. Ich bat sie, in dem mit Teppichen ausgelegten Erker Platz zu nehmen, von wo man den Blick über den Garten schweifen lassen konnte. Doch sie bestanden darauf, dass der Ehrenplatz dem Hausherrn zukomme, und wollten sich woanders hinsetzen. Da sagte ich: »Edle Herren, ich habe nicht vergessen, wer ich war und wem ich meinen Wohlstand verdanke. Und ich weiß, was sich gehört. Deshalb bitte ich euch, nehmt die angebotenen Plätze ein.«

Endlich kamen sie meinem Wunsch nach, setzten sich und ich nahm ihnen gegenüber Platz.

»Chogia Hassan«, begann Saadi, »ich kann dir nicht sagen, wie sehr es mich freut, dich so reich und glücklich zu sehen, wie ich es dir von allem Anfang an gewünscht habe. Ich bin überzeugt, dass es die vierhundert Goldstücke gewesen sind, mit deren Hilfe du all dies erreicht hast. Nur eines kann ich nicht verstehen: Warum hast du mich zweimal belogen, als du mir erzähltest, du hättest das Geld verloren? Bestimmt hattest du aus den vierhundert Goldstücken bei unserem letzten Besuch noch nicht allzu viel gemacht und schämtest dich das zuzugeben, oder? Das nehme ich jedenfalls an und ich hoffe, du wirst mir recht geben.«

Man konnte in Saads Miene lesen, wie viel Mühe es ihn kostete, sich das alles mit anzuhören. Trotzdem ließ er Saadi aussprechen, ergriff aber sofort das Wort, als sein Freund geendet hatte.

»Verzeih, Saadi«, sagte er, »wenn ich Chogia Hassan vorgreife. Aber ich muss mich schon sehr darüber wundern, dass du ihm nicht glaubst und ihn sogar beschuldigst, er hätte dich in trügerischer Absicht belogen. Ich wiederhole es: Ich bin überzeugt davon, dass sich alles so verhält, wie Chogia Hassan es uns berichtet hat. Lass ihn selbst erzählen. Du wirst sehen, wer von uns beiden recht gehabt hat.«

Nun wandte ich mich an die Freunde und sagte: »Edle Herren, wenn ich nicht wüsste, dass nichts eure Freundschaft zerstören kann, würde ich nicht auf eure Fragen antworten. So aber will ich über alles berichten und ich versichere, dass ich auch diesmal die reine Wahrheit sage.« Und ich erzählte ihnen die ganze Geschichte Punkt für Punkt so, wie ich sie dir, Herr, erzählt habe, und vergaß auch nicht die kleinste Einzelheit.

Doch ich konnte noch so sehr beteuern, dass alles wahr sei, Saadi blieb trotzdem misstrauisch. Als ich geendet hatte, sagte er: »Das Abenteuer mit dem Fisch und dem Diamanten in seinem Bauch finde ich genauso unglaubwürdig wie die Geschichte von dem Hühnerhabicht, der deinen Turban entführt hat, und die von dem Seifenhändler, dem deine Frau das Gefäß samt Kleie und Geld übergeben haben soll. Aber das spielt auch gar keine Rolle. Ich freue mich, dass du zu Reichtum gelangt bist. Nichts anderes wollte ich.«

Da es schon spät war, standen die beiden Freunde auf und wollten sich verabschieden. Ich aber hielt sie zurück und sagte: »Erlaubt, edle Herren, dass ich euch um einen Gefallen bitte. Bleibt zu einem einfachen Abendessen und übernachtet bei mir. Morgen früh fahre ich mit euch über den Fluss zu einem kleinen Landhaus, das ich soeben gekauft habe, um mich hin und wieder in frischer Luft zu erholen.«

»Wenn Saad nichts Wichtiges vorhat«, sagte Saadi, »ich für mein Teil nehme deine Einladung gern an.«

»Nichts ist mir wichtiger«, entgegnete Saad, »als mit euch zusammen zu sein. Nur sollte man unseren Frauen melden, wo wir sind.«

Ich ließ einen Diener kommen, und während sie ihm ihren Auftrag erteilten, nutzte ich die Zeit, Anordnungen für das Mahl zu geben. Bis es aufgetragen wurde, führte ich meine Gönner im Haus umher und sie fanden alles sehr schön. Zurück im Saal wollten sie Näheres über meine Geschäfte wissen. Ich antwortete offen auf alle ihre Fragen und sie schienen sehr zufrieden. Bald war die Tafel gedeckt und wir begaben uns zu Tisch. Saad und Saadi bestaunten die prächtige Ausstattung sowie die raffinierte vielfarbige Beleuchtung des Raumes und lobten Speisen und Getränke, die ihnen sehr schmeckten. Während der Mahlzeit unterhielt ich sie mit einem kleinen Konzert und ließ, als abgetragen war, einen Trupp Tänzer und Tänzerinnen auftreten. Das alles sollte ihnen zeigen, wie dankbar ich ihnen war.

Am nächsten Morgen ritten wir früh zum Flussufer, wo wir in eine bequeme, mit Teppichen ausgelegte Barke stiegen. Sechs kräftige Ruderer brachten uns zu meinem Landhaus. Saadi und Saad waren ebenso begeistert von der traumhaften Lage des Hauses wie von seiner Schönheit und von der herrlichen Aussicht, die man nach allen Seiten hin hatte. Ich führte sie durch sämtliche Zimmer und tat alles, damit sie sich wie zu Hause fühlten. Danach begaben wir uns in den Garten. Dort erfüllten Zitronen- und Pomeranzenbäume die Luft mit ihrem Duft und ein kleines Bächlein floss sanft dahin. Der Schatten, die kühle Luft, die herrschte, obwohl die Sonne sonst heiß brannte, das Plätschern des Wassers, der Gesang unzähliger Vögel und manches andere beeindruckte sie sehr. Sie blieben fast bei jedem Schritt stehen, um sich dafür zu bedanken, dass sie so etwas Schönes sehen durften, und priesen mein Glück.

Wir gingen bis an das Ende des Gartens, wo einige hohe Bäume ein Viereck bildeten. Darin lag ein kleiner Pavillon. Ich bat sie einzutreten und sich auf einem Sofa niederzulassen. Zwei meiner Söhne, die ich der guten Luft wegen zusammen mit ihrem Lehrer hierhergeschickt hatte, tummelten sich unter den Bäumen und hielten nach Vogelnestern Ausschau. Sie entdeckten schließlich eines, schafften es jedoch nicht, auf den Baum zu klettern. Deshalb befahlen sie einem Diener, den ich ihnen als ständigen Begleiter mitgegeben hatte, das Nest auszunehmen.

Er stieg hoch, und als er das Nest erreicht hatte, wunderte er sich sehr, denn es war in einen Turban gebaut. Er nahm es, wie es war, rutschte den Stamm herunter und zeigte es meinen Kindern. Zugleich wies er sie aber darauf hin, dass ich es bestimmt auch gern sehen würde. Also überreichte mir mein Ältester den Fund mit den Worten: »Schau, lieber Vater, hier ist ein Nest in einem Turban.« Saadi und Saad waren genauso überrascht wie ich. Ihr Erstaunen wuchs jedoch noch, als ich in dem Turban den wiedererkannte, den mir der Hühnerhabicht geklaut hatte. Nachdem ich ihn von allen Seiten betrachtet hatte und kein Zweifel mehr bestand, nahm ich die Eier heraus und legte sie ins Gras. Dann überreichte ich Saad den Turban und der gab ihn an Saadi weiter.

»Ich will gern glauben, dass dies dein Turban ist«, sagte Saadi, »doch mein Glaube wäre noch stärker, wenn die hundertneunzig Goldstücke darin lägen.«

Ich nahm den Turban wieder an mich und sagte: »Bevor ich ihn näher untersuche, möchte ich euch darauf hinweisen, dass der Turban nicht erst seit heute oder gestern in dem Baum hängt. Sein Zustand und das Nest, das offensichtlich nicht von Menschenhand gemacht ist, sind deutliche Beweise dafür. Zweifellos hat der Vogel ihn damals auf einen Ast gelegt oder er hat ihn losgelassen und die Äste haben verhindert, dass er zu Boden fiel.«

Nun wickelte ich das Tuch von der Filzkappe und zog den Beutel heraus. Saadi erkannte sofort, dass es der war, den er mir seinerzeit gegeben hatte. Vor seinen Augen schüttete ich den Inhalt auf einen Teppich und sagte: »Hier sind die Goldstücke. Zähl sie und überzeug dich selbst, ob die Summe stimmt.«

Saadi folgte meiner Aufforderung und stellte fest, dass es genau hundertneunzig Goldstücke waren. Da nun offensichtlich war, dass meine Geschichte von dem Hühnerhabicht der Wahrheit entsprach, sagte er: »Ich sehe es ein: Von diesen hundertneunzig Goldstücken hast du nicht reich werden können. Doch bestimmt haben dir die anderen hundertneunzig, die du in dem Kleiegefäß versteckt haben willst, weitergeholfen.«

»Aber, Herr«, antwortete ich ungeduldig, »ich habe beide Male die Wahrheit gesagt. Du denkst doch wohl nicht immer noch, ich hätte dich belogen?«

»Lass ihn nur in seinem Glauben, Chogia Hassan«, fiel Saad beschwichtigend ein. »Soll er ruhig glauben, dass du die Hälfte deines Vermögens seiner zweiten Geldspende zu verdanken hast. Aber dann muss er auch zugeben, dass die andere Hälfte von meiner Kupfermünze stammt.«

Damit fand der halb scherzhaft, halb ernst geführte Streit der Freunde ein Ende. Wir gingen ins Haus zurück und aßen zu Mittag. Danach ließ ich meine Gäste allein, damit sie die heißeste Zeit des Tages in Ruhe verbringen und es sich bequem machen konnten. Ich aber ging zum Verwalter und zum Gärtner, um ihnen Anweisungen zu erteilen. Den Rest des Tages unterhielt ich mich mit Saad und Saadi über allerlei Nebensächlichkeiten. Als es Abend wurde, bestiegen wir wieder das Boot und kamen um die zweite Nachtstunde wohlbehalten vor meinem Haus in Bagdad an.

Die Pferde, die den Tag über an der Anlegestelle auf unsere Rückkehr gewartet hatten, waren hungrig. Aber da die Pferdeknechte nicht aufgepasst hatten, gab es im ganzen Haus kein Körnchen Gerste, um die Tiere zu füttern. Die Getreidespeicher lagen zu weit weg und waren zu dieser Nachtstunde sowieso schon geschlossen, also sandte ich einen Diener aus, der in der Nachbarschaft nach Futter fragen sollte. Er entdeckte in einem nahe gelegenen Laden ein Gefäß mit Kleie und kaufte es. Die Kleie schüttete er in die Krippe, und als er sie gleichmäßig verteilen wollte, damit jedes Pferd seinen Anteil bekäme, fühlte er etwas Hartes, das in ein Tuch gewickelt war. Er brachte es mir sofort und meinte, vielleicht sei es das Tuch, von dem er mich so oft habe reden hören.

Hocherfreut nahm ich es entgegen und sagte zu Saadi und Saad: »Allah will nicht, dass ihr weggeht, ohne völlig von der Wahrheit meiner Berichte überzeugt zu sein. In diesem Tuch, Saadi, befinden sich die zweiten hundertneunzig Goldstücke, die ich von dir bekommen habe. Ich erkenne es wieder.«

Die Reisen Sindbads des Seefahrers, zu Seite 159

Ich knüpfte das Bündel auf, zählte die Münzen vor seinen Augen und ließ mir das Gefäß bringen. Um auch den letzten Schimmer von Misstrauen zu zerstreuen, befahl ich, es zu meiner Frau zu tragen, ihr aber nicht zu erzählen, was vorgefallen sei. Sie ließ mir ausrichten, es sei dasselbe Gefäß, das sie damals gegen Seife eingetauscht habe.

Jetzt endlich gab sich Saadi geschlagen und sagte zu Saad: »Du hast gewonnen. Ich erkenne an, dass Geld nicht immer ein sicheres Mittel ist, einen Armen reich zu machen.«

Ich aber sagte: »Herr, es wäre unhöflich, dir die vierhundert Goldstücke, von denen dreihundertachtzig auf so wunderbare Weise heute wieder aufgetaucht sind, zurückzugeben. Schließlich hast du sie mir nicht geschenkt, um sie später wiederzubekommen. Da ich jedoch mit dem zufrieden bin, was mir auf andere Weise zugefallen ist, erhebe auch ich keinen Anspruch auf das Geld. Mit deiner Erlaubnis werde ich es morgen unter den Armen verteilen lassen.«

Die beiden Freunde blieben die Nacht über in meinem Haus und am Morgen kehrten sie in ihre Wohnungen zurück. Beim Abschied umarmten sie einander. Es schien ihnen bei mir gefallen zu haben und sie freuten sich darüber, dass ich ihnen mein Glück verdankte. Später habe ich sie noch oft besucht und zu meiner großen Freude wurden wir Freunde.

Der Kalif Harun al-Raschid war von der Erzählung Chogia Hassans so gefesselt, dass er noch eine Weile schweigend dasaß, als dieser geendet hatte.

»Chogia Hassan«, sagte er schließlich, »seit Langem habe ich nichts mehr gehört, das mir so großes Vergnügen bereitet hat wie deine Geschichte. Zeig, dass du Allahs Güte verdient hast, und gehe umsichtig mit deinem Reichtum um. Übrigens befindet sich der Diamant, dem du dein Glück verdankst, in meiner Schatzkammer. Es freut mich, dass ich seine Geschichte nun kenne. Da jedoch in Saadis Herz vielleicht noch der Schatten eines Zweifels über die Kostbarkeit dieses Steins wohnen könnte, möchte ich, dass du ihn zusammen mit seinem Freunde Saad in meinen Palast bringst. Mein Schatzmeister soll ihm den Diamanten zeigen, um ihn von dem Irrglauben zu heilen, dass Geld das sicherste Mittel sei, aus einem armen einen reichen Mann zu machen. Auch möchte ich, dass du die Geschichte meinem Schatzmeister erzählst. Er soll sie aufschreiben lassen und zusammen mit dem Diamanten aufbewahren.«

Nach diesen Worten sagte der Kalif zu Chogia Hassan und Baba Abdallah, er sei zufrieden mit ihnen. Sie verabschiedeten sich von ihm, indem sie sich noch einmal vor dem Thron zu Boden warfen, und verließen den Palast.

Die Reisen Sindbads des Seefahrers

ur Regierungszeit des Kalifen Harun al-Raschid lebten in Bagdad zwei Männer, die Sindbad hießen. Der eine wurde Sindbad der Seefahrer, der andere Sindbad der Lastenträger genannt. Der Lastenträger war sehr arm und konnte seine große Familie kaum ernähren, der Seefahrer hingegen war ein reicher und angesehener Kaufmann. Er war so geschäftstüchtig, dass er schließlich nicht mehr wusste, wohin mit all dem Gold und Silber und den tausenderlei Waren, die ihm gehörten. Er besaß viele Sklaven und Sklavinnen und wohnte in einem Palast, der sogar für einen Sultan angemessen gewesen wäre. Die Wände waren mit den schönsten Malereien geschmückt und glänzten von Gold und Edelsteinen. Täglich wurden die Räume mit Rosenwasser besprengt, der Duft von Räucherwerk wetteiferte mit dem der Blumen, die in üppiger Fülle in den Palastgärten wuchsen, und aus den Gemächern erklang Gesang, der von Zimbeln, Harfen und anderen Instrumenten begleitet wurde.

Der andere, arme Sindbad aber schleppte tagaus, tagein Lasten durch die Stadt. Eines Tages beauftragte ihn ein Mann, einen Packen für ihn zu tragen, und Sindbad machte sich auf den Weg. Er erhielt nur einen sehr geringen Lohn. Vor dem Palast seines Namensvetters wurde er plötzlich müde und er setzte seine Last ab, um ein wenig auszuruhen. Denn der Platz vor Sindbads prächtigem Haus war nicht nur sauber und schattig, auch angenehme Düfte erfüllten die Luft.

Da saß nun der Lastenträger, atmete die gute Luft ein und hörte dem zu, was aus dem Innern des Palastes drang: dem Gesang der Nachtigallen, dem Gurren der Tauben, den Zimbel- und Harfentönen und den hellen Stimmen singender Mädchen. Und als er durch die Fenster die vielen Sklaven sah, die Schalen mit den feinsten Speisen trugen, wurde er traurig. Er schaute zum Himmel und sagte: »Allah, Schöpfer und Erhalter! Kein Sterblicher darf etwas gegen deinen Willen einwenden. Keinem steht es zu, danach zu fragen, warum du dieses tust und jenes lässt. Deine Macht ist un-

endlich. Du hast den Herrn dieses Palastes mit Ruhe und allen Annehm-
lichkeiten gesegnet und ihm Sklaven gegeben. Mir aber hast du harte Arbeit
auferlegt und alle Freude geraubt.«

Dann sang er folgende Verse:

>>Ach, was für unendliche Qualen!
Andere genießen ihr Glück im Schatten.
Ich schleppe ihre Lasten durch die Sonne.
Ihnen bürdest du nie eine solche Last auf
Wie mir,
Nie schlägst du sie mit so großem Leid
Wie mich.
Sie genießen das Vergnügen.
Sie kennen den Hunger nicht, nicht den Durst.
Sie kennen die Armut nicht.
Sie wissen nicht, was es heißt,
Verachtet zu werden.
Und doch sind wir alle nur Menschen
Und ich gleiche allen anderen, wie sie mir gleichen.
Dennoch ist ihr Schicksal nicht das meine
Und ich allein muss die ganze Last tragen.
Hilf mir, o Allah, gerechter Richter!«

Kaum war der Gesang verklungen, da trat ein gut gekleideter junger
Mann auf den Lastenträger zu und sagte: »Der Herr dieses Palastes will
dich sprechen.«

Zuerst sträubte sich Sindbad, aber da ihm kein stichhaltiger Grund ein-
fiel die Einladung auszuschlagen, trat er schließlich ein. Er ließ seinen Packen in der Vorhalle und folgte dem jungen Mann in einen geräumigen
Saal. Bequeme Diwane entlang der Wände luden zum Sitzen ein. In der
Mitte sprudelte ein kühler Brunnen. Durch die offenen Fenster wehte ein
erfrischender Lufthauch den Duft der Blumen herein und man hörte Vögel
singen und Bäche murmeln. Einige Männer hatten sich im weiten Rund um
den Hausherrn versammelt, der ein ehrwürdiger, alter Mann war und etwas
erhöht saß. Während der Lastenträger grüßte und sich vor allen Anwesenden tief verbeugte, dachte er, so müsse wohl das Paradies aussehen. Der be-

tagte Hausherr lud ihn mit einer Geste ein, an seiner Seite Platz zu nehmen. Er fragte ihn, wie er heiße, woher er stamme und welchen Beruf er ausübe.

»Herr«, erwiderte der Lastenträger, »mein Name ist Sindbad und man nennt mich den Lastenträger, weil ich meinen Lebensunterhalt damit bestreite, dass ich anderer Leute Lasten schleppe. Ich bin arm und verdiene kaum genug, dass meine Familie nicht hungern muss.«

»Auch ich heiße Sindbad«, erwiderte der Herr des Hauses, »und man nennt mich den Seefahrer. Sei mir willkommen.«

Er ließ dem Lastenträger köstliche Speisen bringen und wartete, bis er satt war. Danach räumten Sklaven den Tisch ab. Der Hausherr war sehr höflich zu ihm und bat ihn dann: »Wiederhole bitte die Verse, die du unter meinem Fenster gesungen hast.«

Der Lastenträger senkte verlegen den Kopf und antwortete: »Bei Allah, Herr, nimm mir diese Verse nicht übel. Ich war müde und hungrig und da sagt man oft etwas, was sich nicht gehört.«

»Ich bin dir nicht böse«, sagte der Hausherr. »Ich betrachte dich als meinen Bruder und als mein Bruder hast du nichts von mir zu befürchten. Sing mir also die Verse noch einmal.«

Der Lastenträger trug die Verse vor und wieder gefielen sie dem Hausherrn außerordentlich. Er sparte nicht mit Beifall und sagte schließlich: »Ich will dir meine Lebensgeschichte erzählen, denn du sollst erfahren, wie ich zu diesem Haus und zu all meinem Besitz gekommen bin. Mein Weg war anstrengend, qualvoll und von Verlusten begleitet. Sieben Reisen habe ich unternommen und jede von ihnen verdiente es, aufgeschrieben zu werden.«

Nach einer Pause fuhr er fort: »Ihr müsst wissen, meine Herren, dass mein Vater, der ein reicher Kaufmann war, starb, als ich noch sehr jung war. Er hinterließ mir ein ungeheures Vermögen. Es setzte sich aus Landbesitz, Geld und Waren zusammen. So konnte ich in Saus und Braus leben und vertrieb mir die Zeit mit Festen, die ich für meine zahlreichen Freunde gab. Ich dachte, das ginge immer so weiter. Doch als ich nach vielen Jahren verschwenderischen Lebens endlich zu Sinnen kam, war mein Vermögen verbraucht. Zerknirscht überdachte ich meine Lage. Jedoch gab ich mich nicht lange dem Trübsinn hin, sondern beschloss, das Wenige, das mir an Kleidern und Ländereien geblieben war, zu veräußern. Ich erzielte einen Erlös von ungefähr dreitausend Dirham. Mit diesem Geld wollte ich reisen und fremde Länder sehen. Ich dachte an die Worte des Dichters, der sagte:

Ein hohes Ziel erfordert Anstrengung.
Wer den Sonnenaufgang erleben will,
Muss die Nacht über wach bleiben.
Die schönsten Perlen ruhen im Meer,
Wo es am tiefsten ist.
Der Mensch,
der, ohne nachzudenken, etwas erreichen will,
Wird nie ans Ziel gelangen.

Die erste Reise

Also kaufte ich die verschiedensten Waren von einem Teil meines Geldes, und da ich Lust hatte, über das Meer zu reisen, mietete ich mich auf einem Schiff ein, das Kurs auf Basra nahm. Es war ein großes Schiff und es bot vielen Kaufleuten Platz. Von einer Insel fuhr es zur anderen. Überall, wo wir vor Anker gingen, tauschten und verkauften wir unsere Waren.

Eines Tages erreichten wir eine Insel, auf der es überall saftig grün war und die das wahre Paradies zu sein schien. Der Kapitän befahl zu ankern und wir begaben uns an Land. Tische wurden aufgestellt, ein Feuer angezündet und ein Kessel darüber gehängt, um Essen zuzubereiten. Einige wuschen ihre Kleider, andere kochten, wieder andere unternahmen einen Spaziergang, um die schöne Gegend zu besichtigen. Man scherzte, aß und trank.

Doch plötzlich ertönte mitten in die gute Stimmung hinein der Ruf des Kapitäns, der an Bord geblieben war. »Passt auf!«, schrie er. »Lasst alles stehen und liegen und rettet euch aufs Schiff! Die Insel ist in Wirklichkeit ein riesiger Fisch, der auf eine Sandbank gekommen ist und den das Meer mit Tang überspült hat. Das Feuer, das ihr auf seinem Rücken gemacht habt, wird ihn wecken. Dann wird er davonschwimmen und euch alle in die Tiefe ziehen. Rettet euch!«

Noch bevor der Kapitän ausgeredet hatte, begann die vermeintliche Insel sich zu bewegen, tauchte unter Wasser und riss alle mit sich. Nur ich allein konnte mich retten. Ein großes Brett trieb vorüber, auf das ich mich hinaufzog.

Nun war ich dem Wind und den Wellen ausgeliefert. Ich sah, wie das Schiff Segel setzte, weil der Kapitän glaubte, alle Passagiere, die auf dem Fisch waren, seien in den Fluten ertrunken. Und bald war es auch schon aus meinem Blickfeld verschwunden. Die ganze Nacht trieb ich auf dem Brett umher. Als es Tag wurde, warf mich eine Welle an die Klippen einer Insel. Doch sie waren so steil, dass ich nicht Fuß fassen konnte: Ich wäre bestimmt untergegangen, hätte ich mich nicht an einen tief hängenden Ast eines der Bäume, die der Küste entlang wuchsen, klammern können. Mit letzter Kraft kletterte ich auf den Baum und war gerettet. Vor Erschöpfung wurde ich bewusstlos. Bis zum nächsten Morgen rührte ich mich nicht von der Stelle. Als die Sonne schon hoch am Himmel stand, machte ich mich auf den Weg, die Insel zu erkunden. Hin und wieder aß ich Früchte von den Bäumen und trank Wasser aus den Bächen. Etwa in der Mitte der Insel stieß ich auf eine klare Quelle, an der ich mein Lager aufschlug. Ich blieb einen Tag und eine Nacht dort und fiel in einen tiefen Schlaf, der mich wieder zu Kräften kommen ließ.

Bei meinen Streifzügen über die Insel bemerkte ich einen hohen Hügel. Ich ging darauf zu und stieß nach einiger Zeit auf ein Pferd, das mit kurzer Leine an einen Baum gebunden war. Sobald es mich erblickte, wieherte es laut und schlug so wild aus, dass ich zu Tode erschrak. Gleichzeitig rief eine männliche Stimme: »Woher kommst du und was suchst du auf dieser Insel?«

»Ich bin ein Schiffbrüchiger«, antwortete ich, »der nicht weiß, wo er sich befindet und wohin er sich wenden soll.«

Da tauchte plötzlich ein großer, kräftiger Mann vor mir auf, ergriff meine Hand und führte mich in eine Höhle, die sich schließlich zu einem schönen Raum ausdehnte, dessen Boden mit Teppichen bedeckt war. Er bot mir an Platz zu nehmen, brachte mir etwas zu essen und trinken und schaute zu, wie ich mich satt aß.

Als der Mann sah, dass ich meinen Hunger gestillt und mich in der

freundlichen Umgebung beruhigt hatte, fragte er mich nach meinen Erlebnissen. Ich erzählte ihm, was mir zugestoßen war, und er hörte angeregt zu. Ich beendete meinen Bericht mit den Worten: »Nun weißt du, wie ich hierherkam. Nimm es mir nicht übel, wenn ich dich jetzt frage, wo ich mich überhaupt befinde und warum du ausgerechnet in einer Höhle lebst.«

»Es ist so«, antwortete der Mann, »ich bin der Oberstallmeister des Königs Mihrdjan und habe den besonderen Auftrag, edle Rassepferde für ihn zu züchten. Jedes Jahr um diese Zeit bringen wir Stuten auf diese Insel und binden sie in der Nähe der Küste an. Wir verbergen uns in dieser Höhle und warten, bis der Meerhengst aus dem Wasser steigt, um eine Stute zu bespringen. Der Meerhengst aber will die Stute mit sich ins Wasser zerren. Da sie angebunden ist, gelingt ihm das nicht und er versucht sie umzubringen. Dann brechen wir aus unserem Versteck hervor und jagen ihn ins Meer zurück. Die Stute aber trägt Pferde aus, die so schnell und dabei so stark sind wie keine anderen auf der Welt. Auch jetzt warten wir auf den Meerhengst. Wenn unsere Aufgabe erfüllt ist, fahren wir nach Hause und nehmen dich mit. Du kannst von Glück sagen, dass du mich getroffen hast. Denn niemand sonst lebt auf dieser Insel und sie liegt weit weg vom nächsten bewohnten Fleckchen Erde. Hier könntest du sterben, ohne dass jemand von deinem Tod erfahren würde.«

Noch während er redete, stieg aus den Fluten ein Tier, das brüllte wie ein reißender Löwe. Es war größer und breiter als ein gewöhnliches Pferd und hatte stärkere Hufe. Es stürzte sich auf die Stute, besprang sie und wollte sie mit sich wegführen. Da aber setzten der Oberstallmeister und sein Gefolge zu einem lauten Geschrei an und stürmten mit Lanzen aus der Höhle, sodass der Seehengst von der Stute abließ und mit großen Sätzen ins Wasser zurücksprang. Nun wurde die Stute losgebunden und durfte eine Weile frei auf der Insel weiden.

Von überall an der Küste tauchten jetzt Männer mit Stuten auf, die aus demselben Grund auf der Insel waren. Die Teppiche wurden eingerollt und die Sitzpolster, die den Höhlenboden bedeckten, verstaut. Dann brachen sie auf und ich schloss mich ihnen an.

Nach einer weiten Reise, erst über das Meer, dann über das Land, gelangten wir schließlich in die Hauptstadt des Königs Mihrdjan. Der freute sich sehr, als er sah, dass die Pferde heil angekommen waren. Man stellte mich dem König vor und erzählte ihm von meinen Abenteuern. Er empfing mich herzlich und wollte auch von mir noch einen Bericht über das, was ich erlebt hatte, hören. Als ich geendet hatte, sagte er: »Dir ist wirklich das Leben wiedergeschenkt worden. Danke Allah dafür, dass er dich gerettet hat.«

Der König gab mir Kleider und lud mich ein, in seiner Nähe zu wohnen. Er war mir so zugetan, dass er mich nach einiger Zeit zum Verwalter seiner Häfen machte. Ich zahlte ihm sein Vertrauen zurück, indem ich seinen Reichtum vergrößerte, was auch für mich so manchen Vorteil brachte. Doch so gut es mir auch ging, ständig quälte mich das Heimweh. Immer wenn Kaufleute zu mir kamen, fragte ich sie nach Bagdad und hoffte jemanden zu treffen, der aus dieser Stadt stammte und dorthin zurückreisen würde. Aber niemand, den ich ansprach, hatte von Bagdad auch nur gehört.

Je länger ich am Hof des Königs war, umso stärker wurde meine Sehnsucht nach der Heimat, obwohl ich mich über Mangel an Abwechslung nicht beklagen konnte. Einmal traf ich indische Kaufleute, die mir von ihrem Land erzählten, so wie ich ihnen von dem meinen berichtet hatte. Ich erfuhr von ihnen, dass es in Indien vierundzwanzig verschiedene Kasten gebe. Die vornehmste hieße Schakirijeh. Sie begingen niemals ein Unrecht, noch beneideten sie jemanden. Von den Brahmanen berichteten sie, dass sie zwar nie Wein tränken, aber doch lustige, zu Scherzen aufgelegte Leute wären. Ein andermal hörte ich, zum Reich des Königs Mihrdjan gehöre eine Insel mit dem Namen Kasel, wo man Tag und Nacht das Tamburin und andere Instrumente spiele. Auch sah ich zwei riesige Fische, von denen einer an die zweihundert, der andere hundert Ellen lang war und die über den Kiemen einen Eulenkopf trugen. Überhaupt begegnete mir während meines Aufenthaltes in König Mihrdjans Reich so viel Seltsames, dass es unmöglich ist, alles zu beschreiben.

Eines Tages, als ich schon ziemlich lange in dem Land gelebt hatte, ging ich, wie es meine Gewohnheit war, wieder einmal zum Meer hinunter. Dort sah ich ein reich beladenes Schiff vor Anker liegen. Ich blieb, bis die Ladung gelöscht war, um sie, wie es meine Aufgabe war, in Empfang zu nehmen. Da trat der Kapitän auf mich zu und sagte: »Herr, wir haben noch Waren an Bord, die einem Mann gehören, der unterwegs verloren ging. Wir wissen nicht, ob er noch lebt oder nicht.« Als ich ihn nach dem Namen des Mannes fragte, erwiderte er: »Er heißt Sindbad und stammt aus Bagdad. In Basra ist er auf unser Schiff gekommen.«

Ich bat den Kapitän, mir die Geschichte Sindbads zu erzählen, und er berichtete alles, was vorgefallen war, bis zu dem Zeitpunkt, als das Schiff nach dem Unglück mit dem riesigen Fisch davongesegelt war. »Wir haben ihn nicht mehr gesehen«, schloss er, »und wollen jetzt seine Waren verkaufen, um den Erlös seiner Familie zu bringen.«

»Ich bin Sindbad!«, rief ich und zum Beweis nannte ich ihm die Namen der Kaufleute, die mit mir auf dem Schiff gewesen waren, wiederholte die Warnung, die er uns damals zugerufen hatte, und erzählte ihm von meiner abenteuerlichen Rettung.

»Allah sei Dank, dass du lebst«, sagte der Kapitän, fuhr aber fort: »Es gibt eben keine Ehrlichkeit mehr unter den Menschen.« Und als ich ihn fragte, warum er das sage, erklärte er: »Es war einfach für dich, dir den Namen Sindbad zuzulegen. Denn ich selbst habe ihn dir genannt und dir auch den größten Teil seiner Geschichte erzählt. Jetzt gibst du dich für ihn aus, um dir seine Waren unter den Nagel zu reißen. Das ist eine Sünde. Ich und alle, die auf dem Schiff waren, haben gesehen, wie Sindbad ertrank.«

»O Kapitän«, rief ich, »ich bin kein Lügner!« Und ich rief ihm Begebenheiten und Gespräche in Erinnerung, die vor dem Unglück stattgefunden hatten. Da glaubte er mir endlich, dass ich die Wahrheit sagte und wirklich Sindbad war. Sogleich ließ er alle zusammenrufen, die sich auf dem Schiff befanden, und sie begrüßten mich und erkannten mich wieder. Ich berichtete ihnen, was ich erlebt und erlitten hatte. Dann übergab der Kapitän mir, was mir gehörte.

Einige Kostbarkeiten machte ich König Mihrdjan zum Geschenk und erklärte ihm, ich hätte das Schiff, mit dem ich aufgebrochen sei, wiedergefunden und mein Eigentum zurückbekommen. Der König freute sich mit mir. Ich aber veräußerte meine Sachen, wobei ich einen hohen Gewinn erzielte. Für den Erlös kaufte ich andere Waren und brachte sie aufs Schiff. Nachdem ich mich vom König, der mich reich belohnte, verabschiedet hatte, reisten wir ab. Allah meinte es gut mit uns und schickte uns günstige Winde, sodass wir ohne Störungen bei Tag und bei Nacht von Insel zu Insel fahren konnten, bis wir Basra erreichten. Von dort brach ich nach kurzem Aufenthalt nach Bagdad auf. Die Waren, die ich mitgebracht hatte, erlaubten es mir, mein Haus zurückzukaufen und alle meine Verwandten darin wohnen zu lassen. Ich kaufte auch Sklaven und Sklavinnen, erstand Häuser und Güter, die noch prächtiger waren als die, die ich zuvor besessen hatte. Meine leidvollen Erfahrungen vergaß ich bald. Ich lebte wieder in Saus und Braus und feierte viel.

»Oh, es ist ja schon Nacht«, schloss der Seefahrer Sindbad seinen Bericht. An den Lastenträger gewandt, fügte er hinzu: »Dein Besuch hat uns viel Freude bereitet. Bleib zum Essen und komm morgen wieder, damit ich dir erzähle, was mir auf meiner zweiten Reise alles passiert ist.«

Nach dem Abendessen ließ er Sindbad dem Lastenträger hundert Dinare auszahlen. Der nahm seine Last wieder auf, verabschiedete sich dankbar und wunderte sich über das, was er gehört hatte.

Am nächsten Morgen konnte er es kaum erwarten, wieder in das Haus seines Gönners zurückzukehren. Ungeduldig wusch er sich, verrichtete schnell sein Morgengebet und ging sofort zum Haus Sindbads des Seefahrers. Er wünschte ihm einen guten Morgen, küsste den Boden zu seinen Füßen und bedankte sich für seine Freundlichkeit. Die übrigen Freunde hatten sich bereits eingefunden und saßen im Halbkreis um den Hausherrn wie am Tag zuvor.

Sindbad begrüßte den Lastenträger und sagte: »Wir freuen uns, dass du wiedergekommen bist.« Dann ließ er köstliche Speisen bringen, danach Wein und sowohl frische als auch getrocknete Früchte, außerdem duftende Blumen und kühle Säfte. Als alle genug gegessen und getrunken hatten, sagte der Seefahrer Sindbad zu dem Lastenträger. »Nun pass auf, mein Freund, was ich dir von meiner zweiten Reise zu berichten habe. Das ist alles noch viel merkwürdiger als das, was ich auf meiner ersten Reise erlebt hatte, und ich musste dabei viel mehr Leid ertragen.«

Die zweite Reise

Ich habe euch gestern Abend erzählt, dass ich nach meiner Rückkehr wieder ein fröhliches Leben im Kreise meiner Freunde begann. Doch eines Tages ergriff mich die Lust, wieder zur See zu fahren und mein Glück im Handel zu suchen. Ich schaffte Waren an und begab mich zusammen mit anderen Kaufleuten an Bord eines Schiffes. Nachdem wir Allah um seinen Beistand angefleht hatten, wurden die Anker gelichtet und die Segel gesetzt.

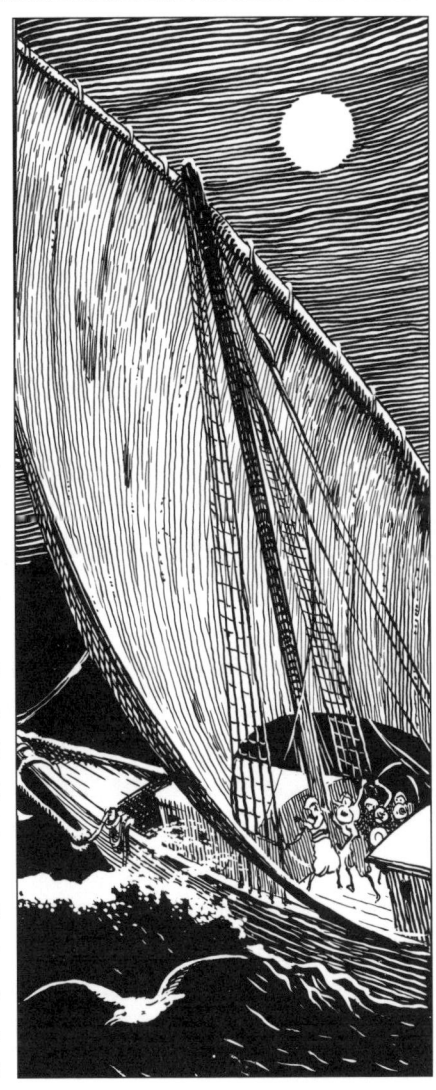

Wir fuhren von einer Insel zur anderen, von Küste zu Küste, aus einem Meer in das andere, bis wir vor einer stark bewaldeten Insel ankerten. Jedoch konnten wir dort keinerlei menschliche Behausungen entdecken. Gemeinsam mit anderen Kaufleuten ging ich an Land und erfreute mich an den prächtigen Pflanzen. Als ich müde geworden war, ließ ich mich an einer klaren Quelle nieder. Ein Sklave, den ich anschließend an Bord zurückschickte, reichte mir die köstlichsten Speisen. Selbst blieb ich aber, nachdem ich geschlemmt hatte, noch eine Weile an der Quelle sitzen und genoss die schöne Luft. Ich schlief ein, und als ich erwachte, sah ich das Schiff nicht mehr. Es war abgesegelt; niemand hatte an mich gedacht.

Ärger stieg in mir hoch, dass mir die Galle fast platzte. Nach einiger Zeit bekam ich es jedoch mit der Angst zu tun, denn ich hatte nichts mehr zu essen. Ich war verzweifelt und fluchte, dass

ich diese zweite Reise unternommen hatte, obwohl es mir zu Hause gut gegangen war und ich meine Zeit mit den fröhlichsten Feiern hätte verbringen können. Der Gedanke, dies alles leichtsinnig aufs Spiel gesetzt zu haben, machte mich fast wahnsinnig. Schließlich aber ergab ich mich in mein
Schicksal. Eine Weile ging ich planlos umher, dann kletterte ich auf einen
Baum, um zu erkunden, ob nicht irgendwo ein menschliches Lebenszeichen zu entdecken war. Doch mein Blick schweifte nur über das unendliche
Meer und ich sah nichts als Wasser und Himmel.

Als ich schon entmutigt vom Baum steigen wollte, bemerkte ich am anderen Ende der Insel etwas Weißes. Voller Ungeduld rannte ich schnell
dorthin, wo ich den Gegenstand entdeckt hatte. Bald erkannte ich, dass es
sich um eine gewaltige Kugel handelte. Sie fühlte sich an, als sei sie aus rei-
ner Seide. Auf der Suche nach einer Öffnung ging ich ganz um die Kugel
herum, deren Umfang etwa fünfzig Schritt betrug, konnte aber keine finden. Die Wände waren zu glatt, um sie hochzuklettern.

Gegen Abend verfinsterte sich plötzlich der Himmel, als hätte sich eine
Wolke vor die Sonne geschoben. Erstaunt blickte ich nach oben und sah einen riesengroßen Vogel. Da erinnerte ich mich, dass sich die Matrosen einmal über einen Vogel, den sie Roch nannten, unterhalten hatten. Die große
weiße Kugel musste das Ei des Roch sein. Und wirklich: Das riesige Tier
breitete seine Schwingen aus und ließ sich auf der Kugel nieder, als wolle sie
es ausbrüten.

Als der Vogel auf dem Ei saß, nahm ich meinen Turban ab, band mir das
eine Ende des Tuches um den Bauch und verknotete das andere am Bein
des Roch. Auf diese Weise hoffte ich von der einsamen Insel wegzugelan-
gen, wenn der Vogel fortflöge. Die ganze Nacht blieb ich wach. Am Morgen
erhob sich der Roch in die Lüfte und trug mich so hoch über die Wolken,
dass ich unter mir nichts mehr erkannte. Er schien das Gewicht, das an seinem Bein hing, überhaupt nicht zu bemerken. Plötzlich, mitten im Flug,
ließ sich der Roch aus der schwindelnden Höhe mit solcher Geschwindig-
keit nach unten fallen, dass ich bewusstlos wurde. Der Aufprall auf den Boden brachte mich wieder zu mir. Schnell löste ich das Turbantuch, mit dem
ich an den Vogel gefesselt war, und beobachtete voller Entsetzen, wie er
eine riesige Schlange mit dem Schnabel packte und davonflog.

Kaum war ich allein, dachte ich über meine Lage nach. Ich befand mich einige Hundert Klafter über einem weiten Tal, das von allen Seiten mit Bergen umstanden war. Die Gipfel waren so hoch, dass sie über die Wolken reichten und man sie nicht sehen konnte. Da bekam ich es mit der Angst zu tun und ich murmelte: »Allah hat mich einer Gefahr entrissen, um mich in eine neue zu stürzen.«

Niedergeschlagen stieg ich in das Tal hinab und bemerkte, dass der Boden aus reinem Diamant bestand – dem Stein, der härter als Stahl und Eisen ist und den man zum Zerschneiden von Glas und Perlen verwendet. Dort lebten viele Schlangen, die so lang wie Palmen waren und so dick, dass sie einen Elefanten hätten verschlingen können. Tagsüber verkrochen sich die Reptilien aus Angst vor dem Vogel Roch in Höhlen und kamen erst nachts aus ihrem Versteck hervor.

Ich betrat eine Höhle am Rande des Tals und versperrte den Eingang mit einem schweren Stein. Doch als ich mich umsah, erblickte ich eine Riesenschlange, die gerade auf ihren Eiern saß, und bald darauf entdeckte ich noch eine. Die Angst raubte mir den Schlaf. Bis zum Morgengrauen blieb ich wach. Mit dem ersten Licht, das durch die Ritzen am Eingang drang, wälzte ich den Stein beiseite. Ich war bleich wie ein Gespenst, weil ich so lange nicht mehr geschlafen hatte, und stolperte im Tal umher.

Da fiel mir plötzlich ein frisch geschlachtetes und gehäutetes Schaf vor die Füße. Ich erinnerte mich daran, was mir einmal ein Kaufmann erzählt hatte: Die Diamantensucher, berichtete er, schlachten ein Lamm, ziehen ihm das Fell ab und werfen es von den Bergen in die Diamantentäler. An dem gehäuteten Tier bleiben Diamantbrocken kleben und die Männer warten, bis die Adler vom Geruch des frischen Fleisches angelockt werden, die Kadaver ergreifen und nach oben tragen. Dann erschrecken sie die Vögel mit lautem Geschrei, sodass diese ihre Beute fallen lassen. Die Diamantensucher aber pulen die Edelsteine aus dem Fleisch. Diese Art, zu Diamanten zu kommen, war meine Rettung. Ich sammelte im Tal so viele von den kostbaren Steinen, wie ich tragen konnte. Anschließend band ich das geschlachtete Tier mithilfe des Turbantuchs auf meiner Brust fest und wartete. Bald kam ein Adler, schlug seine Krallen in das Schaf und trug es – und mich – in die Lüfte.

Sobald der Vogel sich niederlassen wollte, erhoben die Diamantensucher ein ohrenbetäubendes Geschrei und schlugen Bretter gegeneinander, sodass der Adler von seiner Beute abließ. Einer der Männer ging zu dem Kadaver und suchte das Fleisch nach Diamantbröckchen ab. Als er keine fand, jammerte er: »Was für ein Pech! All meine Mühe war umsonst.« In diesem Augenblick sah er mich und erschrak, als stünde ein Gespenst vor ihm. Ich aber sagte: »Hab keine Angst, mein Freund. Ich bin ein Mensch wie du. Und du gehst bestimmt auch nicht leer aus. Ich habe im Tal viele Diamanten gesammelt und gebe dir mehr davon, als du an dem Fleisch dieses Schafes gefunden hättest.«

Sofort kamen auch die übrigen Diamantensucher hinzu und staunten. Und ihr Staunen wuchs noch, als sie meine Geschichte erfuhren. Ich nahm eine Handvoll Diamanten aus der Tasche und gab sie dem Mann, mit dessen Tier ich hierhergelangt war. Er bedankte sich überschwänglich und nahm mich mit in seinen Heimatort. Die übrigen Diamanten aber verkaufte ich, steckte das Geld in meinen Ledergurt und reiste weiterhin von Stadt zu Stadt und von Insel zu Insel. Ich machte überall gute Geschäfte und traf schließlich wohlbehalten wieder in Basra ein.

Auch auf dieser Reise habe ich viel Seltsames erlebt. Auf einer Insel, die ich besuchte, wächst ein Kampferbaum, der so dick ist, dass hundert Menschen in seinem Schatten Platz finden. Den Kampfer gewinnt man, indem man den Stamm mit einer Lanze ansticht, sodass eine Flüssigkeit herausquillt, die sich zu einer Art Gummi verdickt.

Auf dieser Insel sah ich auch ein Rhinozeros. Das ist ein Tier, das größer und stärker als ein Elefant ist und in Herden weidet. Auf der Nase trägt es ein langes, gewaltiges Horn, das so dick wie eine Dattelpalme ist. Dieses Horn, so hat mir ein Reisender erzählt, ist die mächtigste Waffe des Rhinozeros. Es spießt damit die Elefanten auf und trägt sie weg, ohne sich auch nur im Mindesten anzustrengen. Wenn aber im Sommer die Sonne vom Himmel brennt, dann läuft das Fett aus dem toten Elefanten heraus und dem Rhinozeros über die Augen, dass es blind wird. Darauf wartet der Vogel Roch. Er schießt herbei, packt das Rhinozeros und den Elefanten mit seinen Krallen und bringt beide in seinen Horst, wo er seine Jungen damit füttert. – Wie gesagt: Ich habe viele merkwürdige Dinge auf dieser Reise erlebt.

Die Reisen Sindbads des Seefahrers, zu Seite 163

In Basra hielt ich mich nur wenige Tage auf, dann reiste ich nach Bagdad. Meine Verwandten, Freunde und Nachbarn begrüßten mich herzlich und freuten sich über meine glückliche Wiederkehr. Ich beschenkte sie alle reichlich und begann wieder mein altes Leben. Ich handelte mit den verschiedensten Waren und mit Edelsteinen, von denen ich nun mehr besaß als je zuvor, und ließ es mir gut gehen sowohl beim Essen und Trinken als auch mit allerlei Vergnügungen. Wegen meiner Erlebnisse aber wurde ich von allen bewundert.

Damit beendete Sindbad der Seefahrer die Erzählung von seiner zweiten Reise. Er gab dem Lastenträger wieder hundert Dinare und lud ihn für den folgenden Tag ein, den Bericht von seiner dritten Reise anzuhören. Der Lastenträger erschien pünktlich am Tag darauf, setzte sich mit Sindbad und seinen Gästen zu Tisch, aß, trank und genoss die guten Düfte. Nach dem Essen aber fuhr der Gastgeber fort, aus seinem Leben zu erzählen.

Die dritte Reise

So, wie der Mensch sich immer nach Neuem sehnt, packte auch mich nach einiger Zeit des süßen Nichtstuns wieder die Lust, auf Reisen zu gehen und Handel zu treiben. Ich dachte nicht mehr an die schlimmen Erlebnisse der Vergangenheit, sondern machte mich auf den Weg nach Basra. Hier fand ich ein ansehnliches Schiff, auf dem sich bereits viele angesehene Kaufleute zusammengefunden hatten. Allah war uns gnädig. Wir reisten ohne besondere Zwischenfälle und erzielten großen Gewinn.

Eines Tages jedoch, als wir nichts Böses ahnend an Deck beisammensaßen, schrie der Kapitän vor Schreck laut auf. Aus Verzweiflung schlug er seine Hände über dem Kopf zusammen und raufte sich den Bart. »Was für ein Unglück!«, rief er. »Wir sind verloren!«

Als wir fragten, warum er so jammere, entgegnete er: »Ungünstige Strömungen haben uns vom Kurs abgebracht und vor die Affeninsel getrieben.

Dort sind die Affen eine so große Plage wie anderswo die Heuschrecken. Noch nie ist es einem Menschen gelungen, diese Insel lebend zu verlassen.«

Der Kapitän befahl, ein Stück vor der Küste die Segel einzuziehen und die Anker auszuwerfen. Aber die Tiere schafften es trotzdem zu uns herüber, indem sie schwammen. Sofort wimmelte es auf dem Schiff vor Affen mit schwarzen Gesichtern und gelben Augen. Sie enterten in so großer Zahl und von allen Seiten her das Deck, dass es unmöglich war, alle zu töten oder zu verscheuchen. Dann bissen sie die Ankertaue durch, zogen das Schiff ans Ufer, zwangen uns auszusteigen und verschwanden mit dem Schiff und allem, was sich darauf befand. Wir aber irrten auf der Insel umher, wussten nicht, was aus uns werden sollte, und ernährten uns von Pflanzen und Wurzeln.

Nach einigen Tagen kamen wir an ein riesiges Schloss. Durch ein großes Tor aus Ebenholz betraten wir den Hof, wo viele Knochen verstreut umherlagen. Wir wunderten uns zwar darüber, doch wir waren zu müde und zu deprimiert, um den Schlosshof, in dem sich keine Menschenseele zeigte, zu verlassen. Noch während wir uns nach einem Ruheplatz umsahen, bebte plötzlich die Erde und unter großem Getöse trat ein Riese auf uns zu. Er war groß wie eine Palme, sah schrecklich aus und hatte ein Maul wie ein Scheunentor. Er ließ sich in einer Ecke des Hofes nieder und betrachtete uns mit seinen roten Augen. Wir zitterten vor Angst. Dann packte er mich beim Kragen, setzte mich auf seine Hand und betastete mich, wie ein Metzger Tiere befühlt, um festzustellen, ob sie schlachtreif sind. Danach stellte er mich wieder auf dem Boden ab, allerdings in einiger Entfernung zu meinen Gefährten. Nun nahm er einen nach dem anderen auf dieselbe Weise in Augenschein, bis er an unseren Kapitän geriet, der von uns allen am dicksten war. Seine Körperfülle kostete ihn das Leben – der Riese fraß ihn auf. Daraufhin legte er sich zum Schlafen hin und schnarchte grässlich.

Wir hatten uns in die Ecken des Hofes gedrückt, jeder für sich, und wagten nicht, uns gegen das Ungetüm zusammenzuschließen. Wenn uns die Flucht misslang, würde uns das gleiche Schicksal treffen wie den Kapitän, das war uns klar. Aber wohin sollten wir auf dieser einsamen Insel fliehen? Vergebens suchten wir am nächsten Tag, als der Riese davongestampft war, nach einem Versteck. Und dann lief alles ab wie am Tag zuvor: Wieder erschien der Unhold, wieder verspeiste er einen von uns und wieder legte er sich danach zum Schlafen hin und schnarchte so laut, dass sich die Balken bogen.

Als der Morgen graute, verließ der Riese das Schloss. Wir bemitleideten uns und dachten darüber nach, wie wir uns retten konnten. »Wir müssen dieses Ungeheuer töten«, sagte einer, »und uns und die ganze Menschheit von ihm befreien.« Alle stimmten zu.

»Töten ist gut, aber falls es nicht klappt, brauchen wir einen guten Notfallplan«, gab ich zu bedenken. »Wir sollten uns Flöße bauen und sie am Strand verstecken, bevor wir gegen den Riesen vorgehen. Gelingt es uns, das Ungeheuer umzubringen, dann kann uns nichts mehr geschehen. Misslingt es aber, bleibt uns dann immer noch die Flucht aufs Meer. Und wenn wir ertrinken, so ist das ein besserer Tod, als zwischen den Zähnen des Riesen zermalmt zu werden.«

Man stimmte meinem Vorschlag zu und sammelte Holz, flocht aus Pflanzenfasern und allerlei Fetzen, die umherlagen, Stricke und band die Stämme damit zusammen. Die fertigen Flöße wurden am Ufer vertäut. Daraufhin kehrten wir alle ins Schloss zurück. Als sich der Riese wieder einen von uns geschnappt und zum Schlafen hingelegt hatte, rotteten wir uns zusammen. Wir legten zwei eiserne Stangen ins Feuer, bis sie rot glühten, und stießen sie ihm in beide Augen. Das Ungeheuer brüllte entsetzlich, wankte im Hof umher und tastete nach uns, ohne uns jedoch zu erwischen.

Wir aber rannten schnell zum Strand, wo unsere Flöße lagen, und besprachen uns. Kam der Riese bis zum Abend nicht wieder, so wussten wir, dass er umgekommen war, und wir konnten auf der Insel bleiben. Kehrte er aber zurück, dann blieb uns nur die Flucht aufs Meer.

Während wir noch nachdachten, spürten wir, wie die Erde bebte, und wir erblickten den blinden Riesen. Er stützte sich auf zwei Gestalten, die noch grässlicher aussahen als er, und taumelte auf uns zu. Jetzt blieb uns nur noch die Flucht. Wir sprangen auf die Flöße und versuchten die offene See zu erreichen, indem wir so schnell ruderten, wie wir konnten. Die Riesen aber hatten unsere Flucht bemerkt. Sie schleuderten große Felsbrocken auf uns, die einige Flöße zerschmetterten und die meisten meiner Gefährten töteten. Auf meinem Floß legten wir uns kräftig ins Zeug und wurden zum Glück nicht getroffen. Bald trieben wir auf dem Meer, wo wir Wind und Wellen ausgesetzt waren. Wir waren nur noch zu dritt, alle anderen waren tot.

Zwar quälte uns der Hunger, doch wir ließen nicht nach, ruderten weiter und sprachen uns Mut zu. Am dritten Tag trieb uns die Strömung zu einer Insel. Wir aßen die Früchte der Bäume, tranken aus den klaren Bächen und schliefen vor Erschöpfung ein. Mitten in der Nacht erwachte ich von einem Geräusch, das wie das Brausen eines Sturms klang. Als ich die Augen öffnete, sah ich, dass unser Lager von einer riesigen Schlange bedroht wurde. Sie bewegte den Kopf auf einen meiner Gefährten zu, nahm ihn zwischen die Zähne und würgte ihn hinunter, wie er war. Als sie satt war, kroch sie davon. Mein letzter Kamerad, der überlebt hatte, und ich fürchteten aber, sie könnte noch einmal zurückkehren, und jammerten: »Allah prüft uns hart. Kaum sind wir dem mörderischen Riesen entkommen und haben die Wut des Meeres überlebt, schickt er eine Schlange, um uns zu verschlingen.«

Wir suchten die Insel nach einem Versteck ab, fanden aber nichts, wo wir sicher gewesen wären. Die Angst trieb uns schließlich auf einen hohen Baum, wo wir die Nacht verbringen wollten.

Kurz nach Einbruch der Dunkelheit jedoch näherte sich die Schlange, ringelte sich um den Baum, hob ihren grässlichen Kopf und verschlang meinen Kameraden mit Haut und Haaren. Ich floh bis in die obersten Äste und dabei war es mir gleichgültig, dass ich herunterfallen und mit zerschmetterten Gliedern liegen bleiben könnte. Die Schlange allerdings kümmerte sich nicht mehr um mich. Sie kroch ihres Wegs. Ich dagegen verbrachte den Rest der Nacht oben im Baumwipfel, war erschüttert von dem, was ich gesehen hatte, und wollte mich sofort in die Tiefe stürzen, wenn das Untier wiederkommen sollte.

Meine Verzweiflung ließ auch nicht nach, als die Sonne aufging. Ich wollte mich schon im Meer ertränken, aber dann regten sich doch wieder meine Lebensgeister und gaben mir eine Idee ein. Ich nahm Äste, dünne Baumstämme und Bast, den ich zu Stricken drehte, und machte daraus eine Art Kiste, in die ich mich hineinzwängte. Als die Schlange in der Nacht wiederkam, konnte sie mich nicht verschlingen, sosehr sie sich auch abmühte. Immer wieder näherte sie sich mir und zischte laut; immer wieder versuchte sie mich zu fressen. Allerdings hinderte das sperrige Holz sie daran. Doch wenn ich auf diese Weise auch davor bewahrt wurde, von der Schlange gefressen zu werden, starb ich trotzdem beinahe vor Furcht.

Als ein neuer Tag anbrach und die Schlange davongekrochen war, verließ ich zitternd die Kiste. Ich hatte kaum noch die Kraft, mir Früchte zum Essen zu suchen. Gegen Mittag gelangte ich auf einen Hügel, von dem aus ich ein Schiff erkennen konnte, das auf dem Meer fuhr. Ich schrie aus vollem Halse und winkte mit einem abgebrochenen Ast. Da bemerkte mich die Mannschaft und das Schiff ging vor Anker. Man nahm mich an Bord und fragte mich, wer ich sei. Nachdem ich mich gestärkt hatte, erzählte ich den staunenden Zuhörern meine Abenteuer. Der Kapitän gab mir saubere Gewänder, damit ich meine alten, stinkenden Fetzen ausziehen konnte. So hatte ich nach aller Todesangst und Verzweiflung doch wieder ins Leben zurückgefunden. Es war wie in einem schönen Traum.

Bei günstigem Wind kreuzten wir durch die Meere, bis wir Kalaset erreichten, die Insel, wo das Sandelholz wächst. Die Kaufleute, die sich an Bord befanden, gingen an Land, um ihre Geschäfte zu tätigen. Mich aber nahm der Kapitän beiseite und sagte: »Du bist arm, o Herr, und du hast uns erzählt, was du durchgemacht hast. Darum möchte ich dir etwas Gutes tun. Auf diesem Schiff befinden sich Waren, die einem Kaufmann aus Bagdad gehören. Er ist vor einigen Jahren mit uns gereist, aber wir haben ihn verloren. Jetzt wollen wir die Waren verkaufen und den Erlös seinen Angehörigen in Bagdad zustellen, sofern er welche hat. Übernimm du diesen Handel gegen einen entsprechenden Lohn, von dem du auf der Reise leben kannst.«

Ich dankte Allah, dass er alles zum Guten gewendet hatte, und als die Ballen ausgeladen waren, bat ich den Kapitän, mir von dem Besitzer zu erzählen. Er berichtete, dieser sei auf einer einsamen Insel zurückgeblieben, weil sie vergessen hätten, ihn wieder mit an Bord zu nehmen. Als er schließlich noch meinen Namen nannte, kannte meine Freude keine Grenzen und ich rief: »Lieber Kapitän und liebe Kaufleute, ihr sollt wissen, dass ich dieser Sindbad bin. Diese Waren sind mein Eigentum.«

»Wie kannst du das beweisen?«, fragte der Kapitän, der kein Wort von dem glaubte, was ich sagte. Auch die meisten Kaufleute, die sich um uns versammelten, hielten mich für einen Lügner.

Plötzlich trat einer aus ihrer Mitte und behauptete: »Du hast die Wahrheit gesagt. Du bist Sindbad.«

Bei diesem Mann handelte es sich nämlich um den Diamantensucher, der einst das gehäutete Schaf von einem Berg hinuntergeworfen hatte, mit zusammen ich von einem Adler wieder aus dem Tal der Schlangen weggetragen worden war. Er erzählte nun den anderen, was damals geschehen war, und da ich dem Kapitän auch nähere Einzelheiten über die Waren mitteilen konnte, waren seine Zweifel bald ausgeräumt. Er hieß mich aufs Neue willkommen, umarmte mich und freute sich über mein Glück. Die Waren aber verkaufte ich und erzielte einen außergewöhnlichen Gewinn.

Von der Insel Kalaset segelten wir nach Indien, wo ich Nelken, Ingwer und andere Gewürze erstand. Danach fuhren wir nach China, trieben dort Handel und sahen uns das Land an. Auch auf dieser Reise ist mir viel Merkwürdiges begegnet.

Nach einer langen Fahrt erreichte ich endlich wieder Basra und von dort aus kehrte ich nach Bagdad zurück. Ich brachte mehr Geld nach Hause, als ich zählen konnte, und beschenkte wieder Freunde und Nachbarn, spendete Witwen und Waisen Kleider, kaufte neue Sklaven und verbrachte fröhliche Tage mit Musik und schönen Mädchen. An das Leid und die Gefahren meiner Reise dachte ich bald nicht mehr.

Sindbad gab dem Lastenträger erneut hundert Dinare und sagte: »Komm morgen wieder, dann hörst du, was mir auf meiner vierten Reise alles passiert ist.« Der Lastenträger ging nach Hause und wunderte sich über das, was er von seinem Namensvetter erfahren hatte. Am nächsten Abend kehrte er in dessen Haus zurück, und als alle beisammen waren und sich mit Speisen und Getränken gestärkt hatten, begann der Hausherr seinen Bericht von der vierten Reise.

Die vierte Reise

Kaufleute, die mich besuchten, weckten in mir eines Tages wieder die Lust, ferne Länder zu sehen und Handel zu treiben. Daher begab ich mich mit ihnen nach Basra, wo ich kostbare Waren einkaufte, und bestieg ein großes Schiff. Wir waren schon mehrere Wochen unterwegs und hatten bereits gute Geschäfte gemacht, als wir in einen Sturm gerieten, der den Kapitän zwang die Segel zu streichen und die Notanker auszuwerfen. Aber der Wind zerriss die Ankertaue, warf den Mastbaum um und brachte das Schiff mit seiner wertvollen Ladung zum Sinken.

Einige andere Reisende und ich hatten das Glück, uns an ein Brett klammern zu können und uns so vor dem Ertrinken zu retten. Der Sturm warf uns an die Küste einer großen Insel, wo wir erschöpft liegen blieben. Am Morgen machten wir uns auf, die Gegend zu erkunden und bald stießen wir auch auf Hütten von Menschen. Einige Männer kamen auf uns zu und führten uns, ohne uns zu begrüßen, zu ihrem Häuptling. Der ließ uns Speisen, die wir nicht kannten, bringen und meine Kameraden, außer sich vor Hunger, fielen sogleich darüber her. Ich aber rührte sie nicht an, denn ich ekelte mich zu sehr davor. Das war mein Glück, denn das Essen raubte meinen Gefährten den Verstand. Sie aßen unaufhaltsam weiter und tranken auch von dem berauschenden Palmwein, den man ihnen reichte. Als sie völlig besinnungslos waren, führte man sie weg.

Wir waren, wie ich erfuhr, einem Volk in die Hände gefallen, dessen König Menschen fraß. Seine Diener fingen alle Fremden, die an die Küste getrieben wurden, und mästeten sie für ihn. Dieses Los traf alle meine Gefährten. Nur ich kam davon, weil ich nichts aß und deswegen dürr und unansehnlich wurde.

Eines Tages konnte ich mich unbemerkt von den Hütten entfernen und landeinwärts fliehen. Ich ernährte mich von Früchten und Wurzeln. Nach ein paar Stunden begegnete ich einem alten Mann. Er schien es gut mit mir zu meinen und gab mir durch Zeichen zu verstehen, welche Richtung ich einschlagen sollte. Ich folgte dem Rat und wanderte eine Woche lang weiter. Ständig hatte ich Angst, wieder eingefangen zu werden, deshalb schlief ich tagsüber in einem Versteck und setzte nur nachts meinen Weg fort.

Im Morgengrauen des achten Tages traf ich an der Küste auf Leute, die Pfefferschoten ernteten. Sofort liefen sie auf mich zu und fragten mich, wer ich sei und woher ich käme. Ich erzählte ihnen von dem Schiffbruch und all meinen Erlebnissen. Daraufhin bewirteten sie mich und gaben mir neue Kleider. Am nächsten Tag schiffte ich mich mit ihnen ein. Wir segelten zu der Insel, von der sie gekommen waren. Hier brachten sie mich zu ihrem König, der mich freundlich begrüßte und unbedingt meine Geschichte hören wollte. Nachdem ich ihm alles erzählt hatte, lud er mich zum Essen ein und bat mich, in seinem Land zu bleiben. Ich dankte Allah, dass er mich wieder einmal gerettet hatte, und nahm die Einladung an.

Das Land, in dem ich jetzt lebte, war reich bevölkert und der Handel blühte. Ich führte ein angenehmes Leben. Bald fühlte ich mich dort zu Hause und hatte viele Freunde.

Eines jedoch fiel mir auf: Man ritt hier die Pferde ohne Steigbügel, Zaumzeug und Sattel. Als ich den König eines Tages fragte, warum man auf diese Bequemlichkeiten verzichte, antwortete er, ich spräche von Dingen, von denen er noch nie gehört habe. Ich machte eine Zeichnung, nach der ein Tischler ein Sattelgestell zimmerte, das ich mit Wolle polsterte und mit Leder bezog. Außerdem wies ich einen Schmied an, einen Steigbügel und eine Trense herzustellen. Dann suchte ich das beste Pferd im Stall des Königs aus, legte ihm Sattel und Zaum an und forderte den König auf, das Tier zu besteigen. Er war so begeistert über diese Neuerung, dass er mir die kostbarsten Geschenke machte. Da ich auch für die Großen des Reiches Sattel- und Zaumzeug besorgte, wurde ich innerhalb kurzer Zeit zu einem reichen

Mann. Bei der einfachen Bevölkerung der Hauptstadt genoss ich ebenfalls einen ausgezeichneten Ruf, hatte ich doch die Tischler gelehrt, Sättel anzufertigen, und den Schmieden beigebracht, wie man Steigbügel und Trensen herstellt.

»Sindbad«, sagte der König eines Tages zu mir, »ich habe dich gern und ich weiß, dass auch mein Volk dich sehr schätzt. Nun habe ich aber eine Bitte an dich.«

»Was verlangst du von mir, o König?«, fragte ich.

»Nimm eine Tochter aus einer vornehmen Familie zur Frau«, entgegnete er, »damit du einer der Unseren wirst. Wenn du damit einverstanden bist, verschaffe ich dir ein Einkommen, das dir ein Leben in Überfluss ermöglicht.«

Ich wagte nicht, ihm die Bitte abzuschlagen. Also sagte ich nur: »Dein Wunsch ist mir Befehl, Herr.«

Sofort ließ der König den Kadi rufen und verheiratete mich mit einer schönen, reichen Frau, schenkte mir ein Haus, Diener sowie Sklaven und gab mir ein ansehnliches Gehalt. Ich genoss das alles sehr. Ich liebte meine Frau von Herzen, wurde von ihr ebenso geliebt und wir waren glücklich und zufrieden.

Eines Tages jedoch hörte ich, wie mein Nachbar jämmerlich weinte. Als ich mich nach dem Grund seines Kummers erkundigte, erfuhr ich, dass seine Frau gestorben war.

Ich versuchte ihn zu trösten und sagte: »Allah schenke dir ein langes Leben und sorge gut für die Verstorbenen.«

»Ach«, jammerte er, »was sollen mir deine guten Wünsche helfen? Ich habe nur noch eine Stunde zu leben.«

»Wie das?«, fragte ich.

»Weißt du denn nicht«, antwortete er, »dass es hierzulande Brauch ist, den Mann mit ins Grab zu legen, wenn seine Frau gestorben ist, und umgekehrt die lebende Frau zusammen mit ihrem toten Gatten zu beerdigen? Dadurch sollen die Eheleute auch noch im Tode vereint bleiben.«

Während wir noch redeten, kamen seine Bekannten, um von ihm Abschied zu nehmen. Man trug den Sarg ans äußerste Ende der Insel, wo eine Zisterne lag, und den Mann führte man mit sich. Dann hob man den schweren Stein von der Öffnung, ließ zuerst den Sarg hinab und anschließend am selben Strick den Mann, dem man einen Krug Wasser und sieben kleine Brote mitgegeben hatte. Das Seil wurde wieder hochgezogen und die Zisterne mit dem Stein verschlossen.

Ich ging sofort zum König und sagte: »Herr, wie kannst du es zulassen, dass Menschen bei lebendigem Leib begraben werden?«

»Es ist bei uns Sitte«, entgegnete er, »dass die Frau dem Mann und der Mann der Frau ins Grab folgt. So haben es schon unsere Väter und Vorväter und alle Könige gemacht.«

»Das ist eine grausame Sitte«, sagte ich. »Gilt sie auch für Fremde?«

»Natürlich«, antwortete er.

Von diesem Tag an quälte mich der Gedanke, meine Frau könnte vor mir sterben und ich würde lebendig mit ihr begraben. Ich fühlte mich plötzlich wie in einem Gefängnis und es gefiel mir nicht mehr so in der Stadt wie zuvor. Als ich schon anfing mich damit zu beruhigen, dass ich ja vor meiner Frau sterben oder in meine Heimat zurückkehren könnte, wurde sie krank. Sie musste einige Zeit im Bett verbringen und starb schließlich. Jetzt saß ich in der Falle.

Viele Leute kamen, um mich und die Verwandten meiner Frau zu trösten. Sogar der König erschien und bezeigte mir sein Beileid. Die Tote wurde aufgebahrt, in einen Sarg gelegt und an denselben Ort gebracht, wo auch die Frau des Nachbarn bestattet worden war. Man hob den Stein von der Zisterne und ließ den Leichnam hinab. Dann sagte man einige tröstende Worte zu mir, verabschiedete sich aber gleichzeitig von mir.

»Ihr dürft keinen Fremden lebendig begraben!«, schrie ich. »Ich kannte eure Sitte nicht, sonst hätte ich nie eine Frau von hier geheiratet!«

Aber sie hatten kein Mitleid mit mir. Man überwältigte mich, ließ mich auf den Grund der Zisterne hinunter und dann sollte ich das Seil losbinden. Als ich mich weigerte, warfen sie es einfach auf mich herab und verschlossen die Öffnung wieder mit dem Stein.

Hier unten herrschte ein abscheulicher Geruch, der von all den Toten stammte. Pure Verzweiflung überkam mich. Ich ärgerte mich über Allah und über meine eigene Habgier, die mich immer wieder aus Bagdad fortgetrieben hatte, um noch reicher zu werden. Sehnlich wünschte ich den Tod herbei, war aber zugleich darauf bedacht, mit dem Krug Wasser und den sieben kleinen Broten, die man mir mitgegeben hatte, sparsam umzugehen. Vielleicht, dachte ich, gibt es doch noch eine Rettung. Ich machte mich daran, den Ort, an dem ich mich befand, zu untersuchen, und stellte fest, dass es sich um eine riesige Höhle handelte, in der viele menschliche Knochen umherlagen.

Plötzlich fiel Licht durch die Zisternenöffnung und ich sah, wie man einen toten Mann und eine noch lebende Frau herabließ. Wie üblich, gab man ihr einen Krug Wasser und sieben Brote mit. Ich versteckte mich, und kaum war die Zisterne wieder geschlossen, schlug ich die Frau mit einem Knochen nieder und nahm ihr Wasser und Brot ab. Außerdem schnappte ich mir alles, was sie an Schmuck und Edelsteinen am Leib trug, denn es war in diesem Land Sitte, die Toten und ihre Ehegatten mit ihrem schönsten und kostbarsten Schmuck zu begraben. So konnte ich mich wieder eine Weile bei Kräften halten. Längere Zeit lebte ich davon, dass ich die lebendig Begrabenen erschlug und ihren kargen Mundvorrat stahl.

Eines Tages hörte ich ein Rascheln und sah eine Maus vorüberhuschen. Ich folgte ihr, bis ich ein Licht entdeckte, das so winzig war wie ein Stern, der aus der Ferne schimmerte. Ich ging dem Schein nach und stieß auf einen Spalt in der Höhlenwand, durch den ich den Strand erblickte. Mühsam zwängte ich mich hindurch und befand mich an einem Küstenabschnitt, der durch einen hohen Berg von der Stadt abgeschnitten war, sodass er von dort aus nicht erreicht werden konnte.

Nachdem ich Allah für meine Rettung gedankt hatte, ging ich in die Totenhöhle zurück. Dort nahm ich zunächst meinen Mundvorrat und dann alle Diamanten, Perlen, Rubine, goldene Armspangen und kostbare Kleider, die den Toten beigegeben worden waren, an mich. Ich trug alles zum Strand und verpackte es in Ballen. Einige Tage später erspähte ich ein Schiff und ich machte mich mithilfe eines Stofffetzens bemerkbar. Man sah mich vom Schiff aus und sandte eine Schaluppe aus, die mich bergen sollte. An Bord fragte man mich nach meinem Namen und danach, wie ich in diese unbewohnte Gegend geraten sei. Ich verschwieg meine wahren Erlebnisse und erzählte, ich hätte mich mit dem Schmuck und den kostbaren Kleidern, die ich bei mir trug, nach einem Schiffbruch auf die Insel retten können. Ich wusste ja nicht, ob sich Bewohner der Stadt auf dem Schiff befanden. Dem Kapitän bot ich einen Teil meiner Wertsachen an. Er aber lehnte ab, da er bei Allah geschworen habe, jeden Schiffbrüchigen unentgeltlich aufzunehmen und zu verköstigen. Im Übrigen freue er sich, dass ich das Unglück so unbeschadet überstanden habe. Und er versorgte mich auf das Beste, bis wir Basra erreichten. Von dort aus reiste ich einige Tage später nach Bagdad weiter. Ich teilte die Schätze wieder mit meinen Verwandten und meinen Freunden, beschenkte Witwen und Waisen und lebte eine Zeit lang in Saus und Braus.

»Das waren die Abenteuer meiner vierten Reise«, schloss Sindbad seinen Bericht. Und zu dem Lastenträger sagte er: »Komm morgen wieder, wenn du erfahren willst, was ich auf meiner fünften Reise erlebt habe, die noch seltsamer war als die vorangegangenen.« Dann ließ er ihm erneut hundert Dinare auszahlen und am nächsten Abend, als der Lastenträger gegessen hatte und die Tafel abgeräumt worden war, fuhr Sindbad der Seefahrer fort, von seinen Abenteuern zu erzählen.

Die fünfte Reise

Wieder vergaß ich über dem schönen Leben die leidvollen Erfahrungen, die ich auf meiner letzten Reise gemacht hatte, und wieder überkam mich die Lust, fremde Menschen und Länder kennenzulernen. Also erstand ich kostbare Waren und ließ sie nach Basra bringen, wo ein großes Schiff vor Anker lag. Ich kaufte das Schiff, warb einen Kapitän und Matrosen an und begab mich mit einem Sklaven und einigen Dienern an Bord. Auch viele andere Kaufleute reisten mit. Unter Allahs Schutz fuhren wir von Stadt zu Stadt und von Land zu Land, bis uns der Zufall zu einer verlassenen Insel trieb, wo wir das Ei des Vogels Roch fanden. Aus der Ferne glich es einer mächtigen weißen Kuppel. Das Junge war gerade dabei auszuschlüpfen und steckte schon seinen mächtigen Schnabel aus der Schale.

Die Kaufleute, die mit mir reisten, gingen mit Steinen auf das Ei los, schlugen es entzwei und zerrten das Junge heraus, das sie schlachten und verspeisen wollten. Ich hatte am Strand in der Nähe des Schiffs geschlafen und nichts davon mitbekommen. Als ich aufwachte und sah, was sie taten, rief ich ihnen zu, die Hände von dem Ei zu lassen, weil der Roch sonst unser Schiff zertrümmern werde. Aber sosehr ich auch schrie, sie hörten nicht auf mich, sondern brieten das Vogeljunge über einem Feuer.

Da verfinsterte sich plötzlich der Himmel, obwohl die Sonne im Zenit stand. Als wir hochblickten, sahen wir, dass nicht Wolken das Licht verdunkelten, sondern die Schwingen des Roch, der hoch in der Luft über dem zerschlagenen Ei kreiste.

Der Kapitän rief von Bord zu uns herüber, wir sollten so schnell wie möglich auf das Schiff zurückkehren, um nicht vom Roch getötet zu werden. Schnell folgten wir seinem Rat und er lichtete die Anker. Inzwischen hatte sich zu dem Roch auch das Weibchen gesellt. Beide kreischten fürchterlich und machten sich daran, unser Schiff zu verfolgen. Zwar hatte der Kapitän sofort Segel setzen lassen, doch die riesigen Vögel waren trotzdem bald über uns. Mit Entsetzen sahen wir, dass jeder von ihnen einen ungeheuer großen Felsbrocken in den Fängen hielt. Der Roch ließ seinen fallen und unser Steuermann konnte nur mit knapper Not das Schiff so abrupt wenden, dass der Stein ins Wasser stürzte. Allerdings wühlte er das Meer ungeheuer auf und um ein Haar wären wir gekentert, so hoch schlugen die Wellen. Kaum waren wir dieser Gefahr knapp entronnen, da ließ das Weibchen seinen Felsbrocken fallen. Unser Schiff wurde in der Mitte getroffen und brach auseinander. Die Besatzung und alle Reisenden ertranken. Auch ich wurde in die Tiefe gerissen, konnte mich jedoch an ein Brett klammern und trieb drei Tage und drei Nächte auf dem offenen Meer, bis mich die Strömung an die Küste einer einsamen Insel trug.

Ich war zu Tode erschöpft und halb verhungert. Wieder einmal machte ich mir heftige Vorwürfe, dass ich mein bequemes Leben in Bagdad aufgegeben hatte. Bald aber übermannte mich der Schlaf, und als ich aufwachte, fühlte ich mich gestärkt. Also ging ich daran, die Insel zu erkunden. Ich entdeckte Bäume mit Früchten, erfrischende Quellen und auch viele Vögel. Abermals legte ich mich zum Schlafen hin, doch ich konnte lange kein Auge zutun. Mich beunruhigte, dass ich keine einzige Spur von einem Menschen gefunden hatte. Am nächsten Morgen jedoch, als ich erneut die Insel durchstreifte, bemerkte ich einen Mann, der bei einem Wasserrad hockte. Er war nackt, bis auf einen Lendenschurz aus Palmfasern. Vielleicht ist er ein Schiffbrüchiger wie ich, dachte ich und näherte mich ihm mit einem Gruß, den er mit einer einladenden Handbewegung erwiderte. Auf meine Frage, wer er sei und woher er komme, machte er mir, statt zu antworten, durch Zeichen klar, ich solle ihn auf den Rücken nehmen und zur Quelle des Bachs tragen, der das Wasserrad antrieb.

Da ich annahm, er brauche meine Hilfe, kam ich seiner Bitte nach und trug ihn zur Quelle. Doch als ich ihn absetzen wollte, gelang es mir nicht, ihn von den Schultern herunterzubekommen. Er hielt seine Beine, deren Haut so rau war wie die eines Büffels, eng um meinen Hals geschlungen. Da erkannte ich, dass ich schon wieder in ein Unglück geraten war. Vor Verzweiflung fiel ich wie tot auf den Boden. Als ich wieder zu mir kam, fühlte ich noch immer die Beine des Mannes um meinen Hals. Die raue Haut hatte mich schlimm zugerichtet. Ich wollte mich mit einem Ruck befreien und fliehen, aber der Mann ließ sich nicht abschütteln. Er stieß mir die Fersen in die Seiten, dass mir fast die Rippen brachen, und befahl, ihn weiter unter den Bäumen umherzutragen. Also schleppte ich ihn kreuz und quer über die Insel, und immer wenn ich stehen blieb, schlug er mich. Tag und Nacht hockte er mir auf den Schultern, aß von den Früchten der Bäume und verrichtete sogar sein Geschäft auf mir. Selbst wenn wir uns zum Schlafen hinlegten, lockerte er die Umklammerung nicht, und gehorchte ich ihm nicht aufs Wort, bestrafte er mich mit Schlägen, die heftiger schmerzten als Peitschenhiebe.

Bald war ich so weit, dass ich mir den Tod herbeiwünschte. Dauernd ärgerte ich mich über meinen Leichtsinn, der mich in diese Lage gebracht hatte, und ich schwor, mich nie wieder einem Menschen zu nähern, der mich um Hilfe bat.

Eines Tages fand ich auf meinem Weg einige ausgetrocknete Kürbisse. Ich höhlte sie aus, presste den Saft von Trauben hinein, verschloss die Öffnung und legte die Kürbisse in die Sonne, damit die Flüssigkeit darin gärte. Bald war sie zu Wein geworden und ich nahm jeden Tag einige Schlucke davon zu mir. Das Getränk gab mir Kraft und ließ mich zeitweise mein Unglück vergessen. Als ich einmal mehr als gewöhnlich getrunken hatte, wurde ich so lustig, dass ich zu singen, zu hüpfen und in die Hände zu klatschen begann. Der Mann auf meinen Schultern staunte sehr und gab mir zu verstehen, dass er von dem Getränk, das mich so fröhlich machte, kosten wolle. Ich reichte ihm eine der Kürbisflaschen und er leerte sie ganz aus. Kurz darauf wurde auch er lustig und hüpfte auf meinen Schultern auf und ab. Seine Glieder zitterten plötzlich und der Druck seiner Beine lockerte sich. Schließlich wurde er besinnungslos und ich konnte mich von ihm befreien. Ich suchte einen Stein, und noch bevor er wieder wach wurde, zerschmetterte ich ihm den Schädel. – Möge Allah ihn auf ewig in der Hölle schmoren lassen!

Nun begab ich mich wieder zu der Stelle, an der ich an Land gespült worden war, und wartete auf ein Schiff. Nach einigen Tagen näherte sich auch wirklich eines und warf auf mein Winken hin Anker. Die Mannschaft versammelte sich um mich und ich erzählte, was mir zugestoßen war. Als ich mit meinem Bericht zu Ende war, sagte der Kapitän: »Du hast großes Glück gehabt. Denn der Mann, den du erschlagen hast, war der Meerscheich und bisher konnte ihm niemand lebend entkommen. Er hat alle seine Gefangenen geritten, bis sie tot unter ihm zusammenbrachen, und sie dann aufgefressen.«

Man beglückwünschte mich zu meiner Rettung, nahm mich an Bord und versorgte mich mit Nahrung und Kleidung. Das Schiff lichtete die Anker, segelte wieder aufs Meer hinaus und gelangte nach einigen Tagen in den Hafen einer großen Stadt. Hier ließ ich mich an Land setzen. Als ich nun durch die Stadt ging, die von festen Mauern und eisernen Toren umgeben war, erfuhr ich Schreckliches. Die Bewohner flohen nämlich Nacht für Nacht in Kähnen aufs Meer, um sich vor den Affen in Sicherheit zu bringen, die nach Einbruch der Dunkelheit die Stadt besetzten. Ich erinnerte mich an das gefährliche Erlebnis, das ich einmal mit Affen gehabt hatte, und bereute, das Schiff verlassen zu haben. Aber das nützte mir nun auch nichts mehr.

Auf der Straße sprach mich ein Mann an und sagte: »Du scheinst hier fremd zu sein.«

»Allerdings«, erwiderte ich, »ich bin mit einem Schiff gekommen, das inzwischen weitergesegelt ist. Nun bin ich ganz auf mich gestellt, denn ich kenne hier niemanden.«

»Mach dir keine Sorgen«, sagte der Fremde. »Komm diese Nacht mit mir in mein Boot. Denn wenn du in der Stadt bleibst, wirst du sterben.«

Ich folgte ihm und er ruderte ungefähr eine Meile weit aufs Meer hinaus. Am nächsten Morgen kehrte ich mit ihm in die Stadt zurück. Obwohl die Straßen nachts, wenn die Affen kamen, wie ausgestorben waren, ging am Tag trotzdem jeder seinen Geschäften nach. Mein Gastgeber fragte mich, ob ich kein Handwerk gelernt habe.

Ich erwiderte: »Ich war ein reicher Kaufmann und habe Handel getrieben, bei einem Schiffbruch aber alles verloren.«

Und ich erzählte ihm meine Lebensgeschichte, über die er sehr staunen musste. Daraufhin gab er mir einen Beutel mit Steinen und sagte: »Nimm das und folge mir.« Er führte mich zu einer Gruppe von Männern und sagte zu ihnen: »Dieser Mann ist fremd hier. Ein Schiffbruch hat ihn in unsere Stadt verschlagen und er hat kein Handwerk gelernt. Nehmt ihn bei euch auf und bringt ihm bei, was ihr macht. Vielleicht kann er damit so viel Geld verdienen, wie er für die Rückreise braucht.«

Die Männer nahmen mich freundlich auf. Mein Gastgeber empfahl mir, mich an alles, was sie mir zeigten, zu halten. Dann verließ er mich, nicht ohne mir einige Lebensmittel zurückgelassen zu haben. Also schloss ich mich den Leuten an und ging mit ihnen zu einem Wäldchen von hochstäm-

Die Reisen Sindbads des Seefahrers, zu Seite 177

migen Kokospalmen. Die Bäume waren so glatt, dass kein Mensch hochklettern konnte. Viele Affen hielten sich darunter auf. Als sie uns sahen, bekamen sie es mit der Angst zu tun und kletterten geschickt hinauf bis in die Kronen. Die Männer aber nahmen Steine und warfen sie nach den Affen, die sich damit verteidigten, dass sie Kokosnüsse abrissen und auf uns schleuderten. Das war die einzige Möglichkeit, an diese begehrten Früchte zu kommen.

Eine Weile schaute ich zu, bevor auch ich mich beteiligte. Bis zum Abend gewann ich eine stattliche Anzahl Kokosnüsse, die ich bei meinem Gastgeber deponierte. Der ermunterte mich: »Geh nur jeden Tag mit diesen Männern mit. Vielleicht kommst du so zu einem gewissen Wohlstand.«

Ich dankte ihm für den Rat und fuhr fort, auf diese Weise Kokosnüsse zu sammeln. Das Geld, das ich damit verdiente, bewahrte ich in einem ledernen Gürtel auf, den ich ständig trug. Eines Tages ankerte ein Schiff vor der Stadt. Als ich meinem Gastgeber andeutete, ich wolle damit die Stadt verlassen, ging er zum Kapitän und mietete mir einen Platz an Bord. Daraufhin versorgte er mich noch mit Nahrungsmitteln und verabschiedete sich herzlich von mir. Ich aber begab mich mit vielen Kokosnüssen aufs Schiff und wir fuhren von Insel zu Insel, um Handel zu treiben.

Auch auf dieser Reise habe ich viel Merkwürdiges gesehen, den Pfefferbaum zum Beispiel, an dem die Pfefferkörner in Büscheln hängen. Große Blätter bieten den Körnern Schatten und schützen sie vor Regen. Wir kamen auch auf Inseln, auf denen der Aloebaum wächst, dessen Wurzeln ins Meer reichen. Auf einer Insel, wo die Menschen ihren Lebensunterhalt mit Perlentauchen verdienten, gab ich einigen Tauchern Kokosnüsse und sie holten mir dafür mit Allahs Hilfe die prächtigsten Perlen aus dem Meer.

Bald erreichten wir Basra, von wo ich schon einige Tage später nach Bagdad aufbrach. Hier sah ich meine Verwandten und Freunde wieder, die mich schon tot geglaubt hatten, und ich lebte aufs Neue glücklich und zufrieden.

———·•·———

»Das«, so schloss Sindbad seine Erzählung, »waren die Abenteuer, die ich auf meiner fünften Reise gemacht hatte.« Er ließ dem Lastenträger wieder hundert Dinare geben und lud ihn für den kommenden Morgen ein, weil er ihm von seiner sechsten Reise berichten wollte. Der Lastenträger erschien auch pünktlich und nach dem Essen begann Sindbad der Seefahrer zu erzählen.

Die sechste Reise

Als ich längere Zeit glücklich dahingelebt und mein Vermögen beträchtlich vermehrt hatte, kamen Händler nach Bagdad. Sie erzählten mir von ihren Seereisen und von den großen Gewinnen, die sie dabei erzielt hätten. Da ergriff auch mich wieder die Sehnsucht nach fremden Ländern und ich kaufte kostbare Waren, begab mich nach Basra und fand dort ein Schiff, auf dem schon viele Kaufleute auf die Abfahrt warteten. Ich gesellte mich zu ihnen und wir fuhren von Insel zu Insel und von Stadt zu Stadt. Wir hatten viel Spaß, bis sich eines Tages der Kapitän aufführte, als sei er verrückt geworden. Er schrie die Matrosen an, schlug seine Hände vors Gesicht wie eine Frau, die um ihren Mann trauert, riss sich den Turban vom Kopf und jammerte: »Was für ein Unglück, nie mehr werde ich nach Hause zurückkehren! Meine Kinder werden zu Waisen!«

Wir fragten ihn, was passiert sei, und er antwortete: »Seht ihr den Berg am Horizont? Niemand kann ihm entrinnen. Noch kein Schiff, das in seine Nähe geriet, ist heil davongekommen. Fleht zu Allah. Vielleicht ist ein so guter Mensch an Bord, dass seine Gebete erhört werden.«

Wir folgten seinem Rat, während er in den Mastkorb kletterte. Als er sah, dass nichts half, den Kurs zu ändern, stieg er wieder herunter und fiel ohnmächtig auf die Planken.

Der Wind trieb das Schiff auf den Magnetberg zu. Es drehte sich dreimal im Kreis, schlug mehrfach an die Felsen und versank. Die meisten Reisenden ertranken. Nur wenigen gelang es wie mir, sich an die Felswand zu klammern und sich hochzuziehen.

Als wir den Berg bestiegen hatten, sahen wir vor uns eine spärlich mit Bäumen bestandene Ebene. Hier lagen Knochen und Schädel von Menschen umher sowie Waren und Schiffsteile, die beim Aufprall an den Berg hierhergeschleudert worden waren. Außerdem fanden wir viele Perlen und Edelsteine.

Wir irrten auf der Insel umher und wurden immer schwächer; denn es gab dort keine Früchte oder etwas anderes Essbares, ja nicht einmal genügend Pflanzen, von deren Blättern oder Wurzeln man sich hätte ernähren können. Immer wenn einer von uns starb, wuschen wir ihn und begruben ihn. Unsere Zahl wurde immer kleiner, bis wir nur noch zu dritt waren. Kurz hintereinander hauchten schließlich auch die anderen beiden ihr Leben aus. Ich wünschte, ich wäre vor den anderen gestorben, weil nun niemand mehr da war, der mich wusch und bestattete, wenn meine Todesstunde gekommen war. Aus Verzweiflung grub ich ein tiefes Loch, in das ich mich setzen wollte, sobald ich spürte, dass ich bald sterben würde. Währenddessen machte ich mir bittere Vorwürfe, dass ich mein Leben erneut leichtfertig aufs Spiel gesetzt und ohne Not diese Reise angetreten hatte. Dennoch gab ich nicht auf, sondern dachte darüber nach, wie ich mich retten konnte.

Bei einem meiner Streifzüge entdeckte ich einen Bach, der unter der Erde verschwand. Dieser Bach, so sagte ich mir, muss irgendwo wieder ans Tageslicht treten. Und ich beschloss, mir ein Floß zu zimmern und mich den Bachlauf entlangtreiben zu lassen. Kam ich bei dem Versuch, mich zu retten, um, so war das immer noch besser, als untätig auf den Tod zu warten.

Aus den Trümmern gestrandeter Schiffe und den Seilen, die umherlagen, baute ich mir ein Fahrzeug, das einem Fischerkahn ähnlich sah und fast ebenso breit war wie der Bach. Als ich damit fertig war, sammelte ich Perlen und Edelsteine, so viele wie der Kahn tragen konnte. Außerdem belud ich ihn mit gelbem Bernstein und dem seltenen Holz des Aloebaums, der hier wild wuchs. Dann begann ich meine Fahrt ins Ungewisse. Die Strömung riss mich in eine dunkle Höhle hinein und ich glitt einige Tage auf dem Wasser dahin, ohne irgendeinen Lichtstrahl zu erblicken. Teilweise war die Decke so niedrig, dass ich mit dem Kopf gegen Steine stieß und mir wehtat, und manchmal verengte sich der Wasserlauf, sodass ich die Ruder einziehen musste. Die wachsende Todesangst ließ mich Hunger und Durst vergessen. In dem einen Augenblick war ich noch wach und plötzlich schlief ich wieder ein, ohne dass mir dieser Wechsel voll bewusst wurde. Schließlich fiel ich vor Erschöpfung in eine Ohnmacht. Als ich die Augen wieder aufschlug, befand ich mich am Ufer eines Flusses. Mein Kahn war angebunden und auf dem Feld zu meiner Rechten wimmelte es von rot- und schwarzhäutigen Menschen, die mich zwar ansprachen, die ich aber nicht verstand.

Ein Mann merkte, dass ich ihre Sprache nicht kannte, und redete mich auf Arabisch an: »Salem aleikum.«

Ich antwortete: »Auch mit dir sei Allahs Friede und Segen. Wo bin ich?«

»Das Feld, das du hier siehst«, entgegnete er, »wird von uns bebaut. Als wir heute Morgen kamen, um es zu bewässern, bemerkten wir den Kahn, in dem du schliefst. Wir haben ihn am Ufer festgebunden und gewartet, bis du aufwachst. Nun erzähle uns, wer du bist und woher du kommst.«

Ich aber bat, ob sie mir zuvor nicht etwas zu essen und zu trinken geben könnten. Dann wollte ich ihre Neugier befriedigen.

Nachdem ich satt war, erzählte ich ihnen alles, was mir zugestoßen war. Danach besprachen sie sich untereinander und kamen zu dem Schluss: »Wir müssen unserem König Bescheid geben und diesen Fremden zu ihm bringen.«

»Ich bin bereit«, sagte ich. Sie zogen mich in meinem Kahn, in dem sich die Edelsteine, die Perlen, der Bernstein und das kostbare Aloeholz befanden, flussabwärts, bis wir den Sitz des Herrschers erreicht hatten.

Der König empfing mich freundlich, ließ mich neben sich Platz nehmen und erkundigte sich danach, was geschehen sei. Ich erzählte ihm, wie es mich in sein Reich verschlagen hatte, während einer seiner Untertanen übersetzte. Der König konnte kaum fassen, was er da zu hören bekam. Er war sehr gastfreundlich und gab mir sogar ein Zimmer in seinem Palast. Ich überreichte ihm daraufhin einige Edelsteine und Perlen. Oft musste ich ihm von Bagdad und seinem Kalifen Harun al-Raschid erzählen. Er verehrte ihn sehr, weswegen er auch mich umso mehr schätze.

Eines Tages trafen Kaufleute ein, die sich auf dem Weg nach Basra befanden. Da ich mich ihnen anschließen wollte, ging ich zum König und bat ihn, mich ziehen zu lassen. Er überhäufte mich mit Geschenken, legte bei der Schiffsbesatzung ein gutes Wort für mich ein und bald segelten wir von Insel zu Insel und von Stadt zu Stadt, bis wir Basra erreichten. Hier blieb ich nur wenige Tage und machte mich dann auf die Reise nach Bagdad. Wieder hatten meine Familie und meine Freunde mich für tot gehalten. Desto größer war die Freude über meine Ankunft. Ich verteilte wie immer Geschenke und gab auch den Armen etwas von meinem Reichtum ab. Der Kalif, der von meiner Rückkehr gehört hatte, rief mich zu sich, denn er wollte erfahren, was passiert sei. Ich erzählte ihm alles und er staunte sehr. Schließlich befahl er seinen Sekretären, alles Wort für Wort niederzuschreiben und in der Schatzkammer aufzubewahren.

Nun war ich also wieder in Bagdad, genoss das Leben, und die Erinnerung an die schweren Stunden, die ich durchgemacht hatte, verblasste immer mehr.

»Damit endet der Bericht von meiner sechsten Reise«, sagte Sindbad der Seefahrer zu dem Lastenträger. »Wenn du wissen willst, was mir auf meiner siebenten Reise alles zugestoßen ist, dann komme morgen wieder.«

Noch einmal ließ er dem Lastenträger hundert Dinare auszahlen und dieser erschien am nächsten Tag wieder, um nach einem reichhaltigen Mahl zuzuhören, was Sindbad der Seefahrer von seiner letzten Reise zu erzählen hatte.

Die siebente Reise

Die Lust, wieder auf Reisen zu gehen, überkam mich bald. Also kaufte ich wertvolle Waren und begab mich nach Basra, wo ich im Hafen ein Schiff fand, auf dem viele reiche Kaufleute mitfuhren. Ich schloss mich ihnen an. Nachdem wir viele Meilen gesegelt waren, erhob sich ein starker Sturm, der uns zwang, alle Warenballen mit Tüchern abzudecken, um sie vor dem Wasser zu schützen. Unser Kapitän war ein mutiger Mann. Er betete zu Allah und stieg in den Mastkorb. Doch als er wieder auf dem Deck stand, rief er verzweifelt: »Fleht Allah an, dass er euch rettet, und sagt einander schon einmal Lebewohl!« Als wir fragten, was geschehen sei, antwortete er: »Wir sind vom Kurs abgekommen und der Wind wird uns bald ans äußerste Ende der Welt treiben.«

Daraufhin öffnete er eine Kiste, nahm einen Beutel heraus, in dem er Erde aufbewahrte, schüttete einige Krumen davon in eine Tasse und vermischte sie mit Meerwasser. Er roch daran, kostete auch davon und holte schließlich ein Buch herbei, in dem er lange las.

»Passt auf«, sagte er dann, »was in diesem Buch steht. Wer auf dieses Meer gerät, geht unweigerlich zugrunde. Es heißt das königliche Meer, weil sich hier das Grab des Propheten Salomo, des Sohnes Davids, befinden soll, und kein Schiff hat es bisher ungestraft befahren.«

Während wir noch über die Worte des Kapitäns staunten, ließ ein furchtbares Krachen das Schiff in seinen Grundfesten erbeben. Wir nahmen voneinander Abschied und sprachen das Totengebet. Da kamen drei riesige Fische angeschwommen und umkreisten uns. Der größte unter ihnen, der sich wie ein Berg vor uns auftürmte, riss das Maul auf, das so groß war wie ein Stadttor, und wollte das Schiff mit allem, was sich darauf befand, verschlingen. Gleichzeitig hob der Sturm aber unser Fahrzeug in die Höhe und warf es gegen den Kopf eines anderen Fischs, sodass es zerschellte, bevor der Fisch nach uns schnappen konnte. Wir wären alle ertrunken, wenn es nicht mir und einigen anderen gelungen wäre, uns an ein Stück Holz zu klammern, das vom Wind und von den Wellen zu einer Insel getrieben wurde. Zu Tode erschöpft blieben wir am Strand liegen. Wir fühlten uns wie hilflose Küken und wurden von Hunger, Durst, Kälte und Müdigkeit übermannt.

Ich machte mir schwere Vorwürfe, dass ich aus all den Gefahren, in die ich bisher geraten war, nichts gelernt und schon wieder mein angenehmes Leben in Bagdad aufs Spiel gesetzt hatte. Zerknirscht ging ich am Ufer hin und her.

Meine Gefährten starben in den folgenden Tagen einer nach dem anderen. Ich ernährte mich mehr schlecht als recht von den Früchten der Erde und stillte meinen Durst an den Quellen. Oft wünschte ich mir den Tod. Doch eines Tages erwachte in mir wieder der Überlebenswille und mir fiel ein, dass ich mich schon einmal mithilfe eines selbst gebauten Kahns gerettet hatte. Also suchte ich Schiffstrümmer zusammen, zerriss meine Kleider und machte Stricke daraus, mit denen ich die einzelnen Holzstücke aneinanderband. Dann ließ ich das Gefährt zu Wasser und vertraute mich dem Meer an.

Drei Tage und drei Nächte ruderte ich mit der Kraft der Verzweiflung. Am vierten Tag sah ich einen hohen Berg, an dessen Fuß ein mächtiger Fluss aus dem Meer einmündete. Ich versuchte meinen Kahn vom Sog dieses Stromes fernzuhalten und dachte, wie dumm es doch von mir gewesen sei, die Insel zu verlassen, wo ich mich immerhin von Früchten hatte ernähren können.

Doch jetzt kam jede Reue zu spät. Der Fluss zog mich mit gewaltiger Kraft an und spülte mich unter den Berg. Hier war sein Bett so eng, dass ich oft gegen die Felswände geworfen wurde. Erst nach einer langen Fahrt sah ich wieder das Tageslicht. Donnernd und mit einer Gewalt, der man nicht entrinnen konnte, ergoss sich der Strom in ein weites Tal, sodass ich zu kentern drohte. Mit Armen und Beinen klammerte ich mich an dem Kahn fest und vergaß Hunger, Durst und Müdigkeit.

In rasender Fahrt gelangte ich zu einer großen Stadt. Da ich den Kahn nicht aus eigener Kraft ans Ufer bringen konnte, warf man mir vom Land aus Stricke zu. Doch ich konnte sie nicht greifen, sodass man schließlich ein großes Netz nach mir warf.

Halb tot vor Erschöpfung und nackt stieg ich aus dem Boot. Da trat ein alter Mann auf mich zu, legte mir einen kostbaren Mantel um, nahm mich mit zu sich nach Hause und seine Diener machten mir ein Bad. Dann setzte er mir Speisen vor und ich aß, bis ich satt war. Drei Tage lang schlief und aß ich nur. Am vierten Tag kam der Alte und sagte: »Herzlich willkommen im Namen Allahs, der durch dich mein Haus gesegnet hat.«

Ich antwortete: »Allah soll dich für das belohnen, was du mir Gutes getan hast.«

»Mein Sohn«, fuhr mein Gastgeber fort, »während du dich ausgeruht hast, haben meine Diener alles, was auf deinem Kahn war, geholt. Lass uns auf den Markt gehen, um die Waren zu verkaufen.«

Ich wusste, dass ich nichts bei mir gehabt hatte, entgegnete aber: »Wie du willst, Herr.«

Auf dem Markt begrüßten mich alle Kaufleute und betonten, wie sehr sie sich über meine Rettung freuten. Schnell wurde mir klar, dass der Alte unter meinen Waren die Bretter und Planken verstand, aus denen ich meinen Kahn gebaut hatte. Das Holz wurde versteigert und die freundlichen Kaufleute überboten einander mit ihren Geboten, bis eine Summe von zehntausend Dinaren erreicht war.

»Das ist der jetzige Wert deiner Waren«, sagte der Alte. »Wenn du sie liegen lässt, kannst du einen noch höheren Preis erzielen.«

»Ich richte mich ganz nach dir«, antwortete ich.

»Dann überlass mir das Holz«, sagte er, »und ich will dir noch hundert Dinare zusätzlich zahlen.«

Der Handel wurde abgeschlossen und das Holz in das Lager meines Gastgebers gebracht. Der alte Mann übergab mir ein Kästchen mit zehntausendeinhundert Dinaren und ermahnte mich, es immer gut verschlossen zu halten, da ich kein Geld benötige, solange ich sein Gast sei.

Als ich schon geraume Zeit bei dem Alten gewohnt hatte, sagte er: »Ich möchte dir einen Vorschlag machen.«

»Lass hören«, erwiderte ich.

»Ich bin alt und reich«, fuhr er fort, »und habe keinen Sohn, wohl aber eine schöne Tochter. Heirate sie und bleibe als mein Schwiegersohn bei mir, dann soll dir mein ganzes Vermögen gehören.«

Ich war beschämt, weil er so überaus gut zu mir war, und schwieg. Der Alte sagte, als er mein Zögern bemerkte: »Ich will dich zu nichts drängen. Es ist natürlich dir überlassen, ob du meine Tochter heiraten und bei mir bleiben oder in deine Heimat zurückkehren willst.«

»Ich komme ganz deinem Wunsch nach«, antwortete ich. »Du hast mich wie ein Vater behandelt.«

Daraufhin ließ er sowohl den Kadi als auch Zeugen rufen, vermählte mich mit seiner Tochter und richtete ein großes Fest aus. Die Tochter war wunderschön und liebenswürdig. Ihr Schmuck und ihre Kleider waren von unschätzbarem Wert.

Eine Zeit lang lebte ich mit ihr glücklich und zufrieden. Ihr Vater hatte mich zum Herrn über all seine Güter gemacht; ich fühlte mich hier zu Hause und trieb bald einen umfangreichen Handel. Nur eines kam mir seltsam vor: An jedem Neumond wuchsen den erwachsenen Männern Flügel.

Sie nahmen die Gestalt von Vögeln an und flogen davon. Nur die Frauen und Kinder blieben in der Stadt zurück. Als es wieder einmal so weit war und die Leute sich verwandelten, hängte ich mich an einen von ihnen und sagte: »Du musst mich mitnehmen!«

»Das ist unmöglich«, sagte der Mann und schüttelte mich ab.

Mithilfe meiner Überredungskunst schaffte ich es aber doch, dass er sich mit mir in die Lüfte erhob. Und so flogen wir inmitten der anderen Stadtbewohner dahin, und zwar so hoch, dass ich voller Angst ausrief: »Allah, hilf mir!«

Doch kaum waren diese Worte über meine Lippen gekommen, stoben alle in sämtliche Richtungen auseinander. Der Mann, der mich trug, schleuderte mich voller Zorn von seinem Rücken und ich landete auf dem Gipfel eines hohen Berges. Wieder schien ich in ein neues Unglück gestürzt zu sein, nachdem ich einem anderen erst vor Kurzem entronnen war.

Als ich auf dem Berg umherirrte, begegneten mir zwei junge Männer, die freundliche Gesichter hatten. Jeder trug einen goldenen Stab in den Händen.

»Sagt mir um Allahs willen, wer Ihr seid«, beschwor ich sie.

»Wir sind Einsiedler und leben auf diesem Berg«, antworteten sie und der eine von ihnen reichte mir seinen goldenen Stab. Dann gingen sie weiter.

Plötzlich erblickte ich vor mir eine riesige Schlange, aus deren Maul der Kopf eines Mannes hervorschaute.

»Wer mich aus dem Rachen dieses Untiers befreit«, schrie der Mann, »den wird Allah vor jedem Unheil bewahren!«

Da schlug ich die Schlange mit dem goldenen Stab und sie spuckte den Mann aus. Ich schlug noch einmal zu und das Ungeheuer floh.

»Du hast mir das Leben gerettet«, sagte der Mann, »also will auch ich dir helfen.«

Ich freute mich über meinen neuen Gefährten und wanderte mit ihm gemeinsam über den Berg. Kurz darauf kam uns eine Schar Menschen entgegen, unter denen ich den Mann wiedererkannte, der mich abgeworfen hatte.

»Warum hast du das getan?«, rief ich ihm zu.

»Du hättest uns beinahe ins Verderben gestürzt«, entgegnete er »indem du den Namen Allahs erwähntest.«

Da bat ich ihn um Verzeihung und überredete ihn, mich wieder nach Hause zu tragen. Zuvor musste ich ihm aber versichern, den Namen Allahs nicht mehr auszusprechen. Ich verabschiedete mich von dem Mann, den ich aus dem Rachen der Schlange befreit hatte, und schenkte ihm den goldenen Stock. Bald war ich wieder in der Stadt bei meiner Frau.

Da sie nichts von meinem Abenteuer wusste, erzählte ich ihr, was passiert war. Sie war sehr erleichtert, dass ich gesund wiedergekommen war, und riet mir, mich nie mehr mit diesen Männern einzulassen, denn sie seien alle Geister, die nicht an Allah glaubten. Dann fuhr sie fort: »Mein Vater ist während deiner Abwesenheit gestorben. Jetzt haben wir keine Angehörigen mehr in dieser Stadt. Lass uns unseren ganzen Besitz hier verkaufen und in deine Heimat ziehen.«

Ich stimmte zu, und als ich eines Tages von einigen Fremden hörte, die die Stadt mit einem Schiff verlassen wollten, schlossen wir uns ihnen mit unserem ganzen Gepäck an. Wir reisten von Insel zu Insel und von Meer zu Meer, bis wir endlich in Basra landeten. Von hier aus begaben wir uns auf dem schnellsten Weg nach Bagdad, der Stadt des Friedens.

»Gelobt sei Allah«, schloss Sindbad der Seefahrer die Erzählungen von seinen Abenteuern, »der mich wieder mit meinen Freunden zusammengeführt hat, zu denen ich dich, Sindbad, jetzt auch zähle.«

Die zwei neidischen Schwestern

er Schah von Persien, Sultan Chosrau, hatte oft seinen Spaß daran, nachts verkleidet durch die Straßen und Gassen seiner Hauptstadt zu streifen. Dabei begleitete ihn nur ein vertrauter Diener. Eines Abends, zwei Stunden nach Sonnenuntergang, machte er sich wieder auf den Weg und gelangte in das Viertel, in dem die Armen wohnten.

Da hörte er Stimmen aus einem Haus. Neugierig trat er näher, schaute durch einen Spalt in der Tür hinein und sah drei Schwestern um eine Lampe sitzen. Sie unterhielten sich nach dem Abendessen darüber, was sie sich am sehnlichsten wünschten.

»Mein Wunsch wäre«, sagte die eine Schwester, »dass der Bäcker des Sultans mich zur Frau nimmt. Dann könnte ich mich jeden Tag an dem köstlichen Sultansbrot satt essen.«

»Ich würde mir«, sagte die zweite Schwester, »den Oberkoch des Sultans zum Mann wünschen. So bekäme ich jeden Tag die feinsten Speisen und hätte das köstliche Sultansbrot, das jedem Gericht beigegeben wird, noch obendrein.«

Die jüngste Schwester, ein ausnehmend schönes und anmutiges Mädchen, sagte, als sie an der Reihe war: »Wenn ich mir etwas wünschen dürfte, nähme ich den Sultan selbst zum Gemahl und ich würde ihm einen wunderschönen Prinzen schenken. Sein Haar würde wie Gold und Silber glänzen, seine Tränen würden wie Perlen schimmern und seine Lippen wie eine Rosenknospe aussehen.«

Die Wünsche der Schwestern erschienen dem Sultan so merkwürdig, dass er beschloss, sie alle zu erfüllen. Er sagte seinem Großwesir, dass er die drei am nächsten Morgen zu ihm führen solle.

Als die drei Schwestern dann vor seinem Thron standen, fragte er sie: »Erinnert ihr euch an die Wünsche, die ihr gestern Abend geäußert habt?«

Die Schwestern schlugen die Augen nieder und der jüngsten stieg die

Schamröte ins Gesicht, wodurch sie noch schöner wurde und das Herz des Sultans vollends für sich gewann.

Da er ihre Verlegenheit bemerkte, versuchte er sie zu beruhigen und sagte: »Habt keine Angst, ich will nur eure Wünsche erfüllen. Du«, sagte er zu der jüngsten Schwester, »möchtest mich zum Mann. Heute noch sollst du mit mir verheiratet werden. Und ihr«, er wandte sich an die beiden anderen Schwestern, »sollt die Männer bekommen, von denen ihr gestern Abend gesprochen habt.«

Es dauerte einige Zeit, bis die Mädchen sich von ihrer Überraschung erholt hatten und ihre Stimme wiederfanden.

»O Herr, es war doch nur Unsinn, was wir gestern Abend so dahingeredet haben«, wandte die Jüngste ein, während sie sich tief verbeugte. »Ich bin nicht würdig deine Frau zu werden und bitte dich um Entschuldigung, dass ich so dreist war.«

Der Sultan wollte das allerdings nicht gelten lassen. »Es bleibt dabei«, entschied er, »eine jede von euch soll den zum Mann bekommen, den sie sich gewünscht hat.«

Und am selben Tag noch fanden drei Hochzeiten statt, eine prächtige, die so prunkvoll gefeiert wurde, wie es sich für die Hochzeit eines Sultans von Persien gehörte, und zwei bescheidenere.

Die beiden älteren Schwestern spürten den großen Standesunterschied zwischen sich und der jüngeren und sie waren keineswegs über die Erfüllung ihrer Wünsche froh, sondern wurden von Neid zerfressen.

Einige Tage nach der Hochzeit, als sie sich im öffentlichen Bad trafen, sagte die älteste Schwester zu der zweiten: »Was hältst du von unserem Nesthäkchen? Wirklich, eine feine Sultanin!«

»Ich begreife nicht«, fügte die andere hinzu, »was der Sultan an ihr findet. Sie ist hässlich und dauernd schlaff. Nur weil sie ein bisschen jünger ist als wir, hat der Herrscher sie genommen. Du, meine Liebe, gefällst mir viel besser, und wenn der Sultan ein Mann von Geschmack und Gerechtigkeit wäre, hätte er dich ausgesucht.«

»Ach, sprechen wir nicht von mir«, wehrte die älteste Schwester geschmeichelt ab. »Wäre seine Wahl auf dich gefallen, ich hätte kein Wort dagegen eingewendet. Aber dass er ein so kümmerliches Geschöpf geheiratet hat, kränkt mich tief und ich werde es ihr heimzahlen. Auch du, liebe Schwester, solltest darüber nachdenken, wie wir uns für diese Demütigung rächen können. Tu dich mit mir zusammen.«

Von diesem Tag an besuchten die beiden Schwestern einander so oft, wie es nur eben ging, und jedes Mal besprachen sie, wie sie das Glück der Sultanin mindern oder gar zerstören könnten. Doch vorerst hatten sie keine brauchbare Idee, sosehr sie sich auch die Köpfe zerbrachen. Um aber ihre hinterhältigen Pläne nicht ans Licht kommen zu lassen, taten sie, als liebten sie ihre jüngste Schwester von ganzem Herzen. Sie besuchten sie und die Sultanin erwiderte alle Beweise schwesterlicher Liebe ohne jedes Misstrauen.

Einige Monate nach der Hochzeit war die Sultanin schwanger. Der Sultan freute sich über den kommenden Erben und ließ die Neuigkeit im ganzen Land verbreiten. Als die beiden Schwestern davon hörten, kamen sie sofort zu der Sultanin, wünschten ihr heuchlerisch Glück und bestürmten sie, um nichts in der Welt andere Hebammen auszuwählen als sie.

»Wie gern würde ich euch den Vorzug geben«, antwortete die Sultanin. »Jedoch fürchte ich, dass ich das nicht allein entscheiden kann. Vielleicht können ja auch eure Männer beim Sultan etwas ausrichten. Wenn ich gefragt werde, so könnt ihr sicher sein, dass ich niemand anders vorschlagen werde als euch.«

Die Schwestern wandten sich sogleich an ihre Männer und diese brachten die Berater des Sultans dazu, sich für ihre Frauen einzusetzen. So geschah es, dass der Sultan eines Tages zu seiner Gemahlin sagte: »Ich habe das Gefühl, deine Schwestern könnten dir bei der Niederkunft besser zur Seite stehen als irgendjemand sonst in meinem Reich.«

»Danke, mein Gemahl«, antwortete die Sultanin. »Ich bin ja so froh, dass du das vorschlägst.«

Von da an hatten die beiden Schwestern freien Zutritt zum Palast und konnten ungehindert ihre Intrige vorbereiten. Als der Tag der Niederkunft gekommen war, gebar die Frau des Sultans einen Sohn, schön wie der junge Tag. Doch weder die Schönheit noch die Hilflosigkeit des Kindes rührten die beiden bösen Hebammen. Noch während die Wöchnerin erschöpft schlief, wickelten sie den Jungen nachlässig in Windeln, legten ihn in ein

Binsenkörbchen und setzten ihn auf dem Fluss aus, der am Palast vorüberfloss. Dem Sultan aber zeigten sie statt des Kindes ein totes Hündchen und behaupteten, die Sultanin habe es zur Welt gebracht.

Der Sultan ärgerte sich maßlos und sein Zorn hätte sich ohne Zweifel gegen seine Gemahlin gewendet, hätte ihn nicht der Großwesir damit besänftigt, dass man die Frau nicht für eine böse Laune der Natur verantwortlich machen könne.

Unterdessen schwamm das Binsenkörbchen flussabwärts und wurde vom Aufseher über die Gärten des Sultans entdeckt. Er befahl einem Gärtner, das Körbchen an Land zu ziehen. Verwundert betrachtete er das schöne Kind, das friedlich darin schlummerte. Da er sich seit Jahren nichts sehnlicher wünschte als ein Kind, seine Ehe aber kinderlos geblieben war, trug er das Körbchen nach Hause.

»Das Kind hat Allah uns geschenkt«, sagte er zu seiner Frau. »Such schnell nach einer Amme und behandle es, als wäre es dein eigenes.«

Die Frau nahm den Jungen nur zu gern an und zog ihn mit Liebe auf. Woher das Kind stammte und wer seine Eltern waren, darüber machten sie und ihr Mann sich keine Gedanken.

Im folgenden Jahr schenkte die Sultanin erneut einem Knaben das Leben und wieder kannten die herzlosen Schwestern kein Mitleid. Wie seinen Bruder setzten sie ihn auf dem Wasser aus und behaupteten, die Gemahlin des Sultans hätte diesmal eine tote Katze geboren. Zum Glück befand sich der Aufseher über die Gärten wieder am Fluss, als das Körbchen vorübertrieb. Und wieder fischte er es aus dem Wasser und bat seine Frau, sich um das Kind zu kümmern, als wäre es ihr eigenes.

Als man dem Sultan die Nachricht von der erneuten Missgeburt seiner Frau überbrachte, war er noch zorniger als beim ersten Mal. Seinem Großwesir gelang es nur mit Mühe, ihn davon abzuhalten, die Sultanin zu bestrafen.

Schließlich gebar die jüngste Schwester ihr drittes Kind, ein Mädchen. Es musste das Schicksal seiner Brüder teilen, denn die beiden älteren Schwestern waren entschlossen, nicht eher Ruhe zu geben, bis die Sultanin verjagt oder doch zumindest gedemütigt wäre. Nachdem sie das Mädchen ausgesetzt hatten, zeigten sie ein Stück Holz vor und behaupteten dreist, die Sultanin habe es zur Welt gebracht. Das Mädchen aber wurde wieder vom Aufseher der Gärten entdeckt und, wie seine Brüder, in seinem Haus aufgezogen.

Nun kannte der Zorn des Sultans keine Grenzen mehr.

»Ich lasse es nicht zu«, rief er, »dass diese Frau fortfährt, meinen Palast mit Ungeheuern zu füllen! Sie ist selbst ein Ungeheuer, von dem die Welt befreit werden muss!«

Er sprach das Todesurteil über sie und befahl seinem Großwesir, es vollstrecken zu lassen. Dieser aber warf sich vor dem Thron nieder und bat, das Leben der Sultanin zu schonen. Der versammelte Hof schaute dabei zu.

»Erlaube mir, dich daran zu erinnern«, sagte der Großwesir, »dass die Todesstrafe nur bei schweren Verbrechen verhängt wird. Die drei unglücklichen Geburten der Sultanin aber sind keine Verbrechen. Sie trägt keine Schuld daran. Vielen Frauen ist so etwas schon zugestoßen und vielen Frauen wird es noch zustoßen. Jage die Sultanin vom Hof, wenn du nicht anders kannst, aber lass sie am Leben. Sie liebt dich und es wird Strafe genug für sie sein, wenn du sie verlässt.«

»Dann soll sie eben leben«, entschied der Sultan, »aber so, dass sie sich täglich tausendmal wünscht tot zu sein. Man soll ihr eine Hütte vor dem Eingang zur Hauptmoschee errichten und ein Fenster in eine Wand machen, das immer offen stehen muss. Außerdem soll sie nur Kleider aus dem gröbsten Stoff tragen. Und jeder Muselman, der die Moschee betritt, soll ihr im Vorübergehen ins Gesicht spucken. Wer das nicht macht, soll selbst bestraft werden, und damit mein Gebot beachtet wird, soll Tag und Nacht ein Soldat vor der Hütte Wache halten.«

Das trug er in so herrischem Ton vor, dass der Großwesir nicht zu widersprechen wagte.

Die Hütte wurde gebaut und die beiden neidischen Schwestern freuten sich gewaltig darüber. Kaum hatte sich die Sultanin von den Strapazen der Geburt erholt, führte man sie in den engen Bretterverschlag. Hier saß sie nun in ihrem Elend und wurde verspottet und angespuckt. Dennoch jammerte sie nicht, sondern wahrte immer die Fassung, dass viele Mitleid bekamen und manche die Frau sogar bewunderten.

Während die Sultanin Jahr um Jahr ihr Schicksal ertrug, wurden ihre beiden Söhne und ihre Tochter vom Aufseher über die Gärten und dessen Frau mit Liebe und Zärtlichkeit überschüttet. Den Jungen gaben sie Namen früherer persischer Sultane. Den älteren nannten sie Bahman und den jüngeren Perwis, das Mädchen riefen sie Parisade, das heißt: Kind der Fee. Als die Kinder immer wissbegieriger wurden und sich für alles Mögliche interessierten, unterrichtete ein Lehrer die Jungen. Da auch Parisade lesen und schreiben lernen wollte, wurde auch sie unterwiesen. Die Geschwister übertrafen sich gegenseitig im Lernen und das Mädchen war in allem ebenso geschickt wie ihre Brüder. Auch als der Lehrer zur Geografie, zur Dichtkunst und zur Geschichte überging, verstand sie alles genauso gut wie ihre Brüder. In ihrer Freizeit beschäftigte sie sich mit der Kunst des Gesangs und erlernte die landesüblichen Instrumente. Sogar im Reiten und im Sport wollte sie nicht hinter den Brüdern zurückstehen. Bald saß sie genauso sicher im Sattel und konnte mit dem Bogen ebenso gut umgehen wie ihre Geschwister. Der Aufseher freute sich sehr, dass sich die Kinder so gut entwickelten. Obwohl er sich bisher mit einer kleinen Wohnung in der Nähe des Palastes begnügt hatte, kaufte er nun ein prächtiges Landhaus, weil er das für das Beste für die Kinder hielt, und ließ es teuer einrichten. Er selbst entwarf einen Garten, der denen der reichsten Fürsten des Landes in nichts nachstand. Als Haus und Garten fertig hergerichtet waren, bat er beim Sultan um seine Entlassung, um ganz für seine Söhne und seine Tochter da sein zu können.

Die Frau des Aufsehers war einige Jahre zuvor gestorben und er selbst starb, kaum dass er das neue Haus bezogen hatte. Der Tod überraschte ihn und daher konnte er den Geschwistern nicht mehr sagen, dass er sie in Körbchen gefunden hatte, die auf dem Fluss getrieben waren. So blieben sie in dem Glauben, er wäre ihr Vater, und sie weinten um ihn wie dankbare und liebende Kinder.

Von da an lebten sie von dem, was ihr Pflegevater ihnen hinterlassen hatte. Sie waren zufrieden und verstanden sich gut. Nie kam ihnen der Gedanke, an den Hof zu gehen und sich dort um ein Amt zu bewerben.

Eines Tages waren die Brüder auf die Jagd geritten. Parisade befand sich allein im Haus. Da erschien eine alte Frau, die für sehr fromm galt, und bat eintreten zu dürfen, um das vorgeschriebene Stundengebet zu verrichten.

Die Reisen Sindbads des Seefahrers, zu Seite 179

Parisade ließ sie in ein Zimmer führen, wo sie ungestört war, und ordnete an, ihr das Haus und den Garten zu zeigen, wenn sie mit ihrem Gebet fertig wäre. So geschah es auch. Zwei Dienerinnen begleiteten die Alte von Zimmer zu Zimmer und durch den Garten, den sie besonders bewunderte. Schließlich wurde sie in den Saal geführt, wo Parisade in ihrer ganzen Schönheit saß. Freundlich bot sie der alten Frau einen Platz an ihrer Seite an und sagte: »Setz dich neben mich, ehrwürdige Mutter. Ich freue mich, einen so lieben Gast unter meinem Dach zu haben.«

»Edles Fräulein«, antwortete die Alte, »so viel Ehre steht mir nicht zu und ich setze mich nur, weil du mich darum bittest.«

Dienerinnen brachten Kuchen, frisches Obst und kandierte Früchte, und während die beiden aßen, fragte Parisade die Frau, wie ihr denn das Haus und der Garten gefielen.

»Ich müsste einen schlechten Geschmack haben«, erwiderte die Alte, »wenn ich an diesem Haus etwas auszusetzen hätte. Es ist prächtig eingerichtet, hell und freundlich, und ich kenne keinen schöneren Garten. Wenn du erlaubst, so will ich dir jedoch verraten, was noch fehlt, um das Anwesen perfekt zu machen.«

»Nur zu, ehrwürdige Mutter«, rief

die Prinzessin eifrig. »Sag mir, was fehlt, und ich werde alles daransetzen, es zu erwerben.«

»Als Erstes müsstest du Bülbülhesar, den sprechenden Vogel, in deinen Besitz bringen. Er hat die Eigenschaft, alle Vögel der Umgebung herbeizulocken und gemeinsam mit ihnen zu singen. Das Zweite wäre der singende Baum, dessen Blätter unaufhörlich den schönsten Gesang von sich geben. Und schließlich solltest du versuchen, dir das goldgelbe Wasser zu besorgen. Wenige Tropfen davon genügen, um ein Becken damit zu füllen, egal wie groß es ist, und eine Fontäne emporspringen zu lassen.«

»Ach«, sagte die Prinzessin, »wie gern besäße ich diese Wunderdinge. Bestimmt weißt du auch, wo sie sich befinden.«

»Ich wäre undankbar, würde ich deine Frage nicht beantworten«, erwiderte die Alte. »Der sprechende Vogel, der singende Baum und das goldgelbe Wasser sind an ein und derselben Stelle, an der Grenze zwischen Persien und Indien, zu finden. Der Weg, der an deinem Haus vorüberführt, läuft geradewegs darauf zu. Zwanzig Tagesreisen lang muss man immer geradeaus gehen, um am einundzwanzigsten Tag den ersten Menschen, den man trifft, nach drei Wunderdingen zu fragen, und man wird Antwort erhalten.«

Nach diesen Worten nahm die Alte Abschied und ging davon.

Parisade aber malte sich aus, wie schön es wäre, all das Wunderbare zu besitzen, von dem die Frau gesprochen hatte.

Als die Brüder von der Jagd heimkehrten, wunderten sie sich, dass ihre Schwester ihnen nicht wie üblich fröhlich plappernd entgegenkam, ja nicht einmal den Kopf hob, als sie den Saal betraten.

»Was fehlt dir, Parisade?«, fragte Bahman. »Hast du Kummer? Oder solltest du gar beleidigt worden sein? Verrate es uns.«

Die Prinzessin sah nur kurz auf, antwortete zerstreut, ihr Verhalten habe nichts Besonderes zu bedeuten, und senkte den Blick wieder. Da aber die Brüder fortfuhren in sie zu dringen, sagte sie endlich: »Ihr habt bisher geglaubt – und ich glaubte es auch –, das Haus, das unser lieber Vater uns hinterlassen hat, sei perfekt. Heute aber habe ich erfahren, dass darin drei Dinge fehlen, nämlich der sprechende Vogel, der singende Baum und das goldgelbe Wasser.«

Nachdem sie den Brüdern diese Wunderdinge beschrieben hatte, fuhr sie fort: »Ich weiß auch, wo sie zu finden sind, und ich bitte euch, helft mir, sie zu bekommen.«

»Liebe Schwester«, entgegnete Bahman, »ich werde nicht mehr glücklich sein, bis dein Wunsch in Erfüllung gegangen ist. Zeig mir den Weg, ich will schon morgen aufbrechen.«

»Du als das Familienoberhaupt kannst nicht so lange wegbleiben«, wandte Perwis ein. »Lass mich die Reise machen. Ich werde die Aufgabe ebenso gut erfüllen.«

»Das bezweifle ich nicht«, erwiderte Bahman, »doch ich bin der Älteste und mir steht es als Erstem zu, unserer Schwester zu helfen.«

Er ließ sich von Parisade beschreiben, wohin er reiten musste, sattelte sein Pferd und verabschiedete sich am nächsten Morgen. Die beiden Geschwister, die zu Hause blieben, wünschten ihm viel Glück. Im letzten Augenblick waren der Prinzessin Bedenken gekommen, ob es für den Bruder nicht gefährlich werden könnte, und sie bat Bahman, nicht wegzugehen. Er aber wollte davon nichts wissen und vertraute fest auf sein Glück. »Natürlich«, fuhr er fort, »kann mir etwas zustoßen. Vielleicht sterbe ich sogar. Nimm deshalb dieses Messer und ziehe es hin und wieder aus der Scheide. Wenn die Klinge blank ist, geht es mir gut. Ist sie aber mit Blut befleckt, dann bin ich nicht mehr unter den Lebenden.«

Bahman rief Parisade und Perwis ein letztes Lebewohl zu und ritt davon.

Zwanzig Tage lang folgte er dem Weg quer durch Persien. Am einundzwanzigsten Tag sah er abseits von der Straße eine Hütte, vor der ein hässlicher alter Mann unter einem Baum saß. Es war ein Derwisch, der sich schon vor langer Zeit von der Welt zurückgezogen hatte. Seine Brauen waren schneeweiß und hingen ihm über die Augen, der Schnurrbart überwucherte den Mund und das Haar reichte ihm bis zu den Füßen. Die Nägel an Händen und Füßen waren seit Jahren nicht geschnitten worden und glichen Krallen. Der Alte war in eine Binsenmatte gehüllt.

Bahman hielt an, stieg vom Pferd und sagte: »Allah schenke dir ein langes Leben und erfülle alle deine Wünsche.«

Der alte Mann erwiderte den Gruß, aber so undeutlich, dass der Prinz kein Wort verstand. Er sah, dass der Schnurrbart, der über den Mund gewachsen war, die Unterhaltung behinderte. Da er nicht weiterreiten wollte, ohne die nötigen Erkundigungen eingezogen zu haben, sagte er: »Ehrwürdiger Vater, ich würde gern mit dir reden. Allerdings dämpft dein Schnauzbart deine Worte so, dass man nur unverständliches Murmeln vernimmt. Darf ich ihn stutzen? Und wenn wir schon dabei sind, könnte ich auch deine Brauen und dein Haar schneiden, damit du wieder wie ein Mensch aussiehst und nicht wie ein Bär.«

Der Derwisch ließ es zu, dass der junge Mann ihn mit der Schere bearbeitete. Als Bahman fertig war, sagte er: »Schade, dass wir keinen Spiegel zur Hand haben. Du würdest dich nicht wiedererkennen, so jung und hübsch siehst du nun aus.«

Der Alte erwiderte die Schmeichelei mit einem Lächeln und antwortete: »Ich bin dir sehr dankbar und werde alles tun, um deine Neugier zu befriedigen, denn ich sehe, dass dir eine Frage auf dem Herzen brennt. Frag also nur.«

»Ehrwürdiger Vater«, sagte der Prinz, »ich komme von weit her und suche den sprechenden Vogel, den singenden Baum und das goldgelbe Wasser. Wenn du weißt, wo sie sich befinden, bitte ich dich, es mir zu sagen, damit meine lange Reise nicht umsonst gewesen ist.«

Während Bahman redete, ging mit dem Derwisch eine seltsame Verwandlung vor sich. Er schlug die Augen nieder und legte das Gesicht in ernste Falten. Außerdem schien er nicht mehr Auskunft geben zu wollen und schwieg lange.

Endlich sagte er: »Ich weiß, wie du zu den Wunderdingen gelangen kannst, die du suchst. Allerdings habe ich dich auf den ersten Blick gemocht und die Gefälligkeit, die du mir erwiesen hast, hat meine Zuneigung noch gesteigert. Nun bin ich unentschlossen, ob ich dir den Weg zeigen soll oder nicht.«

»Und was hält dich davon ab?«, fragte Bahman.

»Du begibst dich in große Gefahr«, antwortete der Derwisch. »Schon viele Männer sind hier vorbeigekommen und haben mich dasselbe gefragt und alle waren so stark und mutig wie du. Jedes Mal habe ich versucht, sie von ihrem Vorhaben abzubringen. Doch immer wurden meine Warnungen in den Wind geschlagen und ich musste ihnen den Weg zeigen. All diese Männer sind nicht zurückgekehrt. Geh deshalb nicht weiter, wenn dir dein Leben lieb ist. Kehre um.«

Bahman aber ließ sich nicht einschüchtern. »Ich habe gute Waffen, falls ich angegriffen werde«, sagte er.

»Wenn aber die Angreifer unsichtbar sind?«, gab der Derwisch zu bedenken. »Wie willst du dich gegen Feinde verteidigen, die du nicht siehst?«

»Das kümmert mich nicht«, beharrte Bahman. »Du kannst mir das Versprechen, das ich gegeben habe, nicht ausreden.«

Da der Derwisch sah, dass der junge Mann nicht auf seinen gut gemeinten Rat hören wollte, holte er aus einem Sack eine Kugel hervor. »Wirf diese Kugel auf die Erde, sobald du wieder im Sattel sitzt«, erklärte er Bahman, »sie wird vor dir herrollen. Folge ihr bis an den Fuß des Berges und lass das Pferd da stehen. Rechts und links des Pfades, der zum Gipfel führt, wirst du eine Menge schwarzer Steine erblicken. Rings um dich ertönt dann ein Gewirr von Stimmen, die dich davon abhalten wollen, auf den Berg zu steigen. Lass dich jedoch nicht einschüchtern, sondern geh unbeirrt weiter. Vor allem aber wirf keinen Blick zurück. Du würdest auf der Stelle zu einem schwarzen Stein werden und wie die übrigen dort liegen bleiben. Denn die Steine sind nichts anderes als verwandelte Männer, die sich vor dir an den Aufstieg gemacht haben. Hast du aber der Versuchung, dich umzublicken, widerstanden und den Gipfel des Berges erreicht, so siehst du dort einen Käfig. Darin ist der Vogel, den du suchst. Ihn frage, wo der singende Baum und das goldgelbe Wasser sich befinden, und er wird dir Antwort geben. Das ist alles, was ich dir sagen kann. Du kennst jetzt die Gefahren, die auf dich warten. Ich beschwöre dich noch einmal, gib dein Vorhaben auf!«

Doch Bahman dachte nicht daran. Er verabschiedete sich, schwang sich aufs Pferd und warf die Kugel vor sich auf den Boden. Sie rollte so schnell davon, dass der Prinz alle Mühe hatte ihr zu folgen. Am Fuß des Berges blieb sie liegen, wie der Derwisch vorausgesagt hatte. Bahman stieg ab, legte seinem Pferd die Zügel über den Hals und das Tier rührte sich nicht mehr von der Stelle.

Eine Weile betrachtete er den Berg und die großen schwarzen Steine, die über den ganzen Hang verstreut lagen. Dann machte er sich auf den Weg zum

Gipfel. Kaum hatte er drei Schritte getan, erhoben sich Stimmen, die immer lauter auf ihn einschrien, ohne dass er eine Menschenseele bemerkt hätte.

»Was will dieser Dummkopf hier?«, »Haltet ihn auf!«, »Bringt ihn um!«, tönte es ihm entgegen und: »Ein Dieb ist er, ein Gauner!«

Unverdrossen stieg Bahman den Berg hoch. Doch als die Stimmen rings um ihn immer drohender wurden, trat ihm der Schweiß auf die Stirn und seine Knie begannen zu zittern. Angst befiel ihn und er fühlte, wie seine Widerstandskraft nachließ.

Ohne an die Warnung des Derwischs zu denken, wollte er umkehren und das Weite suchen. Doch er kam nicht mehr dazu, auch nur einen Fuß zu bewegen, denn im selben Augenblick wurde er in einen schwarzen Stein verwandelt. Seinem Pferd erging es ebenso.

Parisade hatte währenddessen den Dolch, der ihr anzeigen sollte, ob ihr Bruder noch lebte, stets bei sich getragen. Der Anblick der blanken Klinge machte sie fröhlich und sie teilte ihre Fröhlichkeit mit Perwis. An dem Tag aber, als Bahman in einen Stein verwandelt worden war, sah sie Blut von der Klinge tropfen, sobald sie das Messer aus der Scheide zog. Da wurde sie todtraurig und rief: »Nun habe ich dich verloren, lieber Bruder, durch meine Schuld und nie werde ich dich wiedersehen. Warum musste ich auch auf die Alte hören, die mir von dem sprechenden Vogel, dem singenden Baum und dem goldgelben Wasser erzählte!«

Perwis war über den Tod seines Bruders genauso traurig. Doch er glaubte, Parisade wünsche sich die drei Wunderdinge immer noch. Da er sie von Herzen liebte, sagte er: »Jammere nicht, liebe Schwester, denn das nützt doch nichts. Wir müssen uns damit abfinden. Aber deswegen dürfen wir noch lange nicht unser Ziel aus den Augen verlieren. Gleich morgen mache ich mich auf den Weg und du wirst sehen, dass ich mehr Glück haben werde.«

Zwar versuchte Parisade, Perwis von seinem Vorhaben abzubringen, doch sie konnte ihn nicht umstimmen.

Am nächsten Morgen stieg der Prinz aufs Pferd und gab ihr zum Abschied eine Perlenschnur. »Lass sie jeden Tag durch die Finger gleiten und denke dabei an mich. Wenn die Perlen sich nicht mehr bewegen lassen, dann weißt du, dass mich dasselbe Schicksal ereilt hat wie unseren Bruder.

Doch ich vertraue fest darauf, wohlbehalten wieder zu dir zurückzukehren.«

Am einundzwanzigsten Tag seiner Reise traf Perwis auf den Derwisch und fragte ihn nach dem sprechenden Vogel, dem singenden Baum und dem goldgelben Wasser. Wieder wollte der Alte den jungen Mann davon abhalten weiterzuziehen. Um ihn abzuschrecken, erzählte ihm, dass erst vor wenigen Tagen ein junger Mann aufgebrochen sei, um die Wunderdinge zu erlangen. Doch er sei nicht zurückgekehrt und es sei ihm wohl genauso ergangen wie all den Männern, die es vor ihm versucht hätten.

»Ehrwürdiger Derwisch«, antwortete Perwis, »der Mann, von dem du sprichst, war mein Bruder. Ich weiß mit Sicherheit, dass er nicht mehr am Leben ist. Jedoch will ich herausfinden, wie er gestorben ist.«

»Das kann ich dir sagen«, erwiderte der Derwisch. »Er ist wie all die anderen in einen schwarzen Stein verwandelt worden und auch dir wird es so ergehen, wenn du meine Anweisungen nicht befolgst. Ich rate dir dringend, lass deinen Plan fallen.«

»Es freut mich, ehrwürdiger Mann, dass du dich so um mich sorgst«, entgegnete Perwis. »Doch ich habe es mir reiflich überlegt und bin nicht davon abzubringen. Darum bitte ich dich: Tu mir denselben Gefallen wie meinem Bruder und zeige mir den Weg. Vielleicht habe ich mehr Glück als er.«

Seufzend nahm der Derwisch eine Kugel aus dem Sack und erklärte Perwis, was er auf seinem Weg zu beachten habe.

Perwis bedankte sich bei dem Alten, warf die Kugel auf die Erde und folgte ihr bis an den Fuß des Berges. Hier sprang er vom Pferd und begann den Hang hochzusteigen.

Sofort erhob sich um ihn herum wieder ein Chor von Stimmen, der Perwis große Angst einjagte, und als er hörte, wie jemand in seinem Rücken laut rief: »Da kommt schon wieder so ein Narr! Dem werde ich es zeigen!«, vergaß er alle Vorsicht, zog den Säbel und wandte sich nach dem vermeintlichen Gegner um. Augenblicklich wurden er und sein Pferd in große schwarze Steine verwandelt.

Parisade hatte, seitdem ihr Bruder weggegangen war, die Kette nicht mehr aus der Hand gelegt. Immer wieder ließ sie die Perlen durch die Finger gleiten, dachte an Perwis und sandte ein Gebet nach dem anderen zu Allah, dass er glücklich wiederkehren möge. An dem Tag, als der junge Mann in einen Stein verwandelt wurde, ließen sich die Perlen nicht mehr bewegen. Parisade erschrak und gleichzeitig befiel sie tiefe Trauer. Doch lähmte sie das Wissen vom Tod des Bruders nicht, sondern sie traf sofort alle Vorkehrungen zum Aufbruch. Am nächsten Morgen stieg sie auf ihr Pferd, bewaffnet und gekleidet wie ein Mann. Ihren Dienern und Dienerinnen sagte sie, sie werde in wenigen Tagen zurück sein.

Da die Prinzessin oft mit ihren Brüdern auf die Jagd geritten war, machten ihr die Strapazen der Reise kaum zu schaffen. Zwanzig Tage lang folgte sie dem Weg und traf am einundzwanzigsten auf den Derwisch. Sie stieg vom Sattel, setzte sich neben den Alten und fragte ihn nach dem sprechenden Vogel, dem singenden Baum und dem goldgelben Wasser.

Der Derwisch erkannte trotz der Verkleidung, dass sie eine Frau war, und riet ihr ab, sich auf eine Gefahr einzulassen, die schon vielen Männern den Tod gebracht hatte. Er berichtete ihr von den schrecklichen Stimmen, die jedem drohten, der den Berg hochsteigen wolle, von den schwarzen Steinen, die den Pfad zum Gipfel säumten, und den Männern, die der Versuchung, sich unterwegs umzudrehen, nicht widerstanden hatten.

»Dann ist es also das Wichtigste«, sagte Parisade, »nicht auf die Stimmen zu achten und nicht zurückzublicken. Könnte man dabei nicht eine List anwenden?«

»Woran denkst du?«, fragte der Derwisch.

»Wenn ich mir die Ohren mit Baumwolle zustopfte«, entgegnete Parisade, »müssten doch auch die lautesten und schrecklichsten Stimmen so weit gedämpft werden, dass sie erträglich würden.«

»Versuchen kannst du es ja«, sagte der Derwisch nachdenklich. »Vielleicht hast du Erfolg damit. Doch wenn dir dein Leben lieb ist, dann kehre auf der Stelle nach Hause zurück.«

Parisade aber drängte den Derwisch, ihr den Weg zu zeigen, und als sie die Kugel bekommen hatte, folgte sie ihr. Am Fuße des Berges saß sie ab, stopfte sich die Ohren mit Baumwolle zu und begann, sich unerschrocken an den Aufstieg zu machen.

Je höher sie kam, desto lauter und spöttischer wurden die Stimmen, die sie begleiteten. Die Pfropfen in den Ohren dämpften sie allerdings so weit, dass sie nicht ihre volle Wirkung erreichten.

»Spottet nur, beleidigt mich!«, rief Parisade. »Ihr könnt mich doch nicht hindern, meinen Weg fortzusetzen!«

Endlich hatte sie den Punkt erreicht, von dem aus sie den Käfig mit dem sprechenden Vogel sah. Dieser fiel in den Chor der Dämonen mit ein, als er das Mädchen bemerkte, und schrie donnernd: »Zurück! Keinen Schritt weiter!«

Doch Parisade ließ sich nicht beirren. Das ersehnte Ziel vor Augen legte sie den Rest des Weges im Sturmschritt zurück.

Als sie den Käfig erreicht hatte, nahm sie die Baumwolle aus den Ohren und rings um sie herrschte Stille.

»Jetzt hab ich dich«, sagte sie zu dem Vogel, »und du sollst mir nie mehr entwischen.«

»Sei mir nicht böse, tapferes Mädchen«, sagte das Tier, »dass ich dir zusammen mit den Dämonen Angst machen wollte. Ich war glücklich hier, obwohl ich in diesem Käfig sitzen musste. Jetzt, da du mich geschnappt hast, will ich dir gern folgen. Dein Mut und deine Schlauheit müssen belohnt werden. Ich verspreche, dir für immer treu wie ein Sklave zu dienen. Ich kenne dich, Parisade, ich kenne dich besser, als du dich selbst kennst, und ich hoffe, dass ich dir eines Tages damit nützlich sein kann. Befiehl mir nun, was ich tun soll.«

Die Freude des Mädchens war unbeschreiblich, wenn sich auch in ihren Triumph der Kummer um den Verlust der Brüder und die Erschöpfung nach der soeben überstandenen Gefahr mischten.

Sie fragte: »Wo finde ich das goldgelbe Wasser, das so wunderbare Eigenschaften besitzen soll?«

Der Vogel nannte ihr die Stelle, die gar nicht weit entfernt lag. Sie füllte eine silberne Flasche, die sie bei sich trug, mit dem Wasser und kehrte zurück.

»Und wo steht der singende Baum?«, fragte sie dann.

»Dreh dich nur um«, antwortete der Vogel, »und du wirst einen Wald sehen. Darin wächst er.«

Parisade ging in den Wald und entdeckte unter anderen Bäumen bald den, den sie suchte. Sie brauchte nur dem wunderschönen Klang zu folgen, der von ihm ausging. Allerdings war der Baum hoch und mächtig und sie wusste nicht, wie sie ihn nach Hause tragen sollte. Deshalb ging sie zu dem Vogel zurück und fragte ihn um Rat.

»Brich nur ein Zweiglein ab«, war die Antwort, »und pflanz es in deinem Garten ein. Innerhalb kurzer Zeit wird ein mächtiger Baum daraus wachsen.«

Parisade folgte dem Ratschlag. Nun besaß sie alles, wonach sie sich so sehr gesehnt hatte, und doch konnte sie sich darüber nicht richtig freuen. Das Schicksal der Brüder machte sie nun doppelt traurig, weil sie alles andere hatte, was sie zu ihrem Glück brauchte.

»Du hast mir alles gegeben, was ich wollte«, sagte sie zu dem Vogel. »Aber du bist auch schuld daran, dass meine beiden Brüder in schwarze Steine verwandelt wurden. Wenn es dir Ernst damit ist, mir treu dienen zu wollen, dann gib mir einen Rat, wie ich sie wieder zum Leben erwecken kann.«

Zuerst wollte der Vogel nicht so recht mit der Sprache herausrücken. Als aber Parisade hartnäckig darauf bestand, sagte er schließlich: »Sieh dich um, ob du nicht einen Krug erblickst.«

»Dort drüben steht einer«, sagte Parisade.

»Nimm ihn«, fuhr der Vogel fort, »und träufle beim Hinuntersteigen auf jeden Stein ein wenig von dem Wasser, das sich darin befindet. Auf diese Weise kannst du deine Brüder wieder lebendig machen.«

Parisade nahm das Gefäß, den Käfig, die Flasche und den Zweig vom singenden Baum und machte sich auf den Rückweg. Im Vorübergehen goss sie einige Tropfen Wasser aus dem Krug auf alle Steine, die am Hang lagen. Und tatsächlich: Jeder von ihnen verwandelte sich in einen Mann oder in ein Pferd. So erlöste sie auch Bahman und Perwis.

Die Geschwister umarmten einander viele Male. Dann musste Parisade von ihrem Abenteuer erzählen, vor allem wie es ihr gelungen war, den Zauberbann zu brechen. Nun erkannten alle, wie dankbar sie dem Mädchen sein mussten, und die Männer, die gleichzeitig mit den beiden Prinzen vom Zauber befreit worden waren, wollten ihr bis ans Lebensende als Sklaven dienen. Doch Parisade wehrte ab.

»Dass ihr gerettet wurdet, ist mir Dank genug«, erklärte sie. »Jetzt aber steigt auf eure Pferde, ihr Herren, und begebt euch in die Länder, aus denen ihr aufgebrochen seid.«

Als alle im Sattel saßen, wartete Parisade vergebens, dass einer der Männer die Führung des Zuges übernähme. Niemand machte Anstalten dazu. Schließlich ritt einer zu ihr heran und sagte: »Nach dem, was du für uns getan hast, steht dir die Ehre zu uns anzuführen.«

Also ritt Parisade voraus, gefolgt von ihren Brüdern. Die anderen Männer ritten in lockerer Anordnung hinter ihnen her. Unterwegs wollte die Prinzessin haltmachen, um dem Derwisch für seine guten Ratschläge zu danken. Allerdings war der Derwisch gestorben und man wusste nicht, ob aus Altersschwäche oder weil er nun überflüssig war, da ihn in Zukunft niemand mehr nach dem Weg fragen würde. Nach und nach verabschiedeten sich die Männer und es war keiner unter ihnen, der Parisade nicht noch einmal von ganzem Herzen gedankt hätte.

Zu Hause stellte das Mädchen den Käfig in den Garten, und sobald der sprechende Vogel seine Stimme ertönen ließ, flogen Nachtigallen und Finken, Lerchen und Stieglitze, Stare und Meisen herbei und alle sangen zusammen mit ihm. Den Zweig vom singenden Baum pflanzte sie auf eine Wiese und er wurde in wenigen Tagen zu einem starken Baum, aus dessen Blättern zarte Melodien und bezaubernder Gesang erklangen. In der Mitte des Gartens ließ sie ein schönes Marmorbecken bauen und goss das goldgelbe Wasser aus der silbernen Flasche hinein. Sogleich stieg der Wasserstand an und das Becken füllte sich bis zum Rand. Aus der Mitte aber schoss eine Fontäne fünfzig Fuß in die Höhe und fiel wieder herunter, ohne dass auch nur ein Tropfen über den Rand gelaufen wäre.

Natürlich wurden die Nachbarn auf die Wunderdinge im Garten der Geschwister aufmerksam und bald strömte Jung und Alt herbei.

Die Brüder aber gaben sich, kaum dass sie sich von den Strapazen der Reise erholt hatten, wieder ihrer alten Lieblingsbeschäftigung, nämlich der Jagd, hin und interessierten sich nicht im Mindesten für das Leben am Hof des Sultans.

Eines Tages, als sie ein Wild verfolgten, entfernten sie sich weit von ihrem Haus. Plötzlich stießen sie auf das große Gefolge des Sultans, der ebenfalls in der Gegend jagte. Obwohl sie dem Herrn des Landes ausweichen wollten, konnten sie nicht vermeiden, dass sie ihm in einem engen Tal begegneten. Es blieb ihnen nichts anderes übrig, als vom Pferd zu steigen und sich vor dem Sultan in den Staub zu werfen. Die gut gekleideten und schönen jungen Männer erregten aber die Neugier des Herrschers und er befahl ihnen aufzustehen. Lange musterte er die Brüder, bevor er sie fragte, wer sie seien und wo sie wohnten.

»Erhabener Herr«, erwiderte Bahman, »wir sind die Söhne des alten Aufsehers über deine Gärten und wohnen in dem Haus, das er kurz vor seinem Tod bauen ließ. Sobald wir alt genug sind, werden wir an deinen Hof kommen, um dir unsere Dienste anzubieten.«

»Jagt ihr gerne?«, fragte der Sultan.

»Wir kennen nichts Besseres, um den Körper und den Mut zu stählen«, entgegnete Perwis.

Diese Antwort gefiel dem Sultan und er lud die beiden ein, sich in seinen Jagdzug einzureihen. Als sie eine Lichtung erreichten, brachen mehrere Tiere zugleich aus dem Gehölz.

»Zeigt, was ihr könnt!«, rief der Sultan.

Bahman wählte sich einen Löwen zum Ziel, Perwis einen Bären.

In derselben Sekunde, wie auf Verabredung, gingen sie auf die Tiere los, warfen nach einigen Schritten die Speere und trafen ihre Opfer, die gleichzeitig tot zusammenbrachen. Nun wandte sich Bahman einem Bären und Perwis einem Löwen zu und wenige Augenblicke später durchbohrten sie auch diese Tiere. Als sie sich aufs Neue zwei Raubtiere aussuchen wollten, rief der Sultan, der alles staunend mit angesehen hatte: »Halt! Wollt ihr denn alles Leben in diesem Wald auslöschen? Ich habe gesehen, was für geschickte und tapfere Jäger ihr seid«, fuhr er fort. »Ich weiß eure Fähigkeiten zu schätzen. Bestimmt könnt ihr mir einmal nützlich sein.«

Dann lud er sie ein, bald an den Hof zu kommen.

»Erhabener Herr«, antwortete Bahman, »wir freuen uns über deine Einladung. Aber erlaube, dass wir nach Hause zurückkehren. Dort wartet unsere Schwester, die wir so sehr lieben, dass wir nie etwas unternehmen würden, ohne sie zu fragen.«

»Eure Geschwisterliebe gefällt mir«, sagte der Sultan. »Dann fragt eben zuerst eure Schwester und gebt mir morgen, wenn ihr wieder zu mir auf die Jagd kommt, Bescheid.«

Da die Brüder sich jedoch keine Sekunde von Parisade trennen wollten, erzählten sie der Schwester nichts von der Begegnung mit dem Herrscher und von seinem Angebot.

Am anderen Tag, als der Sultan sie fragte, wie sie sich entschieden hätten, sagte Bahman: »Verzeih, Herr, aber weder mein Bruder noch ich haben daran gedacht, unsere Schwester zu fragen.«

»Dann denkt heute daran«, entgegnete der Sultan mit leichtem Unmut. »Morgen will ich es wissen.«

Doch wieder sprachen die Brüder nicht mit Parisade über den Wunsch des Sultans. Als sie am folgenden Tag erneut behaupteten, sie hätten vergessen, sich mit ihrer Schwester zu beraten, steckte der Sultan ihnen Metallkugeln in die Taschen und sagte: »Diese Kugeln sollen euch gegen die Vergesslichkeit helfen. Wenn ihr heute Abend die Kleider ablegt, werden sie herausfallen und einen solchen Lärm machen, dass ihr augenblicklich an euer Versprechen erinnert werdet.«

Die Brüder vergaßen über der Jagd die Kugeln. Doch am Abend, als sie sich auszogen, fielen die Kugeln herunter und lockten mit ihrem hellen Klang, der durch das ganze Haus hallte, Parisade in ihr Schlafzimmer. Nun mussten Bahman und Perwis berichten, welches Angebot ihnen der Sultan gemacht hatte. Lange saßen sie beisammen und berieten, was zu tun sei. Schließlich ergriff Parisade das Wort.

»Betrachtet die Einladung des Sultans als Ehre und bestimmt bringt sie euch für eure Zukunft etwas«, sagte sie. »Für mich aber bringt sie nur Kummer. Zwar rechne ich es euch hoch an, dass ihr mich nicht verlassen wollt, doch ist es nicht ratsam, sich dem Herrn des Landes zu widersetzen. Ihr würdet euch dadurch nur genauso unglücklich machen, wie ich es sein werde, wenn ihr fortgegangen seid. Lasst uns den sprechenden Vogel um Rat fragen. Vielleicht weiß er einen Ausweg.«

Sie ließ den Käfig holen, und als sie dem Vogel die Angelegenheit vorgetragen hatte, antwortete dieser ohne Zögern: »Deine Brüder müssen dem Wunsch des Sultans nachkommen und ihn sogar einladen, euch in eurem Haus zu besuchen.«

»Aber wir hängen so sehr aneinander, dass wir uns nicht trennen möchten«, warf Parisade ein.

»Tut, was ich sage«, beharrte der Vogel, »und eure Liebe wird eine Zukunft haben. Dazu ist es aber nötig, dass der Herrscher auch dich, Parisade, kennenlernt.«

Deshalb sagte Bahman beim nächsten Zusammentreffen zum Sultan: »Erhabener Herr, dein Wunsch sei uns Befehl. Unsere Schwester ist nicht nur mit allem einverstanden, sie hat uns sogar ins Gewissen geredet, weil wir dich so lange auf unsere Entscheidung warten ließen. Ich hoffe, du verzeihst uns das.«

»Ihr habt nichts Unrechtes getan«, erwiderte der Sultan. »Wenn ihr so an eurer Schwester hängt, lässt mich das hoffen, dass ihr auch mir treu sein werdet, sobald ihr in meinen Diensten steht.«

An diesem Tag brach er die Jagd vorzeitig ab, weil er sich in Ruhe mit den beiden jungen Männern unterhalten wollte. Als sie in die Stadt einzogen, durften Bahman und Perwis rechts und links von ihm reiten und die Leute, die sich am Weg drängten, sagten: »Seht, was für schöne, stattliche Männer. Hätte der Sultan dem Land nur zwei solche Prinzen geschenkt! Dem Alter nach könnten sie seine Söhne sein, wenn nicht die unglückliche Sultanin Missgeburten in die Welt gesetzt hätte.«

Im Palast führte der Herrscher die Brüder durch die schönsten Zimmer und bat sie am Abend neben sich an die Tafel. Da er ein gebildeter Mann war, sprach er mit ihnen über sämtliche Wissenschaften, vor allem aber über die Geschichte, und er fand, dass die jungen Männer sich in allem gut auskannten. Wären sie meine Söhne, dachte er, ich hätte sie nicht besser erziehen lassen können.

Nach dem Essen unterhielten Tänzer, Musikanten und Gaukler die Gäste. Da nutzte Bahman die Gunst der Stunde und sagte: »Erhabener Herr, dürfen wir um einen Gefallen bitten? Besuche uns und unsere Schwester, wenn dich die Jagd das nächste Mal in die Gegend führt, in der wir wohnen. Es wäre uns eine große Ehre, wenn du in unser bescheidenes Heim kämst.«

»Sehr gerne«, erwiderte der Sultan, »würde ich eure Schwester kennenlernen, die mir durch eure Erzählung bereits ans Herz gewachsen ist, bevor ich sie jemals gesehen habe. Übermorgen in der Frühe werde ich an der Stelle sein, wo wir uns zum ersten Mal getroffen haben. Holt mich dort ab und führt mich zu eurem Haus.«

Bahman und Perwis erzählten ihrer Schwester, was an diesem Tag vor sich gegangen war, und sie vergaßen auch nicht, ihr den Besuch des Sultans anzukündigen.

»Wenn er kommt«, antwortete die Schwester, »müssen wir darauf achten, ihm ein angemessenes Mahl zuzubereiten. Ich will sogleich den sprechenden Vogel fragen. Vielleicht weiß er, was einem so mächtigen Mann schmeckt. Vogel«, sagte sie, »der Sultan will uns besuchen und wir müssen ihn bewirten. Verrate mir, wie wir ihn zufriedenstellen können.«

»Lass deinen Koch das Beste auftischen, was er zustande bringt«, antwortete der Vogel. »Vor allem aber achte darauf, dass dem hohen Gast als Erstes Gurken vorgesetzt werden, die mit Perlen gefüllt sind.«

»Mit Perlen!«, rief Parisade verwundert. »Der Sultan kommt von der Jagd. Da wird er einen gesunden Appetit haben und nicht Kostbarkeiten bewundern wollen.«

»Tu, was ich dir sage«, beharrte der Vogel, »und frag nicht nach den Gründen.«

»Aber ich habe nicht genug Perlen«, wandte Parisade ein.

»Geh morgen in aller Frühe an den ersten Baum, der auf der rechten Seite deines Gartens wächst«, sagte der Vogel. »Dort wirst du mehr Perlen finden, als du brauchst.«

Parisade wandte nichts mehr dagegen ein und begab sich am nächsten Morgen mit einem Gärtner unter den bezeichneten Baum. Dort ließ sie ihn den Boden aufgraben. Nach einigen Spatenstichen stieß er auf ein goldenes Kästchen, das einen Fuß mal einen Fuß groß war. Parisade öffnete es und es war voller Perlen. Überglücklich lief sie zu ihren Brüdern und erzählte ihnen, was der Vogel ihr geraten und wie sie das Kästchen gefunden hatte. Vergebens rätselten die drei, was der Zweck der mit Perlen gefüllten Gurken sei, kamen jedoch überein, den Rat des Vogels in jedem Punkt zu befolgen.

Der Koch machte erstaunte Augen, als Parisade ihm den Auftrag gab, Gurken mit Perlen zuzubereiten, und man sah es ihm an, dass er an ihrem

Verstand zweifelte. Doch sie ließ ihn gar nicht erst zu Wort kommen, sondern beharrte darauf. Dann beeilte sie sich, für den Besuch alles möglichst schön herzurichten.

Am Tag darauf trafen die Brüder den Herrscher am verabredeten Ort. Sie jagten, bis es in der Mittagshitze zu heiß wurde. Nun begaben sie sich zum Haus der Geschwister, wo Parisade den Gast in der Vorhalle erwartete. Sie warf sich ihm zu Füßen, und während er ihr aufhalf, blickte er sie lange forschend an. Schließlich sagte er: »Die Brüder können stolz auf ihre Schwester sein und die Schwester auf ihre Brüder. Ich wundere mich nun nicht mehr darüber, dass die jungen Männer nichts ohne die Einwilligung ihrer Schwester unternehmen wollten.«

Er besichtigte das Haus, das ihm sehr gefiel, ja er meinte sogar scherzhaft, alle Städte würden innerhalb kurzer Zeit leer stehen, wenn alle Landsitze so prächtig wären wie dieser. Dann führte Parisade ihn in den Garten. Hier erregte sogleich das goldgelbe Wasser, das unermüdlich in einer Fontäne aus dem marmornen Becken emporstieg, seine Aufmerksamkeit und er konnte sich daran nicht sattsehen. Danach näherte er sich dem singenden Baum und je näher er kam, desto deutlicher hörte er die zarte Musik.

»Wo sind die Musikanten und die Sänger?«, fragte der Sultan. »Etwa unter der Erde? Oder über den Wolken?«

»Herr«, antwortete Parisade, »die Musik, die du hörst, wird nicht von Menschen gemacht, sondern kommt von dem Baum da drüben.«

»Einen solchen Baum habe ich noch nie gesehen«, gestand der Sultan, während er hingerissen lauschte. »Er kommt bestimmt aus einem fernen Land, sonst hätten die Gelehrten mir schon davon berichtet. Wie heißt er denn?«

»Er hat keinen Namen«, erwiderte Parisade. »Wir nennen ihn einfach den ›singenden Baum‹.«

Nur schwer war der Sultan zu bewegen, sich von den Wundern des Gartens zu trennen. Immer wieder blickte er zu der Fontäne goldgelben Wassers hinüber. Er konnte es kaum glauben, dass es nicht aus einer Quelle kam und dass eine einzige Flasche davon ausreichte, um das Becken zu füllen und den Strahl zu unterhalten. Und immer wieder blieb er stehen, um den sanften Melodien zu lauschen. Als sie sich schließlich wieder dem Haus nä-

Die zwei neidischen Schwestern, zu Seite 199

herten, bemerkte er einen Baum, auf dem sich Hunderte von Vögeln versammelt hatten und sangen. Verwundert fragte er, warum all diese Vögel sich ausgerechnet hier niedergelassen hätten.

»Herr«, entgegnete Parisade, »sie versuchen, so nah wie möglich an den sprechenden Vogel heranzukommen, dessen Käfig dort im Fenster steht. Ihn wollen sie mit ihrem Gesang begleiten. Wenn du näher trittst, wirst du bemerken, dass der sprechende Vogel viel schöner singt als alle anderen, sogar schöner als die Nachtigall.«

Mittlerweile hatten sie das Haus betreten und standen vor dem Käfig.

»Vogel«, sagte die Prinzessin, »das ist der Sultan. Sei freundlich zu ihm.«

»Herzlich willkommen, Sultan«, begrüßte der Vogel ihn. »Allah beschütze dich und schenke dir ein langes Leben.«

»Ich danke dir, du König unter den Vögeln«, erwiderte der Sultan.

Dann ging er an den Tisch, der neben dem Käfig stand. Er setzte sich und griff als Erstes nach der Schüssel mit den Gurken, die besonders lecker aussahen. Doch als er in eine Gurke biss, war er sehr erstaunt, dass sie mit Perlen gefüllt war. »Was soll das?«, rief er. »Gurken mit Perlen zu füllen! Perlen kann man doch nicht essen!«

Da mischte sich der Vogel ein und sagte: »Perlengefüllte Gurken, die du mit eigenen Augen siehst, findest du seltsam. Doch wenn man dir berichtet, deine Frau habe einen Hund, eine Katze oder ein Stück Holz zur Welt gebracht, wunderst du dich kein bisschen darüber.«

»Ich habe es geglaubt, weil die Hebammen es mir versicherten«, verteidigte sich der Sultan.

»Diese Hebammen«, entgegnete der Vogel, »sind die Schwestern deiner Frau. Und sie waren neidisch auf ihr Glück. Also haben sie deine Leichtgläubigkeit ausgenutzt. Führe sie vor den Richter und lass sie streng verhören, dann werden sie ihr Verbrechen gestehen. Die Geschwister aber, bei denen du zu Gast bist, sind deine eigenen Kinder. Die Hebammen setzten sie nach ihrer Geburt aus und der verstorbene Aufseher über deine Gärten erzog sie.«

Da fiel es dem Sultan wie Schuppen von den Augen.

»Ach, Vogel«, rief er, »du hast recht! Kinder, kommt an mein Herz!«

Er umarmte sie zärtlich, bevor er versprach: »Morgen sollt ihr eure Mutter kennenlernen, der ihr euer Leben verdankt. Ich habe ihr unrecht getan und will alles gutmachen, wenn ich kann.«

Er stieg auf sein Pferd und galoppierte mit seinem Gefolge in die Hauptstadt zurück. Hier befahl er dem Großwesir, sofort die beiden bösen Schwestern zu verhaften. In einem strengen Verhör gestanden sie ihre Schuld. Sie wurden verurteilt und noch am selben Abend hingerichtet.

Währenddessen sammelte der Sultan seine Leute um sich und begab sich mit ihnen zur Hauptmoschee der Stadt. Eigenhändig riss er den Bretterverschlag nieder, hinter dem die Sultanin dahinvegetierte und führte die arme Frau heraus. Er umarmte sie und weinte vor Reue.

»Meine liebe Frau«, sagte er, »ich komme, um dich wegen des Unrechts, das ich dir angetan habe, um Vergebung zu bitten. Heute noch werden die Schuldigen bestraft. Um alles wiedergutzumachen, bringe ich dir morgen deine Kinder, eine kluge und schöne Prinzessin und zwei mutige und gebildete Prinzen. Sie überlebten die Intrige deiner Schwestern und wurden von dem verstorbenen Aufseher über meine Gärten großgezogen. Verzeih mir und komm zu mir zurück als die Sultanin des Landes.«

Auf die gute Nachricht hin strömte fast die ganze Stadt zusammen und wurde Zeuge, wie sich die beiden freuten, wieder glücklich vereint zu sein.

Am nächsten Morgen zog das Herrscherpaar mit großem Gefolge hinaus zu den Geschwistern. Die Prinzen Bahman und Perwis und die Prinzessin Parisade lernten ihre Mutter kennen und ihre Freude nahm kein Ende.

Als alle gegessen und die Wunderdinge bestaunt hatten, ordnete sich der Zug, um in die Stadt zurückzukehren. An der Spitze ritt der Sultan, rechts von ihm sein Sohn Bahman, zu seiner Linken Prinz Perwis. Ihnen folgten die Sultanin und die Prinzessin, die den Käfig mit dem sprechenden Vogel auf dem Schoß hielt. Sein Gesang und die Stimmen der Tausenden von Vögeln, die ihn umschwirrten, mischten sich mit den Jubelrufen der Leute, die herbeidrängten, um den wiedergefundenen Kindern des Sultans ein herzliches Willkommen zu bereiten.

Das Zauberpferd

m persischen Hof herrschte einst ein reicher und mächtiger König, der Sabur hieß. Er besaß unermesslich große Ländereien und Reichtümer, die von einer riesigen Armee bewacht und verteidigt wurden. Dass er über alle Grenzen hinaus berühmt war, verdankte er jedoch nicht nur seiner Macht, sondern auch seinen guten Eigenschaften. Er war gebildet, geschickt sowie unternehmungslustig und besaß einen scharfen Verstand. Er war streng, aber gerecht und freigebig den Armen gegenüber. Wer Sorgen hatte, fand bei ihm Trost und er kümmerte sich um alle, die ihn brauchten. Es gab niemanden, der ihn vergebens um Hilfe gebeten hätte.

Sabur war Vater von drei Mädchen und einem Sohn.

Der König feierte jedes Jahr zwei Feste: Niradj und Mihrdjan. An diesen Tagen öffnete er alle seine Paläste, verteilte Geschenke und erließ Strafen. Es gab dann weder Pförtner noch Palastwachen, sodass jeder freien Zutritt hatte, um mit dem Herrscher persönlich zu sprechen, seine Sorgen und Wünsche vorzubringen und ihm Geschenke zu machen.

An einem solchen Festtag kamen drei äußerst gelehrte und kluge Männer mit kostbaren Geschenken in die Stadt des Königs Sabur, der ein großer Liebhaber der Wissenschaften war. Die Männer stammten aus verschiedenen Ländern und sprachen verschiedene Sprachen: Der eine war ein Inder, der andere ein Grieche, der dritte aber ein Perser.

Der Inder trat als Erster vor den König, kniete nieder und überreichte ihm eine mit kostbaren Steinen besetzte goldene Statue, die ein Horn in der Hand hielt.

Als der König die Statue eingehend von allen Seiten betrachtet hatte, fragte er den Inder: »Sag mir, kluger Mann, wozu diese Kostbarkeit dienen soll.«

»Herr«, erwiderte der Inder, »diese Statue hat die Eigenschaft, in das Horn zu blasen, sobald ein Spion die Stadt betritt. Der Spion aber wird daraufhin zu zittern anfangen und tot umfallen.«

Der König war äußerst überrascht und sagte: »Wenn das stimmt, kluger Mann, werde ich dir alle deine Wünsche erfüllen.«

Danach trat der griechische Gelehrte vor den Thron, warf sich zu Boden und überreichte dem König ein silbernes Becken. In der Mitte dieses Gefäßes saß ein goldener Pfau, der von vierundzwanzig Jungen umgeben war. Nachdem der König das Becken betrachtet und den Griechen nach dem Zweck gefragt hatte, antwortete dieser: »Herr, der Pfau pickt nach Ablauf einer Stunde jedes Mal eines seiner Jungen und zeigt so die Zeit an. Nach jedem Monat öffnet er den Schnabel und der Mond erscheint darin.«

Als der König das hörte, sagte er wieder: »Wenn das stimmt, kluger Mann, werde ich alle deine Wünsche erfüllen.«

Schließlich trat der Gelehrte aus Persien vor, fiel auf die Knie und schenkte dem König ein Pferd aus Holz, das nicht nur mit Gold und Edelsteinen besetzt war, sondern außerdem aufwendig mit Sattel, Zaumzeug und Steigbügeln geschmückt war.

Der König fragte erstaunt, wozu dieses kostbare Tier nütze sei.

Da antwortete der Gelehrte: »Herr, auf diesem Pferd kann ein Reiter an einem Tag eine Strecke zurücklegen, für die man normalerweise ein Jahr braucht. Denn es fliegt durch die Luft.«

Der König war überrascht, an ein und demselben Tag drei so kostbare Geschenke erhalten zu haben, und sagte zu dem Perser: »Wenn du die Wahrheit gesagt hast, will ich dir jede Bitte erfüllen, die du an mich richtest. Das schwöre ich bei Allah, dem Schöpfer der Menschen.«

Drei Tage lang bewirtete der König die drei Gelehrten auf das Beste und begutachtete ihre Geschenke. Jeder führte sein Werk vor: Die Statue stieß ins Horn, der Pfau pickte seine Jungen und der Perser schwang sich auf das Pferd, stieg damit in die Lüfte und kam wieder herunter.

Da geriet der König beinahe außer sich vor Freude und wandte sich an die drei: »Ihr habt bewiesen, dass ihr die Wahrheit gesagt habt. Nun ist es an mir, mein Versprechen zu erfüllen. Jeder von euch soll nun von mir verlangen, was er möchte. Er wird es auf der Stelle erhalten.«

Die Gelehrten, die davon gehört hatten, dass der König drei Töchter hatte, antworteten: »Herr, wenn du mit uns und unseren Geschenken zufrieden bist und wir uns etwas wünschen dürfen, so möchten wir, dass du uns deine drei Töchter gibst und uns zu deinen Schwiegersöhnen machst. Wir sind überzeugt, dass du dein königliches Wort nicht brechen wirst.«

»Ich werde eure Bitte erfüllen«, sagte der König und ließ sogleich den Kadi rufen, damit dieser die Eheverträge aufsetze.

Die Prinzessinnen aber standen hinter einem Vorhang und hatten alles mit angehört. Als die jüngste Tochter den Perser betrachtete, der ihr Gemahl werden sollte, erschrak sie. Er war steinalt, hatte lauter Runzeln und Falten sowie lichtes Haupthaar. Die Haare an den Brauen und am Bart waren ihm bereits ganz ausgefallen. Seine Augen waren rot und trieften, seine Wangen waren gelb und so eingefallen, dass sich jeder Knochen abzeichnete. Seine Nase glich einer Gurke. Die wenigen Zähne, die er noch besaß, wackelten, seine Lippen waren blau und welk wie eine Kamelniere und seine schrumpelige Haut hatte die Farbe von Leder. Der Mann war eine Ausgeburt an Hässlichkeit, wie man sie auf der ganzen Welt kein zweites Mal fand und vor der sogar die Vögel in ihre Nester flohen. Die Prinzessin aber, die ihn heiraten sollte, galt als das schönste und liebenswürdigste Mädchen ihrer Zeit. Sie war zarter als Seide, sie übertraf den Mond an mildem Glanz und keine Gazelle kam ihr an Anmut und Schnelligkeit gleich. Von den drei Schwestern war sie die Schönste.

Nachdem die Prinzessin ihren Bräutigam gesehen hatte, lief sie in ihr Zimmer, streute sich zum Zeichen ihrer abgrundtiefen Traurigkeit Asche aufs Haupt und weinte und jammerte erbärmlich. Der Lärm lockte ihren Bruder herbei, der sie mehr liebte als die anderen Schwestern. Er kam gerade von einer Reise zurück und wollte nun wissen, was passiert sei.

»Lieber Bruder!«, rief die Prinzessin. »Ich werde den Palast verlassen, wenn ich meinem Vater im Weg bin. Und wenn er glaubt, ich hätte mich schlecht betragen, und mich nicht mehr in seiner Nähe haben mag, gehe ich fort und vertraue auf Allah, der mich nicht im Stich lassen wird.«

Der Bruder, der den Sinn ihrer Worte nicht verstand, bat sie, sich deutlicher auszudrücken.

»Ach, lieber Bruder, der Vater hat mich einem Zauberer zur Frau versprochen, der ihm ein hölzernes Pferd geschenkt und ihn durch seine Kunst betört hat.«

Da tröstete sie der Prinz und wandte sich sofort an den König: »Wer ist der Zauberer, dem du meine jüngste Schwester zur Frau geben willst? Was für ein Geschenk hat er dir gemacht, dass du deswegen deine Tochter vor Kummer sterben lässt?«

Der persische Gelehrte, der das alles mit angehört hatte, wurde wütend auf den Prinzen. Der König aber antwortete: »Sieh dir erst an, was das Holzpferd kann. Du wirst vor Staunen schier den Verstand verlieren.«

Er ließ das Pferd bringen. Dem Prinzen gefiel das Tier, und da er ein leidenschaftlicher Reiter war, schwang er sich sogleich auf den Sattel und stieß die Sporen in die Flanken. Aber das hölzerne Pferd bewegte sich nicht von der Stelle. Da sagte der König zu dem Gelehrten: »Zeig ihm, wie man es in Bewegung setzt.«

Der Gelehrte, der den Prinzen bereits auf den Tod hasste, trat auf ihn zu und zeigte ihm einen Wirbel an der rechten Seite des Pferdehalses. Wenn man ihn drehe, erklärte er, erhebe sich das Pferd in die Lüfte. Der Prinz tat das und sofort stieg das hölzerne Pferd in die Höhe und flog so schnell davon, dass es im Nu aus den Blicken der Zuschauenden verschwand.

»Und wie kann er das Tier wieder zur Erde lenken?«, fragte der König besorgt.

»Herr«, antwortete der persische Gelehrte, »das muss er selbst herausfinden. Wenn er nie mehr wiederkehrt, dann ist es allein seine Schuld. Er war zu stolz, um mich zu fragen.«

Darüber wurde der König sehr zornig und er ließ den Gelehrten schlagen und einsperren. Er riss sich die Krone vom Kopf, raufte sich voller Verzweiflung das Haar und weinte jämmerlich. Das Fest wurde abgebrochen, die Tore des Palastes geschlossen und die ganze Stadt nahm Anteil an dem Kummer des Königs und seiner Familie. So war aus einem Freudentag ein Trauertag geworden.

Der Prinz wurde unterdessen von dem hölzernen Pferd bis zur Sonne getragen. Er sah dem Tod ins Auge und hatte sich schon damit abgefunden, irgendwo zwischen den Himmelskörpern umzukommen. Da aber dachte er: Wenn ich schon sterben muss, so will ich wenigstens nachsehen, ob ich nicht auch eine Vorrichtung entdecke, die das Tier wieder zum Sinken bringt. Er tastete die linke Seite des Halses ab und fand dort ebenfalls einen Wirbel. Als er daran drehte, verlor das Pferd augenblicklich an Höhe und bald erblickte er die Erde wieder. Außer sich vor Freude dankte er Allah für die Rettung in letzter Minute. Dann bewegte er den rechten Wirbel ein wenig, woraufhin das Pferd wieder höher stieg und in geringer Höhe weiterflog.

Gegen Abend sah er unter sich einen großen Palast, der von einem Garten umgeben war. Darin schlängelten sich silberklare Bäche, wunderschöne Blumen wuchsen rund um das Gebäude und schlanke Gazellen sprangen durchs Gebüsch. In der Nähe des Palastes lag eine große Stadt und eine Festung mit Türmen und dicken Mauern. Vierzig Sklaven, die eine Rüstung trugen und mit Bogen und Lanzen bewaffnet waren, patrouillierten um das Schloss. Da dachte der Prinz: Wenn ich nur wüsste, in welchem Land ich mich befinde! Er entschloss sich, auf dem flachen Dach des Palastes die Nacht zu verbringen. Mit einiger Mühe gelang es ihm, auf dem Dach zu landen. Es war bereits finster, als er sich – hungrig und durstig, wie er war – daranmachte, seine Umgebung zu erkunden.

Er stieß auf eine Treppe, über die er auf einen weiten, mit Marmor ausgelegten Hof gelangte. Dahinter befand sich das Schloss. Im Schein des Mondes sah er sich um und entdeckte ein Licht, das aus dem Innern des Gebäudes drang. Er ging darauf zu und kam an eine Tür, vor der ein riesengroßer Sklave schlief. Neben ihm brannte eine Lampe und lag ein Schwert, das wie Feuer funkelte. Außerdem stand hier ein kleiner, zugedeckter Tisch auf steinernen Beinen.

Einen Augenblick lang zögerte der Prinz und sagte: »Du hast mich vor dem Tod gerettet, o Allah. Hilf mir nun dabei, alles über das Schloss und seine Bewohner zu erfahren.«

Nach diesen Worten ergriff er den Tisch und trug ihn ein Stück zur Seite. Er zog die Decke weg und fand darunter die köstlichsten Speisen und Getränke. Nun aß und trank er, bis er satt war. Nachdem er sich ein Weilchen ausgeruht hatte, stellte er den Tisch wieder an seinen Platz, näherte sich dem schlafenden Sklaven und nahm das Schwert an sich.

Mit dem Schwert in der Hand ging er weiter, ohne zu wissen, was ihn erwartete.

Bald kam er an einen Vorhang. Er schlug ihn zur Seite und vor ihm lag ein Saal. Am Fuße eines Elfenbeinthrons, der mit Perlen, Rubinen und anderen

Edelsteinen besetzt war, schliefen vier Sklavinnen. Als er näher trat, sah er auf dem Thron ein schlafendes Mädchen, das schön wie der silbern glänzende Mond war und langes wallendes Haar hatte. Von ihrer Schönheit war er sogleich so bezaubert, dass er alle Vorsicht vergaß. Er näherte sich ihr und küsste sie auf die rechte Wange.

Da erwachte das Mädchen, schlug die Augen auf und sah den Prinzen. »Wer bist du? Und woher kommst du?«, fragte sie.

»Ich bin dein Sklave und dein Geliebter«, antwortete er.

»Und wer hat dich hierhergebracht?«, fragte das Mädchen weiter.

»Das Schicksal, das es gut mit mir meint«, entgegnete der Prinz.

Die Prinzessin war von ihrem Vater mit einem der vornehmsten Männer der Stadt verlobt worden und nun glaubte sie, der Prinz sei ihr Verlobter. Sie betrachtete ihn eingehend und sofort verliebte sie sich in ihn, sosehr gefiel er ihr. Sie begann mit ihm zu plaudern, als würden sie sich schon lange kennen. Davon erwachten die Sklavinnen.

»Wer ist dieser junge Mann, o Herrin?«, fragten sie, als sie den Fremden neben ihr sitzen sahen.

»Ich weiß es nicht«, antwortete die Prinzessin. »Als ich aufwachte, war er plötzlich da. Er muss also wohl mein Verlobter sein.«

Die Sklavinnen aber sagten: »Bei Allah! Dein Verlobter könnte nicht einmal der Sklave dieses Mannes sein.«

Danach gingen sie hinaus zu dem schlafenden Wächter, weckten ihn und sagten: »So also bewachst du das Schloss, dass jeder zu uns eindringen kann, während wir schlafen!«

Der Sklave fuhr erschrocken hoch und wollte nach seinem Schwert greifen. Es war aber nicht an seinem Platz. Von Angst betäubt ging er daher in den Saal zu seiner Herrin. Als er den Prinzen neben der Prinzessin sitzen sah, rief er: »Wie bist du hierhergekommen, du Schurke!«

Diese Beschimpfung machte den Prinzen wild wie einen Löwen. Er sprang auf und wollte mit dem Schwert nach dem Sklaven schlagen. Der aber floh zitternd zum König und erzählte ihm, was sich ereignet hatte.

Der König griff wütend zum Schwert und schrie: »Was für schlechte Nachrichten bringst du mir, du Hund!«

»Herr«, entgegnete der Sklave, »der Schlaf hat uns überwältigt, und als wir wach wurden, sahen wir einen schönen jungen Mann neben der Prinzessin. Niemand, weder ich noch die Sklavinnen der Prinzessin, kann sich erklären, wie er hereingekommen ist. Fast scheint es, als sei er durch die Luft geflogen oder durch die Erde herbeigekrochen.«

Der König rannte schnell in die Gemächer seiner Tochter, und als er den Fremden neben ihr sitzen sah, verlor er vor Zorn vollkommen die Beherrschung. Er hob das Schwert und wollte damit dem Prinzen den Kopf spalten. Doch der junge Mann fiel ihm in den Arm und sagte: »Bei Allah, nur weil ich bei dir zu Gast bin und nicht unhöflich sein will, halte ich mich zurück. Sonst würde ich dich ins Grab zu deinen Vätern schicken.«

»Wer bist du«, fragte der König, »dass du es wagst, in solchem Ton mit mir zu reden und meine Tochter zu überfallen? Weißt du nicht, dass ich der mächtigste König der Welt bin? Ich schwöre bei Allah, dass ich dich qualvoll hinrichten lasse, um als abschreckendes Beispiel zu dienen, du Hundesohn!«

Der Prinz aber lächelte nur und erwiderte: »Herr, ich muss mich schon sehr über deine Dummheit wundern. Was nützt es dir, wenn du mich hinrichten lässt? Die Leute würden nur sagen, der König habe einen jungen Mann bei seiner Tochter ertappt und ihn töten lassen. Spott und Schande wären dir sicher und niemand würde mehr Respekt vor dir haben. Ich bin der Sohn eines Königs, und wenn ich wollte, wäre es meinem Vater und mir ein Leichtes, dich vom Thron zu stürzen. Doch ich habe nichts Böses im Sinn. Was kannst du dir Besseres wünschen, als dass deine Tochter mich heiratet? Ich bin nämlich der Sohn des Königs von Persien.«

»Aber warum bist du nicht zu mir gekommen und hast um ihre Hand angehalten, wie es sich gehört?«, fragte der König.

»Was geschehen ist, ist geschehen«, antwortete der Prinz. »Ich mache dir einen Vorschlag. Lass alle deine Truppen aufmarschieren und zum Kampf gegen mich antreten. Unterliege ich ihnen, dann bestrafe mich dafür, dass ich in dein Schloss eindrang. Schlage ich sie aber in die Flucht, so darfst du mir das, was vorgefallen ist, nicht mehr übel nehmen.«

Mit diesem Vorschlag war der König einverstanden, denn er half ihm aus der Verlegenheit, den Prinzen hinrichten zu müssen und damit seinen Ruf sowie den seiner Tochter zu gefährden. »So sei es«, entschied er.

Als der Tag anbrach, sammelte er seine Truppen und stellte sie in Schlachtordnung auf. Dann befahl er den Prinzen herbeizuführen und ihm ein Pferd und Waffen zu bringen.

»Ich will mein eigenes Pferd nehmen«, sagte der Prinz. »Es ist auf dem Dach. Lass es herunterholen.«

Als das Pferd herbeigeführt wurde, bewunderte der König die kunstvolle Arbeit. Der Prinz schwang sich auf den Sattel, während er von den Soldaten umringt war, die ihm das Leben nehmen wollten. Dann drehte er den Wirbel an der rechten Seite des Pferdes und augenblicklich erhob sich das Tier in die Lüfte wie ein Vogel.

»Ergreift ihn!«, rief der König immer wieder.

Der Anführer der Soldaten aber sagte: »Wie sollen wir ihn fassen, mein König? Er steht mit dem Teufel im Bund. Danke Allah, dass du ihn los bist.«

Der König war ganz fassungslos, als er in das Schloss zurückkehrte. Er ging zur Prinzessin und erzählte ihr, was vorgefallen war.

»Möge Allah diesen Zauberer verdammen!«, schimpfte er. Mit solch harten Worten wollte er seine Tochter trösten, denn er ahnte nicht, dass das Mädchen in den Prinzen verliebt war. Als sie nun zu weinen anfing, versuchte er sie zu trösten, konnte jedoch nichts ausrichten. Die Prinzessin schluchzte erbärmlich und konnte weder essen noch trinken noch schlafen.

Der Prinz Kamr al Akmar – das heißt: Mond der Monde – aber flog durch die Luft, bis er wieder das Herrschaftsgebiet seines Vaters erreicht hatte. Er ließ sich auf das flache Dach des väterlichen Palastes hinunter. Dabei sah er, dass überall Asche lag, wie man sie in Persien zum Zeichen der Trauer ausstreut. Sogleich befürchtete er, jemand aus der königlichen Familie könnte gestorben sein. Schnell lief er in die inneren Gemächer und fand den Vater, die Mutter und die Schwestern in Trauergewändern vor. Alle hatten sie bleiche, vom Schmerz entstellte Gesichter. Der Vater sah ihn zuerst, stieß einen lauten Freudenschrei aus und fiel in Ohnmacht. Als er nach einer Weile wieder zu sich kam, zog er den tot geglaubten Sohn an seine Brust. Daraufhin stürzten die Königin und die Prinzessinnen auf den Prinzen zu, umarmten und küssten ihn und fragten ihn unter Tränen, wie es ihm ergangen sei. Er erzählte seine Erlebnisse und der König rief anschließend: »Gelobt sei Allah, dass er dich gerettet hat, du Freude meines Auges, du Herz meines Herzens.«

In Windeseile verbreitete sich die Nachricht von der glücklichen Wiederkehr des Prinzen in der Stadt und überall brach Jubel aus. Trommeln und Pauken wurden geschlagen, die Trauerkleider gegen Festgewänder ausgetauscht. Die Stadt schmückte sich festlich und die Menschen drängten zum Palast, um dem König zu zeigen, wie sehr sie sich freuten. Ein großes Fest wurde organisiert, alle Strafen wurden erlassen und alle Gefangenen auf freien Fuß gesetzt. Sieben Tage und sieben Nächte lang gab es für jeden vor dem Palast Speisen und Getränke. Der König ritt mit seinem Sohn durch die Straßen, damit alle ihn sehen und sich mit ihnen freuen konnten.

Nach den sieben Tagen gingen die Bewohner der Stadt wieder an ihre Arbeit zurück und der König begab sich mit seinem Sohn in den Palast. Dort saß man zu Tisch, aß und trank und amüsierte sich. Eine schöne Sklavin, die wunderschön Laute spielen konnte, sang ein Lied:

>> Glaub nicht,
Dass ich dich vergesse, wenn du fortgegangen bist.
An was sollte ich denken,
Wenn nicht an dich?
Die Zeit vergeht,
Doch meine Liebe zu dir nicht.
An ihr sterbe ich
Und sie ist mein Lebenselixier.«

Diese Verse ergriffen den Prinzen sehr und Sehnsucht erwachte in ihm. Er stahl sich fort, stieg heimlich auf das hölzerne Pferd und flog durch die Lüfte, bis er das Schloss erblickte, in dem die Prinzessin lebte. Wieder landete er auf dem flachen Dach, stieg die Treppe hinunter und fand, wie beim ersten Mal, den Sklaven schlafend vor. Er schlich sich an ihm vorbei und blieb hinter dem Vorhang stehen, der zum Zimmer der Prinzessin führte. Von hier aus konnte er hören, wie sie weinte und traurige Lieder sang. Die Sklavinnen, die nicht schlafen konnten, sagten: »Ach, Herrin, was jammerst du einem nach, der nichts für dich empfindet?«

Die Prinzessin aber antwortete: »Ach, was wisst ihr schon! Wer könnte diesen Mann je vergessen?« Und sie fuhr fort zu schluchzen.

Dem Prinzen hinter dem Vorhang schlug das Herz wild in der Brust. Er wartete, bis alle eingeschlafen waren, dann trat er zur Prinzessin hin und fasste sie bei der Hand. Sie erwachte durch die Berührung und schlug die Augen auf.

»Warum weinst du?«, fragte er.

Da erkannte sie ihn. Sie fiel ihm um den Hals, küsste ihn und sagte: »Ich weine, weil ich von dir getrennt bin.«

»Jetzt bin ich bei dir«, antwortete er, »und ich bin hungrig und durstig.«

Sogleich ließ die Prinzessin Speisen und Getränke auftragen und nach dem Essen unterhielt sie sich mit dem Prinzen bis tief in die Nacht hinein. Als der Morgen anbrach, stand er auf, bevor der Sklave erwachte.

»Wo willst du hin?«, fragte die Prinzessin.

»Zu meinem Vater«, antwortete der Prinz, »doch verspreche ich dir, dich jede Woche einmal zu besuchen.«

Da rief die Prinzessin: »Bei Allah, ich flehe dich an, nimm mich mit, wohin es auch sei, und lass mich nicht ein zweites Mal den Trennungsschmerz erleiden!«

»Willst du denn wirklich mit mir gehen?«, fragte der Prinz.

»Ja«, entgegnete die Prinzessin.

»Dann komm, damit wir abreisen können.«

Schems Ulnahar – so hieß die Prinzessin – ging schnell zu einer Truhe, entnahm ihr schöne, mit Gold und Juwelen besetzte Kleider und zog sie an. Dann verließen die beiden leise das Zimmer, stiegen aufs Dach und setzten sich auf das hölzerne Pferd. Sie flogen bis zur Hauptstadt Persiens, wo der Prinz das Pferd in einem Garten außerhalb der Stadt auf den Boden aufsetzen ließ. Er hob die Prinzessin herab und führte sie in ein kleines Lustschloss.

»Bleib hier«, sagte er, »bis ich meinem Vater über deine Ankunft Bescheid gegeben habe. Die Wesire und alle Truppen sollen dir entgegengehen und dich feierlich in den Palast führen.«

Daraufhin begab er sich zu seinem Vater und erzählte ihm, was vorgefallen war. Der König und die Königin freuten sich mit ihrem Sohn. Der König gab Befehl, die Braut mit einem Jubelzug abzuholen und alles strömte aus der Stadt zum Lustschloss.

Der persische Gelehrte aber, dem bei der Rückkehr des Prinzen wie allen Gefangenen die Freiheit geschenkt worden war, hatte die Ankunft des Paares bereits beobachtet. Er hielt sich nämlich oft bei dem Mann auf, der den Garten des kleinen Lustschlosses in Ordnung hielt. Als nun der Prinz weg war, ging er zu dem Schlösschen und sah durch ein Fenster das Mädchen in all seiner Schönheit und neben ihm das hölzerne Pferd. Da sagte er zu sich: Dieser Bursche hat mir seine Schwester nicht gegönnt. Nun will ich ihm Gleiches mit Gleichem vergelten.

Er klopfte an die Tür, und als die Prinzessin fragte, wer da sei, antwortete er: »Dein Sklave und Diener. Mein Herr schickt mich, damit ich dich auf dem hölzernen Pferd ein Stück näher an die Stadt heranbringe. Denn meine Herrin, die Königin, ist nicht gut zu Fuß und kann dir nicht so weit entgegengehen. Und dabei möchte sie dich doch als Erste begrüßen, so sehr freut sie sich auf dich.«

Die Prinzessin zweifelte nicht im Mindesten daran, dass es stimmte, was der Mann ihr sagte, und öffnete die Tür. Als sie aber dieses abstoßende Geschöpf erblickte, sagte sie: »Hat denn der König keinen Sklaven, der nicht so hässlich ist wie du?«

»Alle Sklaven meines Herrn sind schöner als ich«, antwortete der Perser. »Aber er hatte Angst, dir könnte einer von ihnen gefallen, deshalb wählte er mich aus, seinen ältesten Diener.«

Mit dieser Erklärung war die Prinzessin zufrieden und sie schwang sich aufs Pferd, während der persische Gelehrte hinter ihr aufsaß und den Wirbel drehte. Das Pferd erhob sich und der Alte lenkte es in die Richtung, in der China lag.

Kurz darauf zog der Prinz mit seinem Vater und seiner Mutter an der Spitze eines langen Zuges in den Garten ein, während Pauken, Trommeln und Trompeten ertönten. Er betrat das Lustschlösschen, um seine Braut heimzuführen. Aber das Zimmer war leer. Da warf er seinen Turban zur Erde und raufte sich vor Wut das Haar. Tobend ging er auf den Gärtner los und schrie: »Du Schuft! Sag, was hast du mit der Prinzessin gemacht? Und sag die Wahrheit, sonst schlage ich dir den Kopf ab!«

Der Gärtner war ratlos und sagte: »Herr, ich weiß von nichts, das schwöre ich bei meinem Leben und beim Bart deines ehrwürdigen Vaters.«

»Und wer war heute alles in dem Garten?«, fragte der Prinz.

»Niemand außer dem persischen Gelehrten«, antwortete der Gärtner.

Als der Prinz das hörte, wusste er, wer die Prinzessin entführt hatte. Er überlegte, dann sagte er zu seinem Vater: »Zieh mit den Truppen in die Stadt zurück. Ich bleibe hier, bis ich mit mir selbst ins Reine gekommen bin.«

»Nimm es nicht zu schwer, mein Sohn«, entgegnete der König betrübt. »Du kannst dir unter allen Prinzessinnen auf der Welt eine aussuchen.«

Der Prinz aber antwortete nicht.

Der persische Gelehrte hatte unterdessen China erreicht und lenkte das Zauberpferd auf die Erde zurück. Auf einer grünen Ebene stieg er mit der Prinzessin unter einem Baum ab. Ganz in der Nähe entsprang eine Quelle.

»Wo ist mein Herr?«, fragte Schems Ulnahar, nachdem sie sich hingesetzt hatte. »Wo sind der Vater und die Mutter des Prinzen?«

»Allah verdamme sie alle!«, antwortete der Perser. »Ich bin jetzt dein Herr. Dieses Pferd gehört mir, ich habe es gemacht. Glaube nur nicht, dass du den Prinzen jemals wiedersehen wirst. Doch tröste dich: Ich bin reicher als er. Jeden Wunsch kann ich dir erfüllen und dir Kleider schenken, wie sie keine andere Frau auf der Welt hat. Ich besitze viele Sklaven und viele Güter. Mein Einkommen ist unermesslich.«

Dann versuchte er sie zu liebkosen. Sie aber stieß ihn von sich. Der Perser strauchelte, fiel und schlug mit dem Kopf auf, sodass er vorübergehend ohnmächtig wurde.

Nun jagte der König von China zufällig in derselben Gegend, und da die Hitze ihn durstig gemacht hatte, suchte er die Quelle bei dem Baum auf. Als er das Mädchen weinend im Gras sitzen sah, wurde er von ihrer Schönheit betört. Er ging auf den Perser zu, der auf dem Boden lag, stieß ihn mit dem Fuß an, bis er erwachte, und fragte ihn, wer das Mädchen sei.

»Sie ist meine Frau«, antwortete dieser.

Da sprang die Prinzessin auf, warf sich vor dem König hin, küsste seinen Steigbügel und rief: »Er lügt, o Herr! Er ist ein böser Zauberer und hat mich mithilfe einer List entführt.«

»Verprügelt ihn und werft ihn ins Gefängnis!«, befahl der König und seine Diener führten den Befehl aus.

Der Herrscher ließ daraufhin die Jagd abblasen und brach an der Seite der Prinzessin in seine Hauptstadt auf. Bevor sie davonritten, fragte er, was das für ein hölzernes Pferd sei. Die Prinzessin antwortete: »Mit diesem Tier kann man undenkbare Kunststücke vollführen«, und der König entschied, das Pferd mitzunehmen und es in seine Schatzkammer zu stellen. Als er in seinem Palast angekommen war, sagte er: »Wir sind ausgezogen, um wilde Tiere zu jagen, und wir haben eine Gazelle gefangen.« Er war sehr heiter und vergnügt und ließ der Prinzessin ein Zimmer herrichten.

Noch am selben Abend besuchte er sie und machte ihr einen Heiratsantrag. Doch die Prinzessin machte auf ihn den Eindruck, als wäre sie wahnsinnig geworden: Sie raufte sich die Haare, stampfte mit den Füßen auf den Boden, zerriss ihre Kleider, weinte und schrie. Erschrocken über ihr Verhalten verließ der König ihr Zimmer. Er stellte ihr Dienerinnen zur Verfügung und gab viel Geld für Ärzte und Astrologen aus, die der Prinzessin aus ihrer Geistesverwirrung heraushelfen sollten.

Der Prinz von Persien aber wanderte unterdessen von Land zu Land und durchforschte alle Städte, bis er durch Zufall in die Hauptstadt Chinas gelangte. Er hörte sich nun auf Basaren und öffentlichen Plätzen um und erfuhr von einem seltsamen Mädchen, das der König bei der Jagd aufgelesen hatte und das man allgemein bedauerte.

Als er die Leute näher befragte, war er sich sicher, dass dieses Mädchen niemand anderes sein konnte als seine Prinzessin. Seine Freude war unbeschreiblich! Er verkleidete sich als Astrologe mit einem riesigen Turban und weiten Ärmeln, nahm eine Schachtel voll Sand in die Hand und klemmte sich ein großes pergamentenes Buch unter den Arm.

So ging er durch die Straßen und rief nach Art der Astrologen immer wieder: »Glück komme über jedes Haus dieser Stadt!«

So gelangte er an das Tor des Palastes und sagte zum Hauptmann der Wache: »Ich bin ein berühmter Sterndeuter aus Persien. Sag dem König, ich hätte von seinem Kummer gehört und möchte das Mädchen heilen.«

Da ging der Hauptmann sofort zum König, der befahl, den angeblichen Astrologen vorzulassen. Der Prinz benahm sich wie ein echter Sterndeuter und verwendete eine Menge Worte, deren Sinn niemand verstand.

»Kluger Mann«, sagte der König, »seit einem Jahr schlägt dieses Mädchen um sich und stampft mit den Füßen, sobald ich mich ihr nähere. Wenn du sie heilst, gebe ich dir, was immer du verlangst.«

»Dann will ich sie mir einmal ansehen«, antwortete der Prinz, »um festzustellen, welcher Dämon sie befallen hat.«

Der König befahl dem obersten Kammerdiener, den verkleideten Prinzen in die Gemächer der Prinzessin zu bringen.

Als er vor die Tür ihres Zimmers kam, hörte er, wie sie jämmerlich schluchzte und traurige Lieder sang. Das zerbrach ihm fast das Herz, so sehr liebte er sie. Schnell trat er ein. Sie lag auf dem Diwan und ihr Gesicht war vom Weinen ganz verschwollen.

»Allah erlöse dich von deinem Schmerz, Schems Ulnahar«, sagte er. »Und schau, die Erlösung ist da: Ich bin es, Kamr al Akmar.«

An seiner Stimme erkannte sie ihn und sie schlang sofort die Arme um seinen Hals, küsste ihn und fragte, wie er es geschafft habe, zu ihr zu gelangen.

»Jetzt ist keine Zeit für lange Erklärungen«, sagte der Prinz. »Der oberste Kammerdiener steht im Vorzimmer. Noch weiß ich nicht, wie ich dich hier herausholen soll. Ich will es zunächst mit einer List versuchen. Hilft das nichts, hole ich die Truppen meines Vaters, um dich mit Gewalt zu befreien.«

Mit diesen Worten verließ er sie, begab sich zum König und sagte: »Herr, ich möchte dir ein Wunder zeigen.« Daraufhin ging er mit ihm zu der Prinzessin. Als sie den König erblickte, begann sie zu schreien, bis sie Schaum vor dem Mund hatte, stampfte mit den Füßen und schlug mit den Armen um sich. Der Prinz trat auf sie zu, murmelte Beschwörungen und blies ihr ins Gesicht. Dann flüsterte er ihr zu: »Geh zu ihm, küss ihm die Hand und stell dich freundlich.«

Da sank die Prinzessin wie ohnmächtig zu Boden, wo sie einige Augenblicke liegen blieb. Dann stand sie auf, als sei sie eben aus dem Schlaf erwacht, näherte sich dem König, küsste ihm die Hand und sagte: »Deine Sklavin heißt dich willkommen.«

Als der König das hörte, war er außer sich vor Freude. Er wandte sich zu dem Prinzen und sagte: »Wünsch dir, was du willst, und du wirst es bekommen!«

Das Zauberpferd, zu Seite 214

»Herr«, antwortete der Prinz, »noch ist es zu früh, um etwas von dir annehmen zu können. Ich fürchte sehr, ihre Krankheit wird wieder ausbrechen. Lass sie daher von zehn Sklavinnen ins Bad tragen, doch so, dass ihre Füße den Boden nicht berühren. Dann soll sie den schönsten Schmuck anlegen, den du auftreiben kannst, damit sie sich freut und guter Stimmung ist. Anschließend lass sie an den Ort außerhalb der Stadt bringen, wo du sie gefunden hast. Dort ist der Dämon in sie gefahren, dort muss er sie auch wieder verlassen.«

»Allah schütze dich, du klügster aller Gelehrten«, sagte der König. »Noch nie habe ich einen besseren Arzt gesehen. Woher wusstest du nur, dass ich sie außerhalb der Stadt gefunden habe?«

Sofort gab er Befehl, die Prinzessin ins Bad zu bringen, und plünderte seine Schatzkammer, um für sie den schönsten Schmuck auszusuchen. Dann ließ er sie unter den Baum bei der Quelle tragen. Zusammen mit seinen Wesiren und Truppen folgte er ihr und dem Prinzen vor die Tore der Stadt. Der Prinz murmelte unaufhörlich Beschwörungen, wobei er bald zur Erde, bald zum Himmel blickte, und bereitete Räucherwerk.

Nach einer Weile wandte er sich an den König: »Jetzt weiß ich, dass der Dämon, der von ihr Besitz ergriffen hat, eigentlich im Leib eines Tieres aus Holz sitzt. Gelingt es uns nicht, das Tier zu finden, damit ich den Dämon daraus vertreibe, wird das Mädchen immer aufs Neue von ihm befallen.«

»Du bist der beste Heiler von allen!«, rief der König. »Wieder einmal hast du recht. Neben dem Mädchen und dem alten Betrüger fand ich damals auch ein hölzernes Pferd. Das ist bestimmt das Tier, von dem du sprichst.«

Er ordnete an, das Pferd herbeizuholen, und in kürzester Zeit stand es vor ihnen. Aufmerksam prüfte der Prinz, ob es nicht beschädigt sei, und ließ dann das Räucherwerk anzünden. Daraufhin nahm er den Turban ab, holte daraus eine Handvoll zerschnittenes Papier hervor und sagte: »Sobald ich auf dem Pferd sitze, müsst ihr das Mädchen hinter mich setzen und diese Papierstücke ins Feuer werfen. Der Rauch wird durch Maul und Nüstern ins Pferd eindringen, und wenn ich an diesem Wirbel hier drehe, wird der Dämon herausfahren.«

Man tat alles so, wie er es befohlen hatte, und als das Mädchen hinter ihm

saß, drehte er den Wirbel an der rechten Seite des Holzpferdes. Sofort erhob es sich wie ein Vogel in die Luft.

»Haltet sie auf!«, rief der König. »Haltet sie auf!«

»Wir können nicht«, antworteten seine Leute. »Er scheint der Meister aller Dämonen in Person zu sein.«

Der König starrte dem Zauberpferd noch nach, als es schon längst aus den Blicken verschwunden war. Plötzlich gab er einen Schrei von sich und fiel in Ohnmacht.

»Allah steh mir bei!«, sagte er, als er wieder erwacht war. »Hat man je einen Menschen fliegen sehen? Das ist ein Wunder!«

Als er mit den Wesiren und den Truppen in die Stadt zurückgekehrt war, ließ er sogleich den persischen Gelehrten aus dem Gefängnis holen. »Warum hast du Dummkopf mir nicht gesagt, was für wunderbare Eigenschaften das hölzerne Pferd besitzt?«, schrie er ihn an. »Jetzt ist es einem dahergelaufenen Gauner gelungen mir das Mädchen zu entführen, noch dazu mit meinem ganzen Schmuck.«

Als der Gelehrte das hörte, fluchte er laut und sagte: »O Herr, du musst wissen, dass ich dieses Pferd angefertigt und dem König von Persien geschenkt habe, der mir dafür die Hand seiner Tochter versprach. Der, der das

Mädchen und das Pferd entführt hat, ist niemand anders als sein Sohn.«

Und er erzählte die ganze Geschichte. Der König geriet darüber in solche Wut, dass er am liebsten zersprungen wäre. Für den Rest seines Lebens kam er nicht über den Verlust der Prinzessin und des Zauberpferdes hinweg.

Der Prinz aber flog in die Hauptstadt Persiens zurück und ließ sich im Palasthof auf die Erde nieder, denn er wollte nicht noch einmal riskieren die Prinzessin zu verlieren. Seine Eltern freuten sich sehr, als sie ihn und das Mädchen sahen.

Die gute Nachricht verbreitete sich rasend schnell und die Truppen, die Wesire und viele andere Leute versammelten sich im Thronsaal, um dem König Glück zu wünschen. Auch der Vater der Prinzessin freute sich und schickte die herrlichsten Geschenke für seinen Schwiegersohn und seine Tochter. Das Fest, das König Sabur ausrichten ließ, dauerte sieben Tage.

Das Zauberpferd wurde in die Schatzkammer gestellt. Das Paar aber lebte glücklich und zufrieden, bis der Tod die beiden schließlich trennte.

Prinz Achmed und die Fee Banu

a war einmal ein Sultan, der über Indien herrschte und drei stolze Söhne und eine schöne Nichte hatte. Der älteste Sohn hieß Hussein, der zweite Ali, der jüngste Achmed. Die Nichte wurde Nurunnihar genannt, das heißt: Licht des Tages. Diese Prinzessin hatte schon früh ihren Vater, den jüngsten Bruder des Sultans, verloren. Der Sultan hatte sie daraufhin in seinem Palast aufgenommen und gemeinsam mit seinen Söhnen erziehen lassen. Sie zeichnete sich durch einen wachen Verstand ebenso aus wie durch ihre Güte. Der Sultan spielte seit Langem mit dem Gedanken, sie einmal mit einem benachbarten Fürsten zu vermählen und so mit diesem enge Freundschaftsbande zu knüpfen. Doch er sah mit Sorge, wie seine Söhne, einer nach dem anderen, sich in Nurunnihar verliebten. Das machte ihn traurig, nicht nur weil sein Plan, die Prinzessin mit einem Nachbarfürsten zu verheiraten, dadurch scheiterte. Er sah auch voraus, dass die Brüder sich des Mädchens wegen streiten könnten. Denn die beiden Jüngeren würden bestimmt nicht einsehen, warum dem ältesten Prinzen das Vorrecht auf die Heirat mit Nurunnihar zustehe. Lange und eindringlich sprach er mit jedem der drei und hielt ihnen vor Augen, welche Unruhe im Land entstünde, wenn keiner einlenke. Aber es nützte nichts.

Also ließ der Sultan seine Söhne zu sich rufen und sagte: »Da keiner nachgibt, sollt ihr auf Reisen gehen, und zwar jeder für sich allein und in ein anderes Land. Ihr wisst, wie sehr ich alles Seltene und Einzigartige liebe, und ich verspreche dem die Hand der Prinzessin, der mir das merkwürdigste Stück mitbringt. Um die Reisekosten zu decken und um die Kuriositäten zu kaufen, teile ich jedem von euch eine angemessene Summe zu. Gebt jedoch das Geld nicht für ein großes Gefolge aus und reist nicht allzu luxuriös. Damit würdet ihr nur eure Herkunft verraten und ihr könntet nicht mehr unbehelligt nach Außergewöhnlichem suchen.«

Jeder der Prinzen glaubte, das Glück sei auf seiner Seite, und sie nahmen die Entscheidung ihres Vaters an. Der gab ihnen unverzüglich das versprochene Geld und noch am selben Tag ließen sie alles für ihre Reise herrichten, damit sie sich am nächsten Morgen auf den Weg machen könnten.

In aller Frühe ritten die drei Prinzen als Kaufleute verkleidet zum Tor hinaus. Jeder hatte einen Diener dabei. Sie reisten den Tag über zusammen und erreichten am Abend eine Herberge. Hier, so hatten sie beschlossen, sollten sich am nächsten Morgen ihre Wege trennen und sie verabredeten, sich nach Ablauf des Jahres wieder in derselben Herberge zu treffen.

Bei Tagesanbruch umarmten sie sich, wünschten einander Glück, stiegen auf ihre Pferde und ritten in drei verschiedene Richtungen davon.

Den ältesten Prinzen, Hussein, der viel vom Glanz des Königreiches Bisnagar gehört hatte, zog es zum Indischen Ozean. Nach dreimonatiger Reise, während der er sich verschiedenen Karawanen anschloss und bald Wüsten und unwirtliche Gebirge, bald fruchtbare und dicht bevölkerte Landstriche durchquerte, erreichte er Bisnagar, die Hauptstadt des Landes und den Sitz des Herrschers. Er stieg in einem Gasthof ab, wo sich viele Kaufleute einquartiert hatten. Aus Gesprächen mit den anderen Gästen erfuhr er schon am ersten Abend, dass es in der Stadt vor allem vier Plätze gab, wo unterschiedlichste Waren feilgeboten wurden.

Am nächsten Morgen begab er sich zu dem ersten dieser Plätze. Vor dem königlichen Palast erstreckte sich ein Gewirr von Gassen, die zum Schutz vor der Sonnenhitze überdacht waren und in denen sich Laden an Laden reihte. Geschäfte mit der gleichen Warenart lagen jeweils in einer Gasse beieinander, genauso die Werkstätten der Handwerker eines Gewerbes. Der Prinz war überwältigt, was hier alles verkauft wurde: die feinsten Schleier aus den verschiedensten Gegenden Indiens, Tücher, auf denen in leuchtenden Farben Menschen, Landschaften, Bäume und Blumen dargestellt waren, Seide und Brokat aus China und Persien, Porzellan mit den unterschiedlichsten Mustern, Teppiche und vieles andere mehr. Als er vor den Läden der Goldschmiede und Juweliere stand, war er geblendet vom Glanz der Perlen, Diamanten, Smaragde und Saphire. Außerdem überwältigte ihn die Fülle des Schmucks und der wertvollen Gefäße.

Sein Staunen stieg ins Unermessliche, als er die Menschen in den Gassen betrachtete. Denn außer einigen Gelehrten und Tempeldienern, die den Reichtum der Welt zu verachten schienen, fand sich kaum jemand, egal ob Mann oder Frau, der nicht an Hals und Armen, ja sogar an den Fußknöcheln und den Schenkeln Perlen- und Diamantenketten getragen hätte. Der Schmuck wirkte besonders auffallend, weil alle Menschen in Bisnagar von schwarzer Hautfarbe waren. Eine weitere Eigentümlichkeit fiel dem Prinzen auf: Die Gassen wimmelten von Rosenverkäufern. Alle trugen Kränze aus Rosen auf dem Kopf oder Rosensträuße in der Hand und in jedem Laden standen mehrere Vasen mit diesen herrlichen Blumen, sodass ein angenehmer Duft das ganze Viertel durchzog.

Vom vielen Schauen und Flanieren wurde der Prinz müde. Als ihm in einem Laden angeboten wurde, sich auf einem Diwan auszuruhen, nahm er die Einladung gerne an. Doch kaum hatte er sich niedergelassen, da erregte ein Mann seine Aufmerksamkeit, der einen nicht einmal besonders großen Teppich für dreißig Beutel Goldstücke anpries. Hussein fand das viel zu teuer und stellte den Mann zur Rede.

»Wenn dir schon dieser Preis zu hoch vorkommt«, antwortete der Angesprochene, »dann wirst du dich sicher noch mehr wundern, dass ich ihn bis auf vierzig Beutel steigern soll und den Teppich nur gegen Barzahlung abgeben darf.«

»Demnach«, sagte Hussein, »müsste der Teppich besondere Eigenschaften besitzen, die ihm einen solchen Wert verleihen.«

»Du hast es erraten, Herr«, entgegnete der Mann. »Dieser Teppich bringt den, der darauf sitzt, sofort an jeden gewünschten Ort, ohne sich durch irgendein Hindernis aufhalten zu lassen.«

Hussein dachte, er könnte kaum etwas Besseres für seinen Vater finden. So sagte er: »Wenn es stimmt, was du mir über den Teppich erzählt hast, bin ich bereit, dir vierzig Beutel Goldstücke dafür zu bezahlen. Außerdem würde ich dir noch ein schönes Geschenk machen, das dir bestimmt gefallen wird.«

»Herr, ich habe die Wahrheit gesagt«, erwiderte der Ausrufer. »Weil ich jedoch sehe, dass du kein Geld bei dir trägst, und du sicherlich in einem Gasthof wohnst, mache ich dir einen Vorschlag. Wir bitten den Kaufmann, uns in die Stube hinter seinem Laden zu lassen. Dort breite ich den Teppich aus und wir setzen uns beide darauf. Wenn er uns dann nicht augenblicklich durch die Luft in den Gasthof trägt, soll der Handel null und nichtig sein. Über das Geschenk, von dem du gesprochen hast, würde ich mich natürlich sehr freuen.«

Der Prinz war mit allem einverstanden. Sie entrollten also den Teppich in der Hinterstube des Kaufmanns. Kaum hatten sie sich auf ihn gesetzt und gewünscht, wohin er fliegen soll, befanden sie sich bereits im Zimmer des Prinzen, ohne dass sich ihre Stellung verändert hätte. Hussein bezahlte die verlangte Summe und schenkte dem Mann noch zwanzig Goldstücke zusätzlich. Er war nämlich sehr froh, gleich nach seiner Ankunft in Bisnagar ein so seltenes Stück erstanden zu haben. Nicht im Mindesten zweifelte er daran, mit diesem Teppich die Hand der Prinzessin Nurunnihar zu gewinnen, weil er sich nicht vorstellen konnte, dass einer seiner Brüder etwas ähnlich Kostbares auftreiben werde.

Nun hätte er sich von dem Teppich zum verabredeten Treffpunkt tragen lassen können, doch er hatte keine Lust, monatelang in der Herberge warten zu müssen. Außerdem war er neugierig und wollte alles hier kennenlernen: den König von Bisnagar und seinen Hof, die Gesetze und Bräuche, die Religion, die Streitkräfte und das Leben der Menschen. Also beschloss er, einige Monate in der Stadt zu verbringen.

Der König von Bisnagar gab einmal in der Woche einen Empfang für fremde Kaufleute. Prinz Hussein ging einige Male dorthin. Da er auffallend gut aussah und sich auch durch sein Wissen und seine Bildung von den übrigen Kaufleuten abhob, wandte sich der König bald hauptsächlich an ihn, wenn er etwas über den Sultan von Indien und dessen Reich wissen wollte.

Die übrige Zeit sah sich der Prinz die Sehenswürdigkeiten in der Stadt und ihrer Umgebung an. So stand er lange vor einer goldenen Götterstatue

in einem Tempel, die Augen aus Rubin hatte. Sie schien jeden Besucher anzuschauen, ganz gleich von welcher Seite man sie betrachtete. Vor der Stadt
entdeckte er einen Tempel inmitten eines ungeheuer großen Rosenfeldes.
Auch nahm er gern an den Tänzen, Gesängen und Festessen teil, die nach
den Gottesdiensten in den Tempeln abgehalten wurden.

Jedes Jahr feierten der König und sein Hof mit ungeheurer Pracht ein
Fest, an dem alle Statthalter der Provinzen, die Befehlshaber der Festungen,
die Bürgermeister und Richter der Städte und die berühmtesten Gelehrten
des Landes teilnehmen mussten, wenn sie auch von noch so weit herkamen
und noch so große Strapazen auf sich zu nehmen hatten. Prinz Hussein beobachtete, wie viele Tausende von Menschen auf einer weiten Ebene zu-
sammenkamen. Aus der Menge ragte ein prächtiges, von vierzig Säulen ge-
tragenes Gerüst empor, auf dem der König und seine Beamten während der
Veranstaltung Platz nahmen. Tausende Elefanten mit bemalten Rüsseln
und Ohren, die vergoldete Holztürme auf den Rücken trugen, traten auf
und machten die erstaunlichsten Kunststücke.

Gern hätte sich Hussein noch länger in diesem Land aufgehalten, allerdings war seine Sehnsucht nach der Prinzessin stärker. Er dachte, es werde
ihm helfen, wenn er näher bei ihr wäre. Daher bezahlte er beim Wirt des
Gasthofs seine Rechnung, schloss sich in seinem Zimmer ein, breitete den
Teppich auf dem Boden aus und ließ sich samt seinem Diener darauf nieder. Er dachte konzentriert an die Herberge, in der er sich mit seinen Brüdern treffen wollte, und in Sekundenschnelle wurde er dorthin getragen.

Prinz Ali hatte sich in der Zwischenzeit einer anderen Karawane ange-
schlossen und war nach Persien gelangt. Er reiste mit einer Gruppe von
Kaufleuten, die glaubten, er sei ein Juwelenhändler. Als sie in Schiras, der
ehemaligen Hauptstadt des persischen Reiches, eintrafen, mietete er sich
wie seine Begleiter in einem Gasthof ein, in dem auswärtige Händler für gewöhnlich abstiegen. Gleich am nächsten Tag ließ er sich in das Stadtviertel
führen, in dem Edelsteine, Gold- und Silberarbeiten, Brokat, Seidenstoffe,
hauchzarte Schleier und ähnliche Kostbarkeiten zum Verkauf angeboten
wurden. Dieser Stadtteil, der Besastan genannt wurde, bestand aus Laden-
straßen, die zum Schutz vor der Hitze überdacht waren. Den Vormittag ver-

brachte Prinz Ali damit, an den Läden vorüberzuschlendern und die Waren zu bestaunen.

Unter den vielen Marktschreiern, die herumgingen und ihre Waren anpriesen, fiel ihm einer auf, der ein elfenbeinernes Rohr von einem Fuß Länge und Daumendicke für dreißig Beutel Goldstücke anbot. Ali glaubte zuerst, der Mann sei nicht recht bei Verstand, weil er für einen so kleinen Gegenstand einen so hohen Preis forderte. Dennoch trieb ihn die Neugier in den nächsten Laden, wo er den Besitzer fragte: »Sag mir, Herr, ist der Mann denn verrückt, der dieses Elfenbeinrohr so teuer verkaufen will?«

»Wenn er seinen Verstand seit gestern nicht verloren hat«, entgegnete der Kaufmann, »kann ich dir versichern, dass er der klügste und beste Marktschreier ist. An ihn wendet man sich, wenn es darum geht, wertvolle Gegenstände zu verkaufen. Das Rohr, das er heute anbietet, muss etwas ganz Besonderes sein, sonst würde er diesen Preis nicht fordern. Wenn du wissen willst, was es mit dem Rohr auf sich hat, rufe ich ihn herein, sobald er wieder vorbeikommt. Nimm inzwischen hier Platz.«

Ali schlug das freundliche Angebot nicht ab. Nach einer Weile führte der Kaufmann den Ausrufer herein und sagte zu ihm: »Dieser Herr glaubt, du wärst verrückt, weil du das kleine Elfenbeinrohr für einen so hohen Preis verkaufen willst. Auch ich würde mich darüber wundern, wüsste ich nicht, dass du ein vernünftiger Mann bist.«

»O Herr«, wandte sich der Ausrufer an den Prinzen, »du bist nicht der Einzige, der mich für verrückt hält. Aber wenn du erfährst, was es mit diesem Rohr auf sich hat, wirst du nicht länger an meinem Verstand zweifeln. Mithilfe dieses Rohrs kannst du nämlich dorthin blicken, wo immer du willst.«

»Ich werde mich in aller Form entschuldigen«, antwortete der Prinz, »wenn du mir das beweisen kannst.«

»Schau nur hinein«, sagte der Ausrufer und reichte dem Prinzen das Rohr.

Der wollte wissen, wie es seinem Vater ging, und als er durch das Rohr blickte, sah er den Sultan so deutlich vor seinem Auge, als befände er sich im selben Raum. Er saß inmitten seines Thronrates und schien sich bester Gesundheit zu erfreuen. Ali wünschte nun auch die Prinzessin Nurunnihar zu sehen und das Rohr zeigte sie ihm, wie sie vor einem Spiegel stand und von ihren Dienerinnen umgeben war.

Der Prinz brauchte keinen weiteren Beweis, um das Rohr für die wunderbarste Sache der Welt zu halten. Er war überzeugt, dass er nichts Besseres finden werde, selbst wenn er zehn Jahre in Schiras bliebe. Daher sagte er zu dem Ausrufer: »Ich nehme alles zurück, was ich in Bezug auf deinen Verstand vermutet habe. Wird es dich versöhnen, wenn ich dir das Rohr abkaufe? Ich möchte nicht, dass es in fremde Hände gerät, und zahle dir, was der Besitzer verlangt. Du brauchst nur mit in den Gasthof zu kommen, in dem ich abgestiegen bin.«

Der Ausrufer versicherte ihm, er habe Anweisung, das Rohr für vierzig Beutel Goldstücke zu verkaufen. Ali könne sich beim Eigentümer erkundigen, wenn er ihm nicht glaube. Aber der Prinz vertraute ihm und zahlte, als sie den Gasthof erreicht hatten, die geforderte Summe aus.

Ali dachte, da er dieses Wunderrohr besaß, könne ihm niemand die Prinzessin mehr streitig machen. Bis die Karawane, mit der er nach Schiras gekommen war, wieder abreiste, sah er sich unerkannt den Hof des persischen Königs, die Stadt Schiras und ihre Umgebung an. Ohne Zwischenfälle erreichte er drei Monate später die Herberge, in der sein Bruder Hussein bereits eingetroffen war. Nun warteten die beiden gemeinsam auf Achmed.

Achmed hatte den Weg nach Samarkand eingeschlagen und auch er war schon am ersten Tag auf den Basar gegangen. Kaum hatte er die Ladenstraße betreten, da kam ihm ein Marktschreier entgegen, der einen künstlichen Apfel für fünfunddreißig Beutel Goldstücke anbot.

Achmed hielt den Mann an und fragte ihn: »Was ist so besonders an diesem Apfel, dass du ihn so teuer verkaufen willst?«
Der Mann reichte ihm die Frucht, damit er sie betrachten konnte, und sagte: »Auf den ersten Blick sieht man ihm seinen Wert nicht an. Bedenkt man aber seine geheimen Kräfte, so ist der Preis völlig gerechtfertigt. Jede tödliche Krankheit der Welt, sei es nun Wundfieber, Typhus, Herzbeschwerden oder Pest, kann mit diesem Apfel kuriert werden. Selbst Menschen, die schon auf dem Sterbebett liegen, werden auf der Stelle gesund, wenn sie daran riechen.«

»Wenn das stimmt, was du sagst«, entgegnete der Prinz, »so ist der Preis wirklich nicht zu hoch. Aber wie kann sich jemand wie ich, der den Apfel gern kaufen würde, davon überzeugen?«

»Herr«, sagte der Ausrufer, »ganz Samarkand kennt die Wunderkraft des Apfels, sie hat sich oft bewährt. Frag nur die Kaufleute hier auf dem Basar. Unter ihnen gibt es so manchen, der dem Apfel sein Leben verdankt. Um deine Bedenken vollkommen zu zerstreuen, will ich noch darauf hinweisen, dass dieses unscheinbare Ding das Ergebnis jahrelanger Forschungen eines der klügsten Männer der Stadt ist. Viele Todkranke hat er damit geheilt und ist deshalb überall bekannt. Er selbst allerdings starb vor Kurzem so schnell, dass er nicht mehr dazu kam, das eigene Mittel anzuwenden. Seine Witwe, der er nur ein geringes Vermögen und eine Schar Kinder hinterlassen hat, beschloss den Apfel zu verkaufen, um sich ein besseres Leben leisten zu können.« Während er dem Prinzen noch die Vorzüge des Apfels aufzählte, versammelten sich viele Menschen um die beiden und bestätigten, was der Mann behauptete. Einer sagte, sein Freund liege im Sterben, an ihm könne der Prinz die Wirkung des Apfels ausprobieren. Achmed war damit einverstanden. Er versprach dem Marktschreier vierzig Beutel Goldstücke, wenn sich die Heilkraft des Apfels bestätigen sollte.

»Ich habe keine Angst vor diesem Test«, entgegnete der Ausrufer. »Er wird zeigen, dass ich die Wahrheit gesagt habe.«

Der Versuch glückte, Prinz Achmed erwarb den Apfel und wartete nun voll Ungeduld, dass eine Karawane von Samarkand nach Indien aufbräche. In der Zwischenzeit machte er sich mit Land und Leuten bekannt. Der nächsten Karawane schloss er sich an und erreichte nach langer Reise wohlbehalten die Herberge.

Er wurde von Hussein und Ali freudig begrüßt. Nachdem die Brüder einander umarmt hatten, ergriff Hussein, der Älteste, das Wort und sagte: »Wir haben später genug Zeit, uns alles zu erzählen, was wir gesehen und erlebt haben. Zunächst ist es wichtig, uns auf den Zweck unserer Reise zu konzentrieren. Am besten, jeder zeigt vor, was er mitgebracht hat, dann wissen wir vielleicht gleich, wem der Sultan die Prinzessin geben wird. Ich fange an«, fuhr er fort. »Seht, im Königreich Bisnagar habe ich diesen unscheinbaren

Teppich erworben. Er kann jeden augenblicklich dorthin bringen, wo er sein möchte. Die vierzig Beutel Goldstücke, die ich dafür bezahlt habe, ist er bei Weitem wert, denn als ich genug von Bisnagar gesehen hatte, trug er mich und meinen Diener in Sekundenschnelle hierher. Ihr könnt den Teppich ruhig einmal ausprobieren, wenn ihr wollt. Doch lasst erst hören«, schloss er, »was ihr vorzuweisen habt.«

Als Nächster war Ali an der Reihe.

»Dein Teppich, lieber Bruder«, sagte er, »ist natürlich eine wunderbare Sache, das muss ich zugeben, und ich zweifle nicht daran, dass er das auch kann, was du behauptest. Aber es gibt Dinge auf der Welt, die mindestens ebenso bemerkenswert sind. Sieh dir doch einmal dieses elfenbeinerne Rohr an, für das ich ebenfalls vierzig Beutel Gold bezahlen musste. Man merkt ihm nicht an, welche außergewöhnliche Eigenschaft es besitzt. Wenn du hindurchblickst, wirst du mir zustimmen, dass ich nicht betrogen worden bin. Du kannst damit überall hinsehen, wo du willst. Überzeuge dich, lieber Bruder.«

Er gab Hussein das Rohr. Der hielt es sich ans Auge und wünschte sich, die Prinzessin Nurunnihar zu sehen. Bestürzt sahen Ali und Achmed, wie sich auf seinem Gesicht plötzlich großes Entsetzen ausbreitete.

»Ach, liebe Brüder«, rief er, »wir sind umsonst ausgezogen, um die schöne Nurunnihar zu erobern! Sie liegt im Sterben und wird in wenigen Augenblicken nicht mehr am Leben sein. Schaut durch das Rohr und seht selbst, wie es um sie steht.«

Ali nahm das Rohr und gab es, nachdem er sich davon überzeugt hatte, in was für einem erbarmungswürdigen Zustand sich die Prinzessin befand, an Achmed weiter.

Der blickte auch hindurch und sagte: »Es stimmt, liebe Brüder, die Prinzessin ist todkrank. Doch glaube ich, dass wir sie retten können, wenn wir uns beeilen.« Während er sprach, zog er den künstlichen Apfel aus seiner Tasche und fuhr fort: »Dieser Apfel hat ebenso viel gekostet wie eure Mitbringsel für den Vater. Allerdings tut es mir nicht leid um das Geld, denn der Apfel hat die Kraft, jede Krankheit zu kurieren. Er wird auch der Prinzessin helfen, wenn wir keine Zeit verlieren.«

»Kommt schnell auf den Teppich!«, rief Hussein. »Wir haben alle darauf Platz. Die Diener müssen wir jedoch zurücklassen. Sie können später nachkommen.«

In Windeseile setzten sie sich auf den Teppich und alle drei wünschten sich sehnlichst in das Zimmer der Prinzessin.

Erschrocken wichen die Dienerinnen und Diener, die sich um das Bett der Prinzessin versammelt hatten, zurück. Sie konnten nicht begreifen, wie plötzlich die drei Männer in den Raum gekommen waren. Schon wollten sie die Eindringlinge hinausjagen, da erkannte einer von ihnen, dass es sich um die Prinzen handelte, und man ließ sie zu der Kranken vor.

Achmed eilte sofort an das Bett der Prinzessin und hielt ihr den Wunderapfel unter die Nase. Nach einigen Sekunden schlug Nurunnihar die Augen auf, blickte erstaunt um sich, als sei sie aus einem langen Schlaf erwacht, setzte sich auf und verlangte, man solle sie ankleiden. Die Dienerinnen freuten sich und erklärten der Prinzessin, dass sie ihre plötzliche Gesundung den drei Prinzen, vor allem aber Achmed verdanke. Nurunnihar schenkte den Brüdern, die mit den besten Wünschen das Zimmer verließen, ein dankbares Lächeln.

Nun gingen die Prinzen sofort zu ihrem Vater, um ihn zu begrüßen, denn er sollte wissen, dass sie zurückgekehrt waren. Doch das Gerücht war schneller als sie und der Sultan hatte bereits von der wunderbaren Heilung der Prinzessin gehört. Dankbar umarmte er seine Söhne und hieß sie herzlich willkommen. Die drei Prinzen überreichten ihm, was sie mitgebracht hatten: den Teppich, das Rohr und den künstlichen Apfel. Dabei hob ein jeder die Vorzüge seines Geschenks hervor. Die Brüder waren gespannt zu erfahren, welches Mitbringsel der Sultan am besten finde und wem er die Hand der Prinzessin gebe.

Der Vater dachte eine Weile still nach, bevor er zu sprechen begann: »Wie gern würde ich mich für einen von euch entscheiden, ohne den anderen dabei unrecht zu tun. Aber überlegt selbst, ob das möglich ist. Deinem Apfel, lieber Achmed, verdankt die Prinzessin ihr Leben. Aber er hätte ihr nichts genützt, hättet ihr nicht durch Alis Rohr von ihrer schweren Krankheit erfahren und wärt ihr nicht mithilfe von Husseins Teppich in Sekundenschnelle bei ihr gewesen. Dein Rohr, Ali, hat gute Dienste getan, aber es wäre wertlos gewesen ohne den Teppich und den Apfel. Auch dir und deinem Teppich, mein Sohn Hussein, verdanken wir viel, jedoch hätte der Teppich allein nichts ausrichten können. Da nun aber Teppich, Rohr und Apfel gleichermaßen an der Gesundung der Prinzessin Nurunnihar mitgewirkt haben, kann ich keinem von euch den Vorzug geben.«

Hier machte der Sultan eine Pause und fuhr dann fort: »Also muss ich mir etwas anderes ausdenken, was den Streit um Nurunnihars Hand entscheiden kann. Geht vor die Mauern der Stadt, auf das Feld, wo die Pferde zugeritten werden. Nehmt Pfeil und Bogen mit und ermittelt, wer von euch am weitesten schießen kann. Bevor ihr mich aber verlasst, möchte ich mich bei euch für eure Geschenke bedanken. In meiner Schatzkammer befindet sich so manche Kostbarkeit, doch nichts kommt an die Wunderdinge heran, die ihr mir mitgebracht habt. Ich halte den Teppich, das Rohr und den Apfel in Ehren und werde ihre Kraft, wenn es nötig sein wird, mit Bedacht einsetzen. Jetzt aber geht und messt euch im Bogenschießen.«

Die Prinzen konnten gegen die Entscheidung des Sultans nicht das Mindeste einwenden. Sie ließen sich Pfeil und Bogen geben und zogen auf das genannte Feld. Eine große Menschenmenge begleitete sie. Bald darauf erreichte auch der Sultan das Feld, und als er Platz genommen hatte, ergriff Prinz Hussein seinen Bogen und ließ den Pfeil von der Sehne schnellen. Er flog weit. Doch Alis Pfeil wurde ein gutes Stück weiter getragen. Alles blickte nun voller Spannung auf Achmed, den jüngsten Prinzen. Der spannte den Bogen und sein Pfeil schwirrte davon, so weit, dass alle ihn aus den Augen verloren.

Man suchte überall, allerdings wurde der Pfeil nicht gefunden. Obwohl man nun hätte annehmen müssen, dass Achmed am weitesten geschossen hätte und ihm damit die Hand der Prinzessin zustünde, bestand der Sultan darauf, dass ihm der Pfeil als Beweis gebracht würde. Doch der war und blieb unauffindbar. Der Sultan entschied sich zugunsten Alis, sosehr Achmed auch protestierte. Sogleich gab er den Befehl, alles zur Vermählung seines zweiten Sohnes mit der Prinzessin Nurunnihar herzurichten, und wenige Tage später wurde die Hochzeit gefeiert.

Hussein nahm nicht an dem Fest teil. Er liebte die Prinzessin von ganzem Herzen und fühlte sich nicht stark genug, um mit anzusehen zu können, wie sein Bruder sie heiratete. Er war so niedergeschlagen, dass er von der

Thronfolge zurücktrat und den Hof verließ. Er ging in die Wüste und wurde ein Schüler eines gelehrten Scheichs.

Auch Achmed wollte nicht mitfeiern, zog sich aber nicht, wie sein Bruder, in die Einöde zurück, sondern wollte seinen Pfeil suchen. Er begriff nicht, warum er nicht gefunden worden war. Zusammen mit einigen Dienern ging er zu den Stellen, wo Husseins und Alis Pfeile gelandet waren. Von dort lief er immer geradeaus weiter und spähte dabei aufmerksam nach rechts und links. Nach vierstündiger Wanderung gelangte er zu einem steilen Felsen, an dessen Fuß er schließlich seinen Pfeil entdeckte.

Er ist es wirklich, sagte er zu sich, nachdem er ihn lange betrachtet hatte. Aber man kann unmöglich mit einem Bogen ein Geschoss so weit fortschnellen. Wie also ist der Pfeil hierhergekommen? Ich muss das Geheimnis lüften. Vielleicht hält die Zukunft doch noch etwas Schönes für mich bereit, nachdem mir mein größter Herzenswunsch versagt geblieben ist.

Er blickte an dem Felsen hoch, der von tiefen Schluchten durchzogen war. In Gedanken versunken ging er in eine hinein und stieß plötzlich auf eine eiserne Tür. Da kein Schloss zu sehen war, fürchtete er schon, sie werde sich nicht öffnen lassen, doch sie sprang bei der kleinsten Berührung auf. Nun konnte er einen sanft abfallenden Weg sehen. Er hielt den wiedergefundenen Pfeil in der Hand, während er den Weg hinabging. Je tiefer er kam, umso dunkler wurde es. Doch als er schon glaubte, er werde bald überhaupt nichts mehr sehen können, erblickte er vor sich ein Licht, das heller schien als die Sonne. Nach fünfzig oder sechzig Schritten erreichte er einen großen Platz, hinter dem sich ein prächtiger Palast erhob.

Achmed blieb keine Zeit, das Gebäude zu bewundern, denn eine Frau trat aus der Vorhalle, deren Schönheit durch ihre prächtigen Kleider und ihren reichen Schmuck noch unterstrichen wurde, und der Prinz wollte sie unbedingt begrüßen. Also beschleunigte er seinen Schritt.

»Sei willkommen, Prinz Achmed«, sagte die Frau, die von Dienerinnen umgeben war.

Erstaunt blieb der Prinz stehen. Woher kannte sie seinen Namen? Zwar lag der Palast nur vier Wegstunden von der Hauptstadt seines Vaters entfernt, doch hatte man in Indien noch nie etwas von ihm gehört. Dagegen schien man hier über die Vorgänge im Reich durchaus im Bilde zu sein.

Prinz Achmed und die Fee Banu, zu Seite 236

»Ich danke dir für den freundlichen Empfang«, erwiderte er. »Doch woher kennst du meinen Namen?«

»Komm herein«, sagte die Frau, »und mach es dir bequem. Dann will ich deine Frage beantworten.«

Sie führte Achmed in einen Raum, der in dem schönsten Blau strahlte, das der Prinz je gesehen hatte. Alle Möbel und die gesamte Einrichtung waren von ausgesuchter Kostbarkeit. Überwältigt blieb Achmed stehen, schloss die Augen und fand vor Staunen keine Worte.

»Dies ist der einfachste Saal in meinem Palast«, versicherte ihm die Frau. »Du wirst mir zustimmen, wenn du erst die anderen gesehen hast.« Mit diesen Worten führte sie ihn zu einem Sofa, setzte sich und bat ihn, neben ihr Platz zu nehmen. Dann fuhr sie fort: »Wenn ich dir sage, wer ich bin, wirst du dich nicht mehr wundern, dass ich dich kenne. Mein Vater ist ein mächtiger Dämon und ich heiße Banu, die Fee. Ich kenne deinen Vater und deine Brüder und weiß auch von deiner Liebe zu der Prinzessin Nurunnihar und euren Reisen, von denen mir jede Einzelheit bekannt ist. Ich fand, du hast etwas Besseres verdient, als Nurunnihars Mann zu werden. Also habe ich den Flug deines Pfeils beeinflusst und dich zu diesem Palast gelockt. Jetzt liegt es an dir, die Gelegenheit beim Schopf zu packen und dein Glück zu machen.«

Der Prinz sah die Fee an und er sah, dass sie an Schönheit Nurunnihar bei Weitem übertraf. Da die Prinzessin ohnehin schon vergeben war, freute er sich über die glückliche Fügung, die ihn hierhergeführt hatte.

»Schöne Frau«, sagte er, »ich wäre glücklich, den Rest meines Lebens dein Sklave sein zu dürfen.«

»Als Sklaven mag ich dich nicht«, erwiderte die Fee. »Doch sähe ich es gern, wenn du mich heiraten würdest. Reich mir die Hand.«

Begeistert rief Prinz Achmed: »Mein Herz und meine Hand gehören dir!«

»So sind wir denn«, sagte die Fee, »Mann und Frau. Heute Abend wollen wir unser Hochzeitsmahl halten. Mach dich inzwischen frisch und stille deinen Hunger. Dann werde ich dir den Palast zeigen, in dem du in Zukunft der Herr sein sollst.«

Nachdem Achmed gegessen und getrunken hatte, führte ihn die Fee

Banu von einem Zimmer ins andere. Er war buchstäblich geblendet von den Diamanten und Rubinen, den Smaragden und Perlen, von dem in vielen Farben schillernden Marmor und den kostbaren Dingen. Nie zuvor hatte er so viel Glanz und Reichtum gesehen.

»Ich könnte dir auch noch den Garten zeigen«, sagte die Fee. »Aber es wird schon dunkel und das Festessen beginnt. Du wirst später Zeit genug haben, die Umgebung des Palastes zu bewundern.«

Sie führte Achmed in einen Saal, den er noch nicht kannte. Hier verbreiteten unzählige nach Ambra duftende Kerzen ein goldenes Licht, Frauen in reich bestickten Kleidern sangen zur Begrüßung des Paares feierliche Lieder, und Speisen, wie sie der Prinz noch nie zuvor gesehen hatte, wurden aufgetragen. Es schmeckte alles hervorragend. Edler Wein und köstliche Früchte bildeten den Abschluss des Mahls. Dann wurden die Tische beiseitegeräumt und Geister und Feen führten einen Tanz vor, der Achmed fast die Sinne raubte. Als das Paar sich erhob, um ins Schlafzimmer zu gehen, wurde es von den Tänzern und Tänzerinnen begleitet.

Das Fest wollte kein Ende nehmen. Immer wieder überraschte Banu ihren Mann mit Neuem – mit Speisen und Getränken, Musik und Tanz, Akrobatik und Schauspielaufführungen. Der Prinz war so begeistert, dass nur noch die Fee Banu für ihn zählte und er seinen Vater und die Prinzessin vergaß.

Erst nach einem halben Jahr dachte er wieder an den Sultan und wollte ihn besuchen. Er bat die Fee, ihn für kurze Zeit ziehen zu lassen. Banu argwöhnte, er habe genug von ihr. Deshalb sagte sie zu ihm: »Warum bist du unzufrieden, lieber Achmed? Du hast mir ewige Treue geschworen. Weißt du das nicht mehr? Ich liebe dich noch wie am ersten Tag.«

»Verzeih, meine Königin«, rief der Prinz, »ich wollte dich nicht kränken. Ich hatte nur Lust, den Vater wiederzusehen, der sich bestimmt Sorgen um mich macht. Doch wenn dich meine Bitte beleidigt hat, will ich auf diesen Besuch verzichten. Denn ich liebe dich mehr als alles auf der Welt.«

Obwohl er das ehrlich meinte, musste er doch immer wieder an den Sultan denken. Er erzählte der Fee von Zeit zu Zeit von ihm und hoffte, sie werde doch einmal einem Besuch zustimmen.

Der Sultan von Indien machte sich in der Tat große Sorgen um seinen jüngsten Sohn. Zwar hatte er sich damit abgefunden, dass Hussein den Hof verlassen hatte, umso mehr aber litt er unter Achmeds spurlosem Verschwinden. In alle Provinzen seines Reiches hatte er Boten entsandt, um nach seinem Sohn zu suchen, und die Statthalter waren angewiesen, ihm unverzüglich zu melden, wenn Achmed auftauchte. Doch nichts hatte Erfolg. Sein Kummer wuchs von Tag zu Tag. Oft beriet er sich mit dem Großwesir darüber, was zu tun sei.

»Du weißt, Wesir«, sagte er eines Tages zu ihm, »dass ich meinen jüngsten Sohn besonders liebe. Du weißt auch, was ich alles unternommen habe, ihn wiederzufinden. Ich flehe dich an, hilf mir, sonst vergehe ich vor Traurigkeit.«

Der Wesir überlegte lange, wie er seinen Herrn von seinen Sorgen befreien könnte. Schließlich kam ihm die Idee, eine stadtbekannte Zauberin nach Achmed zu fragen.

Die Frau wurde vor den Sultan bestellt und er bat um ihre Hilfe. Die Zauberin bemühte sich einen ganzen Tag und eine ganze Nacht mit allen Mitteln ihrer Kunst, Achmeds Aufenthaltsort aufzuspüren. Als sie wieder vor dem Sultan erschien, sagte sie: »Erhabener Herr, trotz aller Anstrengung habe ich nur herausfinden können, dass der Prinz lebt. Wo er sich jedoch aufhält, ist mir verborgen geblieben.«

Der Sultan musste sich mit dieser Auskunft zufriedengeben und die Sorgen um Achmed quälten ihn weiterhin.

Der Fee Banu war unterdessen nicht entgangen, wie sehr sich Achmed nach seinem Vater sehnte, auch wenn er sie nicht mehr ausdrücklich darum bat, ihn besuchen zu dürfen. Und gerade weil er sie nicht mehr darum bat, war sie von seiner Liebe überzeugt. Deshalb sagte sie eines Tages zu ihm: »Ich habe dir deinen Wunsch, den Sultan zu besuchen, nur abgeschlagen, weil ich glaubte, du würdest mich nicht mehr lieben und nach einem Vorwand suchen, mich zu verlassen. Nun habe ich eingesehen, dass das nicht stimmt, und ich habe meine Meinung geändert. Wenn du mir versprichst, bald wiederzukommen, habe ich nichts dagegen, wenn du zu deinem Vater reist.«

Achmed umarmte sie und sagte: »Ach, Königin meines Herzens, mir fehlen die Worte, dir zu danken. Du kannst dir sicher sein, dass ich nicht lange von dir fortbleiben werde, denn ich kann ohne dich nicht mehr leben.«

Die Fee Banu riet dem Prinzen, dem Sultan nichts davon zu erzählen, wo und mit wem er lebe.

»Versichere ihm nur, dass du glücklich bist und dass du nur kommst, damit er sich keine Sorgen mehr um dich zu machen braucht«, sagte sie.

Achmed versprach ihre Worte zu beherzigen, schwor, bald zurückzukehren, umarmte die Fee und verabschiedete sich von ihr. Banu stellte ihm ein großes Gefolge und ein Pferd zur Verfügung, das reicher mit Gold und Edelsteinen geschmückt war als jedes andere auf der Welt. Dann ritt er davon.

Bald erreichte er die Hauptstadt Indiens und wurde in den Gassen von einer jubelnden Menge empfangen, die ihn bis zum Palast seines Vaters begleitete. Der Sultan war außer sich vor Freude, umarmte seinen jüngsten Sohn immer wieder und sagte schließlich: »Ich war ganz verzweifelt und glaubte, du hättest aus Kummer, weil Ali Nurunnihar geheiratet hat, Selbstmord begangen.«

»Lieber Vater«, antwortete Achmed, »ich konnte nicht länger an deinem Hof bleiben, nachdem ich Nurunnihar nicht bekommen konnte. Also zog ich los den Pfeil zu suchen, den niemand hatte finden können. Er lag vier Wegstunden von hier entfernt bei einem Felsen. Doch statt zurückzukehren und die Prinzessin für mich zu beanspruchen – was ja durchaus möglich gewesen wäre –, wollte ich herausfinden, wieso der Pfeil so weit geflogen war. Allein durch menschliche Kraft war das ja nicht möglich. Ich fand des Rätsels Lösung, aber sei bitte nicht böse, lieber Vater, wenn ich sie dir nicht verrate. Nur so viel kann ich sagen: Ich bin glücklich, wo ich lebe. Der einzige Grund, warum ich zurückgekehrt bin, war, weil ich mir Sorgen um dich gemacht hatte, und der einzige Gefallen, um den ich dich bitte, ist, mir zu erlauben, dich von Zeit zu Zeit besuchen zu dürfen.«

»Komm, sooft du willst«, entgegnete der Sultan, »wenn es mir auch lieber wäre, du würdest bei mir bleiben. Doch verrate mir wenigstens den Ort, wo du wohnst, damit ich dir Bescheid geben kann, wenn ich dich brauche.«

»Gerade ihn«, sagte der Prinz, »muss ich für mich behalten. Doch du kannst dir sicher sein, ich werde so häufig kommen, dass ich dir bald lästig werde.«

Der Sultan drang nicht weiter in seinen Sohn. Achmed blieb drei Tage und reiste dann wieder zurück. Die Fee empfing ihn freudestrahlend. Insgeheim machte sie sich Vorwürfe, dass sie ihm misstraut hatte, und schenkte ihm doppelt so viel Liebe. Achmed berichtete, wie es seinem Vater ging, und verlor danach kein Wort mehr über seine Reise. Das wunderte die Fee, denn sie hatte den Eindruck, dass er sich sehr gefreut hatte, den Sultan wiederzusehen.

Nachdem ein Monat ins Land gegangen war, ohne dass der Prinz seine alte Heimat erwähnt hatte, sagte sie zu ihm: »Hast du deinen Vater ganz vergessen? Du hast ihm doch dein Wort gegeben ihn von Zeit zu Zeit zu besuchen. Willst du denn dein Versprechen nicht halten?«

»Ich habe es nicht vergessen«, erwiderte Achmed. »Aber lieber will ich in deinen Augen unzuverlässig wirken, als dich schon wieder mit der Bitte zu belästigen, mich verreisen zu lassen.«

»Sag so etwas nicht!«, rief die Fee. »So viel Rücksichtnahme verlange ich gar nicht von dir. Du kannst ruhig jeden Monat einmal hinreiten, ohne mich zu fragen.«

Bereits am nächsten Tag machte sich der Prinz erneut auf den Weg und sein Gefolge war diesmal noch prächtiger als beim letzten Mal. Der Sultan freute sich wieder sehr, ihn zu sehen. In den folgenden Monaten kam Achmed regelmäßig an den indischen Hof.

Einige Wesire jedoch, denen das luxuriöse Auftreten des Prinzen nicht geheuer war, wandten sich an den Sultan. Sie rieten ihm, er solle in Erfahrung bringen, wo sein Sohn lebe. Er komme nur deswegen regelmäßig, unterstellten sie ihm, um dem Vater zu beweisen, wie gut es ihm ohne ihn gehe. Die Wesire befürchteten, dass er das Volk aufwiegeln und sich selbst auf den Thron setzen wolle.

Der Sultan hatte eine zu gute Meinung von Achmed, als dass er den Verdächtigungen der Wesire Glauben schenkte. »Der Prinz liebt mich und ich kann mich nicht erinnern, ihm jemals Anlass zur Unzufriedenheit gegeben zu haben«, sagte er nur.

»Erhabener Herr«, antwortete einer der Wesire, »du hattest recht, als du die Prinzessin Nurunnihar deinem Sohn Ali zur Frau gabst. Doch glaube nicht, Achmed hätte seinen Anspruch auf sie vergessen. Auch wenn es kein

Indiz dafür gibt, heißt das noch lange nichts. Denn sobald Liebe im Spiel ist, ist es gang und gäbe, sich zu verstellen. Und bedenke außerdem, dass der Prinz gar nicht weit weg zu wohnen scheint und dir deswegen umso gefährlicher werden könnte. Wenn er mit seinem Gefolge hier eintrifft, sehen er und seine Leute so frisch aus, als wären sie soeben erst aufgebrochen. Nimm also, erhabener Herrscher, unsere Worte nicht auf die leichte Schulter. Wir wollen nur dein Bestes.«

Obwohl der Sultan die Verdächtigungen der Wesire heftig zurückwies, blieb doch ein gewisser Zweifel. Er beschloss, Achmed überwachen zu lassen. Zu diesem Zweck rief er die Zauberin zu sich und sagte: »Es stimmte, als du behauptetest, Prinz Achmed sei noch am Leben. Hilf mir noch einmal und erkunde, wo er wohnt. Doch stelle es so an, dass niemand am Hof etwas davon bemerkt. Morgen reist er wieder ab, wie immer in Richtung des Felsens, wo er seinen Pfeil wiedergefunden hat. Geh ihm voraus und erwarte ihn dort.«

Die Zauberin verließ den Palast, begab sich sofort zu dem Felsen und wartete die Nacht über auf die Ankunft des Prinzen. Achmed, der in aller Frühe und – wie es seine Gewohnheit war – ohne sich von jemandem verabschiedet zu haben, aufbrach, erreichte den Felsen noch vor Mittag. Die Zauberin sah ihn kommen und blickte ihm nach, bis sie ihn aus den Augen verlor. Der Berg war so steil, dass der Prinz unmöglich darüber geritten sein konnte. Daraus schloss sie, dass er in einer der Schluchten verschwunden sein musste. Allerdings sah sie nichts als glatte Steinwände. Die eiserne Tür konnte sie nicht erkennen, denn sie wurde nur für denjenigen sichtbar, den die Fee auf ihrem Schloss empfangen wollte. Da die Zauberin weiteres Suchen für nutzlos hielt, kehrte sie zum Sultan zurück. Sie erstattete ihm ausführlich Bericht und bat, schalten und walten zu dürfen, wie sie wollte, um das Geheimnis zu lüften. Der Sultan war einverstanden und schenkte ihr einen kostbaren Edelstein als Lohn für ihre Mühe.

Da Achmed regelmäßig jeden Monat in die Hauptstadt kam, war es für die Zauberin ein Leichtes, ihn abzupassen. Sie wartete bei dem Felsen, wo er aus ihren Blicken verschwunden war, bis er und sein Gefolge auftauchten.

Als die Zauberin sie kommen sah, krümmte sie sich und stöhnte jämmerlich, als wäre sie von einer schlimmen Krankheit befallen.

Voller Mitleid ritt Achmed auf sie zu und fragte, was ihr fehle. Stammelnd und schwer atmend gab sie ihm zu verstehen, sie sei auf dem Weg in die Stadt von Übelkeit und Fieber befallen worden.

»Gute Frau«, sagte der Prinz, »du bist nicht so weit von Hilfe entfernt, wie du denkst. Ich bringe dich an einen Ort, wo man dich gesundpflegen wird.«

Er winkte zwei Reiter heran, die die Alte auf ein Pferd hoben. Der Zug ritt wieder in die Schlucht hinein, die eiserne Tür wurde geöffnet und bald war man im Hof des Palastes. Dann wurde die Fee geholt.

»Ich bitte dich, meine Liebe«, sagte Achmed zu ihr, »kümmere dich um diese alte, kranke Frau.«

Verwundert sah die Fee Banu die Zauberin an, gab Befehl, sie ins Haus zu führen, und sagte dann leise zu Achmed: »Dein Mitleid in Ehren, aber erlaube mir die Bemerkung, dass wir teuer dafür bezahlen könnten. Ich glaube nicht, dass die Frau ernstlich krank ist und unsere Hilfe braucht. Wenn mich nicht alles täuscht, ist sie geschickt worden, um uns Ärger zu machen. Doch keine Angst, ich werde dich

vor allen Fallen, die man dir stellt, beschützen. Setze also deine Reise ruhig fort.«

»Ich habe niemandem etwas getan«, entgegnete der Prinz, »und führe nichts Böses im Schilde. Warum also sollte man mir Böses wollen? Doch wie dem auch sei: Ich werde mich nicht davon abbringen lassen, Gutes zu tun, wo immer ich kann.«

Daraufhin verabschiedete er sich. Nach vier Stunden erreichte er den Hof des Sultans, der ihn zwar freundlich begrüßte, aber schon Mühe hatte, das Misstrauen, das die Wesire bei ihm gesät hatten, zu verbergen.

Unterdessen hatte die Fee die Zauberin in ein prächtiges Gemach führen lassen. Hier lag sie auf Polstern, die mit feinsten Laken bezogen waren, und unter schweren brokatenen Decken. Die Dienerinnen umsorgten sie. Noch immer tat sie so, als nähme ihr das Fieber jede Kraft und als bekäme sie schlecht Luft. Da brachte ihr eine Dienerin auf Befehl der Fee eine Flüssigkeit in einem feinen Porzellangefäß und sagte: »Trink das, liebe Frau. Es ist Wasser aus der Löwenquelle und hilft gegen jedes Fieber. In weniger als einer Stunde wird es dir besser gehen.«

Die Zauberin trank das Wasser, obwohl sie sich zunächst gesträubt hatte, und die Dienerin fügte hinzu: »Schlafe jetzt. Wir lassen dich allein. Wenn wir wiederkommen, wirst du gesund sein.«

Die Zauberin, die natürlich längst wusste, was sie hatte herausfinden wollen, wäre am liebsten sofort aufgebrochen, um dem Sultan alles zu berichten. Da man ihr aber gesagt hatte, der Trank wirke erst in einer Stunde, musste sie wohl oder übel die Rückkehr der Dienerinnen abwarten. Als diese das Zimmer wieder betraten, fanden sie die Zauberin gesund und munter vor. Sie rief ihnen entgegen: »Was für ein herrlicher Trank! Seit einiger Zeit schon fühle ich mich besser. Bringt mich zu eurer Herrin, damit ich mich bei ihr bedanken kann, bevor ich meinen Weg fortsetze.«

Die Frauen führten die Alte in einen Saal, wo die Fee auf einem goldenen Thron saß, der mit riesigen Diamanten, Saphiren und Perlen reich verziert war. Der Glanz des Goldes und der Edelsteine, vor allem aber die Schönheit der Fee beeindruckten die Zauberin so, dass sie kein Wort herausbrachte. Sie verneigte sich nur stumm und so tief, dass ihre Stirn fast den Boden berührte.

»Es freut mich«, sagte die Fee, »dass du wieder bei Kräften bist. Bevor du dich jedoch auf den Weg machst, sollen meine Dienerinnen dir den ganzen Palast zeigen.«

Die Zauberin, die noch immer nicht die Sprache wiedergefunden hatte, verbeugte sich abermals und folgte den Frauen durch alle Räume, wobei sie immer wieder vor Entzücken laut jauchzte. Ihr Staunen kannte keine Grenzen, als sie erfuhr, dass die Herrin ungezählte Paläste besitze, die alle noch prächtiger seien als dieser. Als sie alles gesehen hatte, führten die Dienerinnen die Alte zu der eisernen Tür, verabschiedeten sich und wünschten ihr eine gute Reise.

Nun stand sie wieder in der Schlucht. Sie drehte sich sofort um und wollte sich die Stelle, wo sie den Felsen verlassen hatte, einprägen. Doch sie sah nur glatte Steinwände. Obwohl sie das ärgerte, ging sie doch im Großen und Ganzen zufrieden in die Stadt zurück, ließ sich beim Sultan melden und erstattete ihm auf das Genaueste Bericht.

Sie erzählte von der anmutigen Schönheit der Fee, von der unvorstellbaren Pracht ihres Palastes und von dem wunderbaren Wasser aus der Löwenquelle, an dessen Heilkraft sie nicht zweifelte, obwohl sie in Wirklichkeit gar nicht krank gewesen war. Dann fuhr sie fort: »Denke ich an all die Schätze, über die Prinz Achmed jetzt verfügt, so wird mir angst und bange um dich. Du kennst den Prinzen sicher als einen liebenden Sohn, der sich nie etwas gegen seinen Vater zuschulden kommen lassen würde. Aber was ist, wenn die Fee ihn mit ihrem Charme und ihrer Zauberkunst umgarnt? Wird er sich ihren Wünschen widersetzen? Ich glaube, sie könnte alles von ihm verlangen, und sei es, die Herrschaft über Indien an sich zu reißen.«

Und wieder verfehlte die Verleumdung nicht ihre Wirkung: Das Vertrauen des Sultans zu Prinz Achmed wurde ein weiteres Mal geschwächt. Er berichtete den Wesiren, die den Argwohn in ihm geweckt hatten, was die Zauberin herausgefunden hatte. Auch ihre Befürchtungen verschwieg er nicht. Schließlich fragte er die Wesire, was er wohl tun könne, um mögliches Unheil abzuwenden.

»Lass deinen Sohn, der ja gerade bei dir zu Besuch ist, verhaften, erhabener Herr«, antwortete einer der Wesire. »Lass ihn nicht hinrichten – das würde zu großes Aufsehen erregen und könnte Unmut im Volk, das ihn sehr schätzt, hervorrufen. Doch wirf ihn für den Rest seines Lebens in den Kerker.«

Die übrigen Wesire stimmten diesem Ratschlag zu, doch der Zauberin erschien er zu gewalttätig.

»Die Wesire machen sich große Sorgen um dich und deine Herrschaft, deshalb sind sie so hart«, gab sie zu bedenken. »Allerdings sind die Männer, die Prinz Achmed begleiten, Dämonen, die man nicht so leicht verhaften kann. Und würde seine Frau, die eine Fee ist, eine solche Beleidigung ihres Gemahls nicht fürchterlich rächen? Wenn du auf meinen Rat hören willst, dann packe deinen Sohn bei seiner Ehre. Feen können vieles, was Menschen nicht können. Bitte Achmed, er solle dir ein Zelt beschaffen, das so klein ist, dass es auf einer Hand Platz hat, und doch groß genug, um deinem ganzen Heer mit allen Wagen und Tieren Schutz vor der Witterung zu bieten. Kann er es beschaffen, dann stelle ihm beim nächsten Mal eine noch schwierigere Aufgabe und so fort. Einmal gelangt auch eine Fee an die Grenzen ihres Könnens. Dann wird Prinz Achmed dich aus Scham nicht mehr besuchen und du hast Ruhe vor ihm und seinen möglichen Anschlägen, ohne ihn einkerkern zu müssen.«

Auch die Wesire pflichteten diesem Rat bei und so beschloss der Sultan, sich daran zu halten.

Als nun der Prinz am nächsten Tag zu seinem Vater kam, sagte dieser: »Ich habe bisher nicht versucht, dein Geheimnis zu lüften, denn ich merkte, wie unangenehm es dir gewesen wäre. Dennoch machte es mich traurig, dass du mir etwas verschweigst. Mich tröstete nur, dass du dich offensichtlich besser fühlst, wenn du mir nicht alles anvertraust. Jetzt jedoch weiß ich über die näheren Umstände deines Lebens Bescheid. Ich bin froh darüber, dass du eine reiche und mächtige Fee zu deiner Frau auserkoren hast. Trotz meiner Macht hätte ich dir keine bessere Heirat vermitteln können. Nun hast du so viel erreicht, dass jeder dich beneiden kann. Deshalb bitte ich dich, auch in Zukunft zu mir zu halten und dich dafür einzusetzen, dass die Fee mir in Notfällen hilft. Erlaube mir, dass ich heute schon mit einer Bitte auf dich zukomme. Du weißt sicherlich, was es kostet, Zelte für eine ganze Armee anzuschaffen, und was für eine Mühe es macht, sie zu befördern. Für dich wird es ein Leichtes sein, die Fee zu überreden, mir ein

Zelt zu machen, das so klein ist, dass es auf einer Hand Platz hat und doch meinem gesamten Heer Schutz vor Regen und Kälte bietet. Feen und Dämonen können so etwas mit links, das weiß man, und deine Frau wird es bestimmt gern tun, weil es ja für ihren Schwiegervater bestimmt ist.«

Prinz Achmed brachte diese Forderung in Verlegenheit. Zwar wusste er, dass Dämonen und Feen zu vielem imstande waren, doch bezweifelte er, ob Banu ein solches Zelt beschaffen könne.

»Lieber Vater«, antwortete er, »aus meiner Verbindung mit der Fee habe ich nur deshalb ein Geheimnis gemacht, weil ich es ihr versprechen musste. Ich liebe Banu und sie liebt mich. Es ist mir noch nie in den Sinn gekommen, diese Liebe durch Forderungen zu belasten. Auch jetzt wäre es mir lieber, du hättest nie von mir verlangt, sie so unter Druck zu setzen. Allerdings bin ich ein treuer und gehorsamer Sohn, deshalb ist mir dein Wunsch Befehl. Sollte ich nicht mehr zu dir kommen, dann weißt du, dass ich bei Banu nichts erreicht habe.«

»Das würde mir sehr leidtun«, sagte der Sultan, der bei sich dachte, die Zauberin habe ihn in der Tat gut beraten. »Dennoch bitte ich dich, alles zu versuchen.«

Die Forderung des Sultans ärgerte Achmed und er reiste zwei Tage früher ab als geplant. Niedergeschlagen erreichte er seinen Palast und wollte zuerst nicht darüber sprechen, was ihn so traurig gestimmt hatte. Als Banu jedoch nicht aufhörte, in ihn zu dringen, sagte er schließlich: »Zwei Dinge machen mir Sorgen. Erstens weiß der Sultan von dir und dem Schloss, in dem wir wohnen. Wie hat er das nur erfahren?«

»Ich kann es dir erklären«, antwortete die Fee. »Erinnerst du dich noch an die Alte, die du in den Palast brachtest? Sie war nicht krank, wie sie es vorgab. Dein Vater hatte sie geschickt, um alles auszukundschaften, und ich ließ sie von zwei meiner Dienerinnen durch alle Zimmer führen, damit sie ihm alles bis ins kleinste Detail berichten konnte. Doch erzähl bitte weiter, was dich bedrückt.«

»Außerdem hat mein Vater«, begann Achmed wieder, »einen so unbescheidenen Wunsch an dich, dass ich mich kaum getraue, ihn dir zu sagen. Ich habe Angst, du könntest mir seine Dreistigkeit übel nehmen. Er verlangt nicht weniger, als dass du ihm ein Zelt besorgst, unter dem sein ganzes Heer

Platz hat. Es soll aber gleichzeitig so klein sein, dass man es in einer Hand halten kann.«

Die Fee lächelte und sagte: »Mach dir darüber keine Sorgen. Ich weiß, du hast dir vorgenommen, mich um nichts zu bitten. Doch was dein Vater fordert, macht mir keine Mühe.«

Sie rief nach ihrer Schatzmeisterin, der Fee Nurdschihan, und befahl ihr, das größte Zelt, das sie besaß, zu holen. Nach einer Weile kam Nurdschihan zurück und brachte auf der flachen Hand ein Zelt. Sie überreichte es ihrer Herrin, die es an den Prinzen weitergab, damit er es betrachten konnte.

Achmed glaubte, die Fee wolle sich über ihn lustig machen. Er sah das Zelt mit einer Mischung aus Enttäuschung und Misstrauen an. Da lachte Banu und sagte: »Ich will dich nicht zum Besten halten, glaube mir, und ich werde es dir sofort beweisen.«

Sie befahl der Schatzmeisterin, das Zelt aufzuschlagen, und die ging bis ans äußerste Ende des riesigen Palasthofes. Als das Zelt aufgestellt war, bedeckte es das ganze Gelände. Es war groß genug, um zwei Heeren samt Wagen und Tieren Platz zu bieten. Als Prinz Achmed das sah, bat er die Fee wegen seines Misstrauens um Verzeihung.

Der Sultan hegte währenddessen die Hoffnung, der Prinz könne nie im Leben ein Zelt, wie er es gefordert hatte, beschaffen. Wie staunte er daher, als Achmed das Gewünschte vor ihm hinlegte! Und mit dem Staunen wuchs auch sein Misstrauen gegenüber seinem Sohn. Nun war er sich sicher, dass die Fee es darauf abgesehen hatte, Achmed auf den Thron des Reiches zu setzen. Er wünschte seinem Sohn sogar den Tod und beriet sich mit der Zauberin, welche Aufgabe man ihm stellen könne, um ihn ein für alle Mal los zu sein. Da die Alte wusste, wie gefährlich es war, Wasser aus der Löwenquelle zu schöpfen, schlug sie dem Sultan vor, er solle ein Gefäß voll von diesem heilkräftigen Wasser verlangen.

Am Abend, als die Höflinge sich im Thronsaal versammelt hatten und auch der Prinz anwesend war, ergriff der Sultan das Wort und sagte: »Mein Sohn, ich bitte dich, der Fee für das wunderbare Geschenk zu danken. Gleichzeitig möchte ich, dass du mir noch einen Gefallen tust. Ich habe von der Heilkraft des Wassers aus der Löwenquelle gehört und möchte ein Gefäß voll davon besitzen. Ohne Zweifel liegt dir meine Gesundheit am Herzen und ich bin überzeugt, dass du alles tun wirst, um mir die Bitte zu erfüllen. Sicherlich wird dir deine Frau, die Fee, dabei helfen.«

Prinz Achmed ärgerte sich, hatte er doch insgeheim gehofft, der Sultan werde es bei dem einen Wunsch bewenden lassen. Zögernd sagte er: »Du weißt, lieber Vater, dass es nichts gibt, was ich dir abschlagen würde. Nur möchte ich nicht wieder die Hilfe meiner Frau in Anspruch nehmen müssen, um deinen Wunsch zu erfüllen. Deshalb verlange von mir nur das, was ich allein zustande bringen kann.«

Doch der Sultan bestand darauf, Wasser aus der Löwenquelle zu bekommen, und dem Prinzen blieb nichts anderes übrig, als dem Wunsch zu entsprechen, wollte er nicht als der undankbare Sohn dastehen, der nicht alles daransetzte, um die Gesundheit seines Vaters zu erhalten.

Niedergeschlagen zog er zum Schloss der Fee zurück und teilte ihr seine Sorgen mit.

»Liebe Frau«, schloss er, »erfülle diesen Wunsch oder auch nicht, ganz wie du willst. Ich möchte dich zu nichts drängen.«

»Ich bin sehr froh«, erwiderte die Fee, »dass mir der Sultan Gelegenheit gibt, zu beweisen, wie sehr du mir am Herzen liegst. Mag sich die Zauberin – denn niemand anderer als sie gibt ihm die Ratschläge – ausdenken, was sie will, ich werde dich nie in Verlegenheit bringen. Es ist allerdings ziemlich gemein, Wasser aus der Löwenquelle zu verlangen. Denn sie befindet sich im Hof eines Schlosses, das sehr weit weg liegt, und wird von vier reißenden Löwen bewacht, die jeden, der ihnen zu nahe kommt, verschlingen. Aber keine Sorge, ich weiß, wie man dich vor den Löwen schützt.«

Daraufhin reichte sie ihm ein Garnknäuel und ließ zwei Pferden Geschirr anlegen. Eines war zum Reiten bestimmt, das andere wurde mit einem geviertelten Hammel beladen. Schließlich gab die Fee dem Prinzen ein Gefäß, mit dem er das Wasser schöpfen sollte.

»Das Knäuel«, belehrte sie ihn, »musst du zu Boden fallen lassen, sobald du die eiserne Tür im Felsen passiert hast. Es wird losrollen und dich zu dem Palast mit der Löwenquelle führen. Wenn du die Löwen siehst, wirf jedem von ihnen ein Viertel des Hammels vor und die Bestien werden sich auf das Fleisch stürzen. Dann kannst du das Wasser aus der Quelle schöpfen, steig dabei jedoch nicht vom Pferd. Die Löwen werden noch mit Fres-

sen beschäftigt sein, wenn du zurückkehrst. Du kannst also an ihnen vorbei-
reiten, ohne Angst zu haben.«

Am folgenden Morgen machte sich der Prinz auf den Weg. Er hielt sich
strikt an das, was seine Frau ihm gesagt hatte, und gelangte wohlbehalten zu
dem Wasser aus der Löwenquelle.

Sofort gab er seinem Pferd die Sporen und galoppierte zur Residenz des
indischen Sultans. Als er sich einmal umblickte, sah er, wie zwei der Löwen
ihm in einiger Entfernung folgten. Zahm trotteten sie hinter dem Reiter her,
als wollten sie ihn beschützen, und blieben erst zurück, als er durch das Tor
zur Hauptstadt geritten war.

Prinz Achmed ging zu seinem Vater, der auf dem Thron saß. Er verbeugte sich tief und sagte: »Hier ist das heilkräftige Wasser, das du, mein
Vater und Herr, von mir verlangt hast. Es wird deine Sammlung von seltenen und kostbaren Dingen erweitern. Doch hoffe ich, dass du die Kraft des
Wassers nie ausprobieren musst.«

»Ich danke dir, mein Sohn«, antwortete der Sultan. »Doch erzähle mir,
wie du die Gefahren überwunden hast, die mit dem Wasserschöpfen verbunden sind. Ich habe viel davon gehört und große Angst um dich ausge-
standen.«

Prinz Achmed merkte nicht, dass der Sultan nur heuchelte, sondern berichtete arglos, wie die Fee ihm geholfen hatte. Als er wieder gegangen war,
ließ der Sultan unverzüglich die Zauberin vor den Thron holen. Miteinander berieten sie, wie man den Prinzen jetzt noch dazu bringen könne, nicht
mehr zum Sultan zu kommen. Und wieder dachte sich die Alte eine Aufgabe aus, die sie für unlösbar hielt, und der Sultan teilte sie seinem Sohn mit.

»Noch einmal«, sagte er, »muss ich deine Liebe zu mir und das Können
deiner Frau auf die Probe stellen. Finde einen Mann, der nicht größer ist als
anderthalb Fuß, der aber einen dreißig Fuß langen Bart hat und über der
Schulter eine Eisenstange trägt, die fünfhundert Pfund wiegt.«

Der Prinz konnte sich nicht vorstellen, dass es irgendwo auf der Welt einen Mann gäbe, der diesen Anforderungen entsprach. Deshalb versuchte er
den Sultan von seinem unsinnigen Wunsch abzubringen. Der jedoch bestand darauf, dass seine Bitte sofort erfüllt werde.

Prinz Achmed verließ den Palast also wieder einmal bedrückt. Er berichtete der Fee, was er erlebt hatte, und endete niedergeschlagen: »Ich weiß nicht, was mein Vater mit all seinen Aufträgen bezweckt. Manchmal habe ich den Eindruck, er will mich fertigmachen.«

»Lass dir deswegen keine grauen Haare wachsen, mein Lieber«, entgegnete die Fee. »Den Mann, den dein Vater sucht, gibt es. Es ist mein Halbbruder Schaibar und er sieht genauso aus, wie dein Vater den Gesuchten beschrieben hat. Allerdings hat dein Vater eines nicht bedacht: Schaibar ist jähzornig. Er rächt sofort jedes Unrecht und jede Beleidigung, und zwar meist blutig. Ich werde ihn gleich rufen lassen. Du solltest dich aber besser auf seinen furchterregenden Anblick vorbereiten, damit du nicht erschrickst, wenn er vor dir steht.«

Nach diesen Worten nahm die Fee eine goldene Schüssel, streute Räucherwerk hinein und entzündete es. Wenige Augenblicke später erschien ein kleiner Mann, der einen langen, langen Bart vor sich hertrug und eine schwere Eisenstange in der Hand hielt. Sein Schnauzbart war dicht und buschig und reichte von einem Ohr zum anderen. Er bedeckte fast das ganze Gesicht und ließ nur zwei wilde Augen frei, die tief in den Höhlen lagen. Ein riesiger Buckel verunzierte das Männchen. Auf dem Kopf trug es eine spitze Mütze.

Hätte die Fee den Prinzen nicht auf sein grauenhaftes Aussehen vorbereitet, er wäre vor Schreck davongelaufen. So aber wartete er in Ruhe ab, was geschah.

»Ich begrüße dich herzlich, lieber Bruder«, sagte Banu. »Dies hier ist mein Mann. Ich wollte dich zur Hochzeit einladen, wusste jedoch, dass du dich auf einem Kriegszug befandest. Wie ich sehe, bist du davon heil heimgekehrt. Ich habe dich gerufen, weil mein Mann eine Bitte an dich hat.«

Schaibar sah den Prinzen mit Augen an, die freundlich sein sollten, die aber dennoch so wild glühten, dass Achmed ein Schauer durchfuhr.

»Er soll mich ruhig um das bitten, was er will. Ich helfe ihm gern«, sagte er.

»Sein Vater will dich kennenlernen«, erklärte die Fee. »Sei also so gut und lass dich zu ihm führen.«

»Sofort, wenn es sein muss«, rief Schaibar. »Ich bin auf der Stelle bereit.«

»Immer mit der Ruhe, es ist schon zu spät dafür«, sagte die Fee. »Bleibe die Nacht über bei uns und ich will dir alles erzählen, was seit unserer Heirat zwischen dem Prinzen Achmed und dem Sultan, seinem Vater, vor sich gegangen ist.«

Schaibar blieb im Palast der Fee Banu und brach am frühen Morgen zusammen mit Prinz Achmed auf, um zur indischen Hauptstadt zu reisen. Als sie das Stadttor passiert hatten, floh alles, was Beine hatte, vor dem Zwerg, der allzu gräulich aussah, und sie gelangten unbehelligt zum Sultanspalast. Die Wächter wichen entsetzt vor ihnen zurück und gaben den Weg zum Audienzsaal frei, wo der Sultan mit seinen Wesiren Rat hielt. Ohne zu warten, bis Prinz Achmed ihn seinem Vater vorstellte, trat Schaibar vor den Thron und sagte: »Du hast mich sehen wollen, Sultan. Hier bin ich! Also sag schon: Was willst du von mir?«

Dem Sultan verschlug es beim Anblick der kleinen verwachsenen Gestalt mit der Eisenstange die Sprache. Er presste die Hände vors Gesicht, um Schaibar nicht länger ansehen zu müssen.

»Sag schon!«, schrie der Zwerg wieder, und noch bevor Prinz Achmed ihn zurückhalten konnte, hatte er dem noch immer stummen Herrscher einen Schlag mit der Stange versetzt, weil er sich über den seltsamen Empfang ärgerte. Bewusstlos sank der Sultan vom Thron. Nun holte Schaibar mit aller Kraft aus, um den Großwesir zu schlagen. Ohne Zweifel hätte es ihn das Leben gekostet, wäre nicht Achmed dazwischengesprungen.

»Ich habe deinem Vater immer mit dem besten Rat zur Seite gestanden!«, rief der Großwesir voll Angst. »Diese da wollten dir an den Kragen!«

Und er zeigte auf die Wesire, die dem Sultan geraten hatten, seinen Sohn in den Kerker zu werfen. Jetzt drängten sie sich furchtsam in eine Ecke.

»Ihr seid also die schlechten Ratgeber!«, schrie der Zwerg mit Donnerstimme und er ließ die schwere Eisenstange so oft niedersausen, bis keiner der Wesire mehr lebte. Die Zauberin, die herbeigeeilt war, als sie vom Besuch des Prinzen erfahren hatte, teilte ihr Schicksal.

»Ich werde jeden treffen, der meinen lieben Schwager nicht augenblicklich als Herrscher dieses Landes anerkennt«, sagte Schaibar und rollte wild mit den Augen.

Der Olivenkrug, zu Seite 266

Da riefen alle: »Es lebe Achmed, der Sultan von Indien!«

Sie riefen es so laut, dass der Vater des Prinzen wieder zu sich kam. Er sah ein, wie sehr er seinem ehrlichen und gutmütigen Sohn Unrecht getan hatte, und überließ ihm den Thron.

Die Neuigkeit verbreitete sich in Windeseile in der ganzen Stadt und das Volk jubelte dem jungen Herrscher zu.

Prinz Ali und die Prinzessin Nurunnihar, die sich an der Verschwörung gegen Achmed nicht beteiligt hatten, bekamen eine Provinz zugewiesen. Auch Hussein erhielt das Angebot, über einen Teil des Landes als Statthalter zu herrschen. Doch er verzichtete darauf, weil er weiterhin ein zurückgezogenes Leben führen wollte.

Achmed aber regierte noch viele Jahre an der Seite der Fee Banu und dem ganzen Land ging es gut.

Der Olivenkrug

inst, zur Zeit der Regierung des Kalifen Harun al-Raschid, lebte in Bagdad der Kaufmann Ali Chodjah. Er gehörte nicht zu den reichsten, aber auch nicht zu den ärmsten Männern der Stadt. Er hatte weder Frau noch Kinder und wohnte in dem Haus, das schon seinen Vorfahren gehörte.

Plötzlich hatte er mehrere Nächte hintereinander denselben Traum, in dem ihm ein alter Mann mit strengem Blick vorwarf, die vom Gesetz geforderte Wallfahrt nach Mekka noch nicht unternommen zu haben. Er war ein gläubiger Moslem und wusste, dass er diese Wallfahrt antreten musste. Daher beunruhigte ihn der Traum sehr. Das Haus und der Laden, den er betrieb, hatten ihn bisher davon abgehalten. Außerdem war er der Meinung gewesen, durch Spenden für wohltätige Zwecke und andere gute Taten alles ausgleichen zu können. Seit dem Traum jedoch quälte ihn sein Gewissen und er befürchtete, es könnte ihm ein Unglück zustoßen, wenn er seiner Pflicht nicht endlich nachkam. Also veräußerte er all seine Habe und den Laden mit fast dem gesamten Inventar. Nur einige Waren behielt er, weil er hoffte, sie in Mekka verkaufen zu können. Das Haus vermietete er, sodass er reisefertig war, bevor die Karawane nach Mekka aufbrach. Als er sich mit allem Nötigen ausgerüstet hatte, blieben ihm tausend Goldstücke. Er wollte unterwegs nicht darauf achtgeben müssen, deshalb nahm er einen Krug, legte das Geld hinein, füllte ihn mit Oliven auf, verschloss ihn und brachte ihn zu einem guten Freund, der auch Kaufmann war.

»Du weißt«, sagte Ali Chodjah zu ihm, »dass ich in einigen Tagen die Wallfahrt nach Mekka antrete. Würdest du so freundlich sein, diesen Krug mit Oliven bis zu meiner Rückkehr bei dir aufzubewahren?«

Der Kaufmann antwortete: »Hier ist der Schlüssel zu meinem Speicher. Stelle den Krug ab, wo du willst. Ich verspreche dir, dass ihm nichts passieren wird.«

Ali Chodjah verließ mit der Karawane Bagdad und erreichte Mekka gesund und munter. Er besuchte die Moschee, zu der jährlich viele Moslems aus allen Ländern pilgern, um die vorgeschriebenen Zeremonien zu verrichten. Später bot er auf dem Markt die mitgebrachten Waren an.

Zwei Händler kamen vorüber und der eine sagte zum anderen: »Wenn dieser Mann wüsste, dass er seine Waren auf dem Markt von Kairo in Ägypten mit viel höherem Gewinn verkaufen könnte, würde er wohl sofort dorthin reisen.«

Ali Chodjah schnappte diese Worte auf, und da er schon oft gehört hatte, wie schön Ägypten sein soll, entschied er sich, Kairo zu besuchen. Er packte also seine Waren wieder ein und schloss sich einer Karawane nach Ägypten statt nach Bagdad an. Er bereute seinen Entschluss nicht, denn in Kairo erzielte er einen unerhofft hohen Gewinn. Davon kaufte er neue Waren, um sie in Damaskus auf den Markt zu bringen. Die Karawane brach aber erst in sechs Wochen auf, daher nützte er die Zeit, um nicht nur die Schönheiten Kairos zu besichtigen, sondern auch die Pyramiden und die Städte an beiden Ufern des Nils.

Die Karawane nach Damaskus zog über Jerusalem und der Kaufmann aus Bagdad nahm die Gelegenheit wahr, die dortige Moschee zu besuchen. Sie gilt unter den Moslems als die heiligste nach der von Mekka. Damaskus mit seinem Wasserreichtum, seinen weitläufigen Wiesen und herrlichen Gärten fand er um vieles schöner, als er es aus Büchern kannte. Und so hielt er sich lange dort auf. Er bekam jedoch Heimweh und reiste deshalb wieder ab. Er kam nach Haleb, wo er einige Zeit blieb, setzte über den Euphrat und erreichte Mossul, von wo aus er den Tigris hinunterfahren wollte, um schneller nach Bagdad zu gelangen. Hinter Mossul aber lernte er Kaufleute kennen, mit denen er sich so gut verstand, dass sie ihn überreden konnten, ihnen noch bis Schiras Gesellschaft zu leisten. Er begleitete sie also über Isfahan nach Schiras und reiste schließlich auch noch mit ihnen nach Indien.

Auf diese Weise waren sieben Jahre vergangen, bis er nach Bagdad zurückkehrte.

Der befreundete Kaufmann dachte inzwischen nicht mehr an den Krug mit Oliven und auch nicht an Ali Chodjah. Doch als er mit seiner Familie eines Abends beim Essen saß, kam das Gespräch auf Oliven. Seine Frau hatte Appetit darauf, weil sie schon seit Langem keine mehr gegessen hatte.

»Da fällt mir ein«, sagte der Kaufmann, »dass Ali Chodjah vor seiner

Abreise nach Mekka einen Krug mit Oliven auf meinem Speicher abgestellt hat. Wo mag Ali wohl geblieben sein? Als die Karawane von Mekka zurückkehrte, hörte ich, er sei nach Ägypten weitergezogen. Dort ist er wahrscheinlich gestorben, denn man hat in all den Jahren nichts mehr von ihm gehört. Wir können seine Oliven jetzt ruhig essen, wenn sie noch genießbar sind. Gib mir eine Schüssel und ein Licht, ich will welche holen.«

»Beim Propheten, tu das nicht«, entgegnete seine Frau. »Du weißt nicht mit Sicherheit, ob er gestorben ist. Morgen schon oder übermorgen kann er wieder da sein. Denk nur an die Schande, die du über uns bringst, wenn du ihm den Krug nicht so wiedergibst, wie er ihn uns überlassen hat! Nein, ich mag keine von diesen Oliven essen. Glaubst du denn, dass sie nach einer so langen Zeit überhaupt noch gut sind? Bestimmt sind sie verfault. Ich bitte dich bei Allah, rühr die Oliven nicht an.«

Sie hatte so eindringlich gesprochen, weil ihr Mann sehr entschlossen wirkte. Der jedoch hörte nicht auf ihren Rat, sondern nahm ein Licht und eine Schüssel und ging auf den Speicher.

»Ich will damit nichts zu tun haben«, rief die Frau ihm nach. »Mir kannst du keine Schuld geben, wenn du es einmal bereust.«

Der Mann aber ließ sich nicht von seinem Vorhaben abbringen. Auf dem Speicher hob er den Deckel von dem Krug und sah, dass die Oliven verdorben waren. Er untersuchte auch die tiefer liegenden, wobei zu seinem Erstaunen mehrere Goldstücke zum Vorschein kamen. Der Kaufmann schaute genauer nach und entdeckte, dass der Krug unter einer dünnen Schicht Oliven mit Goldmünzen gefüllt war. Rasch verschloss er das Gefäß wieder, ging zu seiner Familie und erklärte, die Früchte seien in der Tat verfault.

»Du hättest besser auf mich gehört«, antwortete ihm seine Frau.

Der Kaufmann aber dachte die ganze Nacht darüber nach, wie er es anstellen könnte, Ali Chodjahs Geld zu behalten, selbst wenn der Freund zurückkehren sollte. Am Morgen ging er auf den Markt, kaufte Oliven aus der neuen Ernte und trug sie auf seinen Speicher. Er warf die alten Oliven weg, nahm das Gold und versteckte es. Dann füllte er den Krug mit den gekauften Oliven bis zum Rand, verschloss ihn wieder und stellte ihn an seinen Platz.

Ungefähr einen Monat später traf Ali Chodjah wieder in Bagdad ein. Weil er sein Haus vor der Abreise vermietet hatte, stieg er in einer Herberge ab, um dort so lange zu wohnen, bis der Mieter auszog. Am nächsten Morgen besuchte er seinen Freund, der ihn umarmte und ihn herzlich willkommen hieß.

Als Ali Chodjah den Kaufmann bat, ihm den Krug mit Oliven, den er ihm seinerzeit anvertraut hatte, zurückzugeben, antwortete dieser: »Hier ist der Schlüssel zum Speicher. Du wirst den Krug noch am selben Platz vorfinden, wo du ihn abgestellt hast.«

Ali Chodjah holte das Gefäß, gab dem Kaufmann den Schlüssel zurück, bedankte sich bei ihm für seine Freundlichkeit und ging in seine Herberge. Dort öffnete er den Krug und griff so tief hinein, dass er auf die Goldstücke hätte stoßen müssen. Dann schüttete er die Oliven in Schüsseln und Töpfe, die er aus der Küche geholt hatte, und stellte fest, dass sich kein einziges Goldstück mehr in dem Krug befand. Entsetzt rief er: »Wie kann ein Mann, den ich für meinen Freund gehalten habe, mich so betrügen?«

In seiner Not ging er wieder zu dem Kaufmann. »Wundere dich nicht«, sagte er, »dass ich so bald zurückkomme. Der Krug, den ich aus deinem Speicher holte, ist zwar der meine, doch fehlen die tausend Goldstücke, die ich zu den Oliven hineingelegt hatte. Vielleicht hast du das Geld für dein Geschäft gebraucht und es dir ausgeliehen. Wenn dem so ist, behalte es so lange wie nötig und zahle es mir in Raten zurück. Nur stelle mir einen Schuldschein aus, damit ich nicht länger beunruhigt bin.«

Der Kaufmann war auf so etwas gefasst und hatte sich schon eine Antwort überlegt. Er sagte: »Lieber Ali, habe ich den Krug auch nur angerührt, als du ihn mir damals brachtest? Habe ich dir nicht den Schlüssel zu meinem Speicher gegeben und hast du den Krug nicht selbst dort abgestellt und ihn auch am selben Platz verschlossen wiedergefunden? Ich wusste von dir nur, dass Oliven in dem Krug seien, und das habe ich dir geglaubt. Mehr weiß ich nicht, du kannst von mir halten, was du willst.«

»Ich möchte mit niemandem Streit«, entgegnete Ali Chodjah, »und würde sehr ungern etwas unternehmen, das deinem Ansehen schadet. Wir Kaufleute müssen vor allem auf unseren guten Ruf achten und daher wiederhole ich: Es wäre mir äußerst unangenehm, wenn du mich zwingen solltest, vor Gericht zu gehen.«

»Du hast mir«, sagte der Kaufmann, »ein Gefäß mit Oliven gegeben, um es für dich aufzubewahren. Das hast du dir zurückgeholt und es selbst fortgetragen. Und jetzt verlangst du tausend Goldstücke von mir. Woher soll ich wissen, dass sie in dem Krug waren? Ich rate dir: Geh nach Hause, bevor die Leute vor meinem Laden zusammenlaufen.«

Er hatte in einem so lauten, ungehaltenen Ton gesprochen, dass wirklich einige Passanten stehen geblieben waren. Auch aus den nahe gelegenen Läden kamen Kaufleute herbei, um sich nach der Ursache des Streits zu erkundigen. Nachdem Ali ihnen alles erklärt hatte, fragten sie den Kaufmann, was er zu der Sache sage. Er erklärte, er habe den Krug nur auf seinem Speicher aufbewahrt, leugnete aber, ihn jemals angerührt zu haben. Dass Oliven darin gewesen seien, wisse er nur, weil Ali Chodjah es ihm gesagt habe.

Daraufhin antwortete Ali: »Weil du so unverschämt bist, stelle ich dich vor das Gericht. Ich will sehen, ob du vor dem Kadi genauso frech lügst.«

Da es aber für einen Moslem Pflicht ist, vor Gericht zu erscheinen, wenn er nicht gegen die Gesetze seiner Religion verstoßen will, konnte sich der Kaufmann nicht weigern und sagte: »Genau das verlange ich auch. Wir wollen doch sehen, wer von uns beiden recht bekommt.«

Ali Chodjah führte nun den Kaufmann vor den Kadi und erhob Anklage gegen ihn. Der Kadi fragte, ob er einen Zeugen habe. Ali musste verneinen. Er habe auf die Ehrlichkeit des Mannes vertraut, den er für seinen Freund hielt. Der Kaufmann aber sagte, er sei bereit zu schwören, dass er nicht das Geringste von den tausend Goldstücken gewusst habe. Der Kadi nahm ihm den Eid ab und sprach ihn dann frei.

Darüber ärgerte sich Ali Chodjah sehr und erklärte, er sei mit dem Urteil nicht einverstanden und werde die Sache bis vor den Kalifen Harun al-Raschid bringen. Der Kadi aber blieb bei seinem Urteil.

Während der Kaufmann sich darüber freute, so leicht an tausend Goldstücke gekommen zu sein, verfasste Ali Chodjah eine Bittschrift. Er stellte sich an die Straße, die der Kalif entlangkommen musste, wenn er sein Mittagsgebet beendet hatte, und überreichte sie dem Beamten, der die Bittschriften einsammelte. Ali Chodjah wusste, dass der Herrscher sich um jedes Anliegen persönlich kümmerte, das die Leute an ihn richteten. Daher folgte er dem Zug zum Palast und wartete dort am Tor, bis der Beamte wieder herauskam und ihm die Uhrzeit nannte, zu der er am nächsten Tag vor dem Kalifen erscheinen sollte. Zugleich wollte der Beamte wissen, wo der beschuldigte Kaufmann wohne, um auch ihn vorzuladen.

Am Abend desselben Tages aber machte Harun al-Raschid in Begleitung des Großwesirs Djafar und des Obereunuchen Massur einen Spaziergang durch die Stadt, wie er es dann und wann tat. Die drei Männer waren, wie immer bei solchen Gelegenheiten, verkleidet. In einer Straße hörte der Kalif Lärm, beschleunigte seine Schritte und gelangte in einen Hof, in dem Kinder noch im Mondschein spielten. Er setzte sich etwas abseits auf eine Bank und hörte, wie ein Junge sagte: »Wollen wir Gericht spielen? Ich bin der Kadi und ihr gebt Ali Chodjah und den Kaufmann, der ihm die tausend Goldstücke gestohlen hat.« Da erinnerte sich der Kalif an die Bittschrift, die er vor wenigen Stunden gelesen hatte, und er war neugierig, wie das Urteil des Kindes ausfiel.

Der Streit zwischen Ali Chodjah und dem betrügerischen Kaufmann war inzwischen zum Stadtgespräch geworden und daher nahmen die Kinder den Vorschlag des Jungen freudig an. Rasch waren die Rollen verteilt. Nachdem nun der Junge, der den Kadi darstellte, mit gewichtiger Miene

Platz genommen hatte, traten zwei andere vor, die so taten, als seien sie Ali Chodjah und der Kaufmann, den er verklagte.

Der angebliche Kadi fragte: »Ali Chodjah, was wirfst du diesem Kaufmann vor?«

Der Junge, der Ali Chodjah spielte, verneigte sich tief, trug seine Sache vor und bat am Ende das Gericht zu verhindern, dass er um eine so große Geldsumme betrogen werde. Danach wandte sich der kleine Kadi an das Kind, das den Kaufmann spielte, und fragte, was es zur Verteidigung vorzubringen habe. Das Kind führte all das an, was auch in der echten Verhandlung angeführt worden war. Dann verlangte es, man solle es vereidigen.

»Nur nicht so schnell!«, entgegnete der kleine Kadi. »Erst will ich den Krug mit den Oliven sehen. Hast du ihn mitgebracht, Ali Chodjah?«, fragte er den Jungen, der diese Rolle spielte. Der verneinte und ihm wurde daraufhin aufgetragen, das Gefäß zu holen. Der Junge verschwand für einige Sekunden vom Schauplatz, erschien dann wieder und tat so, als stelle er einen Krug vor den Kadi hin.

»Das sind schöne Oliven«, sagte der kleine Kadi. »Ich will sehen, wie sie schmecken.« Und er tat, als nähme er eine und äße sie. »Ausgezeichnet!«, fuhr er fort. »Doch glaube ich nicht, dass sieben Jahre alte Oliven so frisch schmecken können. Ich bitte darum, einige Olivenhändler vor das Gericht zu holen, damit ich sie um Auskunft bitte.«

Nun wurden zwei Kinder als Olivenhändler vorgeführt und der kleine Kadi fragte sie: »Wie lange können sich Oliven frisch halten, wenn man sie sorgfältig aufbewahrt?«

»Auch wenn man alles aufs Genaueste beachtet«, antworteten die beiden Jungen, »sind sie im dritten Jahr schon nicht mehr gut. Dann haben sie Geschmack und Farbe verloren und müssen weggeworfen werden.«

»Seht euch die Oliven in diesem Krug an«, fuhr der kleine Kadi fort. »Wie alt sind sie?« Als die angeblichen Olivenhändler erklärten, sie seien ganz frisch, erwiderte er: »Ihr müsst euch irren. Denn Ali Chodjah behauptet, er habe sie vor sieben Jahren in den Krug gelegt.«

»Herr«, antworteten daraufhin die Jungen, »wir sind fest davon überzeugt, dass es sich hier um Oliven aus der diesjährigen Ernte handelt. Alle Händler in der Stadt werden dir das bestätigen.«

Der Angeklagte wollte etwas einwenden, doch der kleine Kadi ließ ihn nicht zu Wort kommen und sagte: »Du hast nichts zu sagen, du bist ein Betrüger. Hängt ihn auf!«

Und alle Kinder klatschten in die Hände.

Harun al-Raschid bewunderte den Verstand des Jungen und fragte den Großwesir, was er von dem Urteil halte.

»Erhabener Herrscher, ich bin äußerst erstaunt über so viel Klugheit«, entgegnete dieser.

»Du weißt«, sagte der Kalif, »dass ich morgen in derselben Sache entscheiden muss, weil mir der echte Ali Chodjah eine Bittschrift übergeben hat. Kann ich denn anders entscheiden, als wir es soeben gehört haben?«

»Wenn alles so ist, wie die Kinder es dargestellt haben, kannst du zu keinem anderen Urteil kommen«, antwortete der Großwesir.

»Dann präge dir dieses Haus ein«, sagte daraufhin der Kalif, »und bring das Kind morgen zu mir, damit es seinen Richterspruch wiederholt. Befiehl auch dem Kadi, der das Urteil gesprochen hat, sich bei mir einzufinden, damit er sieht, was seine Pflicht gewesen wäre. Ali Chodjah aber soll den Krug mitbringen. Und sorge dafür, dass zwei Olivenhändler bei der Verhandlung anwesend sind.«

Am folgenden Tag begab sich der Großwesir Djafar zu dem Haus, vor dem die Kinder Gericht gespielt hatten, und fragte die Frau, die darin wohnte, ob sie Kinder habe.

»Ja, Herr, drei Jungen«, antwortete sie und ließ sie holen.

»Wer von euch Kindern«, wollte der Wesir wissen, »hat gestern Abend den Kadi gespielt?«

Der größte Junge trat vor und sagte, er sei es gewesen, wurde aber blass, weil er nicht wusste, warum der fremde Herr das fragte.

»Komm mit mir«, sagte der Großwesir, »der erhabene Herrscher möchte dich sehen.«

Darüber erschrak die Mutter und rief: »Will mir der Kalif mein Kind wegnehmen?«

Der Großwesir beruhigte sie und versprach, dass sie ihren Sohn in spätestens einer Stunde wiedersehe. Dann werde sie auch erfahren, warum er zum Kalifen gerufen worden sei. Und er führte den Jungen zur selben Uhrzeit zu seinem Herrn, zu der auch Ali Chodjah und der Kaufmann erscheinen sollten.

Als Harun al-Raschid sah, dass der Junge sich fürchtete, lächelte er ihn freundlich an. »Tritt näher, mein Sohn«, sagte er dann. »Ich habe gestern gehört, wie du den Streit zwischen Ali Chodjah und dem Kaufmann entschieden hast, und mir hat dein Urteil sehr gefallen. Heute werden dir der echte Ali Chodjah und der echte Kaufmann gegenüberstehen. Komm, setz dich zu mir.«

Er führte ihn zum Thron und ließ ihn neben sich Platz nehmen. Dann ließ er die beiden streitenden Männer, den Kadi und die Olivenhändler hereinholen. Nachdem sich alle vor ihm niedergeworfen und mit der Stirn den Boden berührt hatten, sagte der Kalif: »Jeder soll mir nun seine Sicht über den Fall schildern und dieses Kind wird euer Richter sein.«

Ali Chodjah und der Kaufmann trugen nacheinander ihre Sicht der Dinge vor. Doch als der Kaufmann am Ende seiner Aussage wieder einen Eid ablegen wollte, sagte der Junge, man müsse zuvor das Gefäß mit den Oliven untersuchen. Da brachte Ali Chodjah den Krug, stellte ihn zu Füßen des Kalifen hin und nahm den Deckel ab. Harun al-Raschid betrachtete die Oliven, nahm eine heraus und aß sie. Dann wurde der Krug den sachverständigen Händlern übergeben und diese stellten fest, die Oliven seien frisch und aus der diesjährigen Ernte.

»Der Kaufmann behauptet aber, sie wären sieben Jahre alt!«, sagte der Junge.

Das verneinten die echten Olivenhändler genauso wie am Abend zuvor die Kinder, die ihre Rollen gespielt hatten. Vergebens brachte der Angeklagte zu seiner Verteidigung allerlei Ausflüchte vor.

Der kleine Kadi jedoch schreckte davor zurück, den Kaufmann zu verurteilen. Er sah den Kalifen an und sagte: »Erhabener Herrscher, das ist kein Spiel mehr. Dir allein kommt es zu, das Urteil zu fällen.«

Da sich der Kalif von dem Betrug des Kaufmanns überzeugt hatte, befahl er den Gerichtsdienern, ihn zum Galgen zu führen. Zuvor musste er noch das Versteck der Goldstücke verraten. Zuletzt ermahnte der Kalif den Kadi, der das falsche Urteil gesprochen hatte, sein Amt in Zukunft gewissenhafter auszuüben und sich ein Beispiel an dem Kind zu nehmen. Dann küsste er den Jungen, überreichte ihm einen Beutel mit hundert Goldstücken und schickte ihn zu seiner Mutter zurück.

Worterklärungen

Achat	ein Halbedelstein
Allah	Name Gottes im Islam (siehe dort)
Aloe	im Orient wachsender baumartiger Strauch mit fleischigen Blättern, dessen Holz wegen seines Wohlgeruchs geschätzt wird
Ambra	ein Duftstoff, der aus den Ausscheidungen des Wals gewonnen wird
Amethyst	violetter Halbedelstein
Audienz	Unterredung, die ein Herrscher einem Untertan gewährt
Barke	mastloses Boot
Basar	orientalisches Marktviertel
Brahmane	Angehöriger der vornehmsten indischen Kaste (siehe dort)
Brokat	schwerer Seidenstoff mit eingewebten Metallfäden
Dämon	guter oder böser Geist
Derwisch	Mitglied eines islamischen Bettelordens
Dinar	Gold- oder Silbermünze, die seit Ende des 7. Jahrhunderts in Indien, später auch in Persien und Bagdad geprägt wurde
Dirham	Silbermünze aus der Zeit der Kalifen; 20 bis 25 Dirham ergaben einen Golddinar
Diwan	im alten Orient: Beratung des Herrschers mit den Wesiren; das Volk konnte Beschwerden vor den Diwan bringen; auch: niedriges Liegesofa
Elle	altes Längenmaß, das der durchschnittlichen Länge des Unterarms entspricht (etwa 50 cm)
Eunuch	Bewacher der Frauengemächer in den Palästen der orientalischen Herrscher, der durch Kastration zeugungsunfähig gemacht wurde
Fuß	Längenmaß, dem die durchschnittliche Größe des menschlichen Fußes zugrunde liegt (etwa 30 cm)

hären	aus Haar bestehend
Ingwer	eine Gewürzwurzel
Islam	von dem arabischen Propheten Mohammed begründete Religion, deren einziger Gott Allah ist
Jaspis	Halbedelstein von roter, gelber, brauner oder – selten – grüner Farbe
Kadi	Richter gemäß der islamischen Gesetzgebung
Kasten	geschlossene soziale Gruppierungen, die bestimmte Interessen verfolgen; die Zugehörigkeit zu einer Kaste wird durch Geburt bestimmt
Klafter	alte deutsche Längeneinheit; 1 Klafter entspricht sechs oder zehn Fuß
Lasurstein	auch: Lapislazuli; blauer Halbedelstein
Magie	Zauberkunst
Malter	altes deutsches Hohlmaß für Getreide
Moschee	Gotteshaus des Islams
Muselman auch: Mohammedaner	Anhänger der islamischen Religion
Oboe	Holzblasinstrument mit heller Tonfärbung
Porphyr	rötliches Gestein, in dem Quarz-, Feldspat- und Glimmerkristalle eingelagert sind
Residenz	Hauptstadt; Wohnsitz eines Herrschers
Rubin	roter Edelstein
Salem aleikum!	unter den Arabern übliche Begrüßung: Friede sei mit euch!
Salomo	Sohn des Königs David, der um die Mitte des 10. Jahrhunderts v. Chr. die jüdischen Stämme regierte; man betrachtet ihn als Verfasser von Liedern, Sprüchen, Rätseln und als Autor des »Hohen Liedes«, einer Liebesdichtung aus dem Alten Testament
Sandelholz	von verschiedenen tropischen Bäumen stammendes

	weißes oder rötliches Holz, das als Tischlerholz sehr begehrt war
Saphir	blauer Edelstein
Schaluppe	Küstenfahrzeug, auch großes Beiboot
Scheich	Gelehrter des Islams; auch Stammes- oder Ortsvorsteher
Schindanger	gemeinschaftlicher Dorfplatz, auf dem tote Tiere oder Menschen verscharrt wurden
Sesam	Pflanze mit ölhaltigen Samen, die vor allem in Afrika und Indien angebaut wird
Smaragd	grüner Edelstein
Sultan	arabisch: Herrscher, König
Tamburin	kleine, mit Schellen besetzte Handtrommel
Trense	leichter Pferdezaum
Turban	orientalische Kopfbedeckung: mit Binden umwickelte Kappe
Türkis	blaugrüner Edelstein
Wesir	höchster Würdenträger in den alten islamischen Staaten, etwa Minister
Zimbel	kleines beckenförmiges Schlaginstrument
Zisterne	Behälter zum Sammeln von Regenwasser

Märchen aus 1001 Nacht
ISBN 987 3 522 18180 8

Gesamtausstattung: Karl Mühlmeister
Umschlaggestaltung: Michael Kimmerle
Innentypografie: Eva Mokhlis
Schrift: Arno Pro
Satz: KCS GmbH, Buchholz/Hamburg
Reproduktion: Photolitho AG, Gossau/Zürich
Druck und Bindung: Friedrich Pustet, Regensburg
© 1990, 2009 by Thienemann Verlag
(Thienemann Verlag GmbH), Stuttgart/Wien
Printed in Germany. Alle Rechte vorbehalten.
5 4 3 2 1°   09 10 11 12

www.thienemann.de